Mongolei

Die Post-Nomadische Erfahrung

Монгол улс

Орчин Цагийн Нүүдэлчдийн Жим Туршлага

Natur | Байгаль
Kunst | Урлаг
Nachhaltigkeit | Тогтвортой байдал
Gender Relations | Хүйсийн харилцаа
Metaphysik | Метафизик

KERBER

VORWORT

Im Jahr 2024 jährte sich zum 50. Mal die Aufnahme diplomatischer Beziehungen zwischen der Mongolei und Deutschland. Ein Umstand, der unserem Verein ZEIGENeV glücklicherweise ermöglicht hat, gleich zwei große und komplementäre Projekte in und mit der Mongolei zu veranstalten, denn die Verbindung zwischen beiden Ländern ist vielfältig und komplex.

Das Art Camp Bavaria und die Ausstellung *Die Post-Nomadische Erfahrung* haben im Juni 2024 Künstlerinnen und Künstler aus der Mongolei und Deutschland nach Mürsbach gebracht, ein kleines Dorf in Oberfranken, das im 18. Jahrhundert mit Johann Baptist Schad (1758–1834) einen Philosophen hervorgebracht hat, der in Charkiw Gründungsdirektor einer philosophischen Fakultät werden sollte. Mürsbach steht in diesem Sinne für eine Weltoffenheit, die Friedrich Rückert (1788 in Schweinfurt – 1866 in Neuses bei Coburg) als Begründer der deutschen Orientalistik – er erlernte ca. vierzig Sprachen – personifizierte. Rückert lebte von 1819 bis 1826 in der acht Kilometer entfernten Stadt Ebern und übersetzte dort als Erster Teile des Quran ins Deutsche.

Aber auch heute ist die „Genussregion Oberfranken" nicht nur wegen der höchsten Brauereidichte in Deutschland berühmt. Von hier aus agieren die „Hidden Champions" – mittelständische Unternehmen, die weltweit aktiv sind und in den meisten Ländern der Welt Kontakte unterhalten.

Gleichzeitig ist Bayern als Bundesland mit den größten Agrarflächen auch ein Ort, an dem sich die Effekte des Klimawandels besonders deutlich bemerkbar machen und die Konflikte zwischen nachhaltiger Landwirtschaft und Naturschutzinteressen sich bis in die kleinsten Ortschaften hinein deutlicher spüren lassen als in den großen Städten.

Wenn es also bei den Kulturaustauschprojekten zwischen der Mongolei und Deutschland um Themen von Naturbegriffen vor den jeweiligen kulturellen Hintergründen gehen sollte, ist Mürsbach ein passender Ort.

Dort trafen sich vom 17. Juni bis zum 8. Juli 2024 insgesamt neun Künstlerinnen und Künstler aus der Mongolei mit sechs Künstlerinnen und Künstlern aus Deutschland zu einem intensiven Austausch und setzten sich mit dem Ort und den kulturgeschichtlichen Traditionen, vom Kaiserdom in Bamberg bis nach Vierzehnheiligen, sowie mit dem metaphysischen und ästhetischen Bestand der Region auseinander. Der interessanteste Befund dabei war, dass den Künstlerinnen und Künstlern aus der Mongolei eher die Ähnlichkeiten als die offensichtlichen Unterschiede auffielen: Wie weit ist der Weg von katholischer Reliquienverehrung zur Totenkopfästhetik lamaistischer Ritualmasken des Tsam-Tanzes?

Die Ausstellung *Die Post-Nomadische Erfahrung* wurde am 6. Juli 2024 durch den Botschafter der Mongolei, S. E. Herrn Birvaa Mandakhbileg eröffnet und bot einen ausschnitthaften, aber repräsentativen Einblick in die Arbeit der wichtigsten Künstlerinnen und Künstler der Mongolei heute auf dem Niveau der *documenta* und der *Biennale di Venezia*. Gleichzeitig unternahm die Ausstellung den Versuch, mögliche Schnittstellen im Diskurs zwischen den Künstlerinnen und Künstlern aus beiden Ländern in den Blick zu nehmen.

Dieses Projekt wurde ermöglicht durch Förderungen durch die Staatskanzlei München und die Oberfrankenstiftung, denen wir hiermit herzlich danken wollen!

Das Art Camp Mongolia ist ein Projekt, das gleichzeitig in Angriff genommen wurde, und es ermöglichte nicht nur Recherche in der Mongolei zu betreiben, sondern auch den Partner im Projekt, das Blue Sun Contemporary Art Center of Mongolia, zu finden, eine NGO von und für Künstlerinnen und Künstler. Im Zentrum dieses Projektes stand ein Camp in der Steppe auf dem halben Weg zwischen Ulaanbaatar und Kharkhorin (Karakorum), das vom 25. Juli bis zum 11. August 2024 stattgefunden hat. Ohne Strom, fließend Wasser und ohne Internet erlebten die Künstlerinnen und Künstler das Leben in einer Nomadensiedlung ohne die Filter und Annehmlichkeiten moderner Technologie.

Auch diese Gegend ist nicht ohne Geschichte. An den Höfen der Khaane lebten schon im 13. Jahrhundert Vertreter von Kulturen der verschiedenen Weltregionen. Der flandrische Franziskanermönch Wilhelm von Rubruk, der von 1253 bis 1255 in die Mongolei gereist war – unter der in Europa verbreiteten Annahme, der Großkhaan sei Christ –, erwähnt in seinem ausführlichen Reisebericht, dass am Hof in Kharakhorum koptische Christen, Nestorianer, Ungarn, Vertreter des Islam und auch der belgische Silberschmied Guillaume Boucher lebten, arbeiteten und mit ihrem Wissen wertvolle Informationsressourcen für die mongolische Führungsschicht darstellten. Im Allgemeinen herrschte eine große

Toleranz allen Religionsausübungen gegenüber, die bis heute die Mongolei prägt.

Kulturbildend aber wurden über lange Jahrhunderte der schamanisch geprägte Tengrismus und der lamaistische Buddhismus. Einflüsse, die sich auch in heutiger Kunst und Musik in ungebrochener Tradition zeigen und mit einem post-nomadischen Lebensgefühl mischen. Ein Fixpunkt in mongolischer Kultur war Eshidorji (1635–1723). Geboren in eine Familie der Oberschicht, wurde er nach religiöser Ausbildung in Tibet zu einem Öndör Gegeen (Hohen Heiligen), genannt Zananbazar. Später übernahm er auch politische Funktionen im Umgang mit der Qing-Dynastie in China. Geliebt wird er aber bis heute als Bildhauer – viele der wichtigsten religiösen Skulpturen in der Mongolei gehen auf ihn zurück.

Zum Höhepunkt des Projektes in der Mongolei fand im Zanabazar Museum in Ulaanbaatar die Ausstellung *2Day in Mongolia. The Post-Nomadic Experience* mit Werken unserer beteiligten Künstlerinnen und Künstler statt.

Das Projekt in der Mongolei wurde unterstützt mit Mitteln des Auswärtigen Amtes und freundlicher Unterstützung durch die Deutsche Botschaft in Ulaanbaatar. Danke an Stefan Haupt für die rechtliche Beratung bei der Strukturierung. Odbayar Erdenetsogt, Berater des Präsidenten der Mongolei, hat seine Kontakte mobilisiert, um dem Projekt Aufmerksamkeit zu verschaffen. Die Direktorin des Zanabazar Museums, Baigalmaa Purevsukh, hat uns früh vertraut und ihr Archiv für historische Referenzwerke geöffnet.

Danken müssen wir vor allem aber den Künstlerinnen und Künstlern des Blue Sun Contemporary Art Center of Mongolia, die nicht nur das Art Camp Mongolia organisiert haben, sondern auch den Weg durch die Administrationen der Mongolei geebnet und jederzeit mit konstruktiven Hinweisen den Fortgang ermöglicht haben. Danke an Batsaikhan Soyolsaikhan, den Präsidenten von Blue Sun, Narbaysgalan Ulambayar, Vorstand, und Enkhzaya Erdenebileg und Anunaran Jargalsaikhan, Direktorinnen, für die tatkräftige Unterstützung!

Außerhalb dieser Förderungen entstand im Gespräch mit der Botschaft der Mongolei zu Beginn des Jahres 2024 die Idee, das offizielle Naadam-Fest der mongolischen Community in Deutschland in Mürsbach auszurichten. Eine Unternehmung, für die der Verein ZEIGENeV die Verantwortung übernommen und den Rahmen für die inhaltliche Ausgestaltung des Festes durch die Botschaft mit Unterstützung durch den Deutsch-Mongolischen Kulturverein Nürnberg bereitgestellt hat. Das Naadam-Fest ist eine besondere Veranstaltung nicht nur für die mongolische Community in Deutschland geworden, sondern auch für Mürsbach und die Region. Die fantastische Blaskapelle Mürsbach unter dem Dirigenten Stefan Heidenreich hat in Zusammenarbeit mit dem berühmten Musiker Chinbat Orkhonbaatar das Publikum begeistert. Wir danken Christian Brandl für sein Vertrauen in uns und die gute Zusammenarbeit und pragmatische Hilfe! Die Gruppe Khukh Mongol hat mit Kehlkopfgesang und Pferdekopfgeigen das lokale Publikum verzaubert und auf eine musikalische Fernreise mitgenommen.

Zu danken ist hier vor allem dem Botschafter der Mongolei S. E. Herrn Birvaa Mandakhbileg, dem Ersten Sekretär Batmunkh Tsevelmaa, Batu Batkischig vom Deutsch-Mongolischen Kulturverein Nürnberg sowie Herrn Thomas Engel, Regierungsvizepräsident Oberfranken, dem Landrat Herrn Johann Kalb und dem Ersten Bürgermeister von Markt Rattelsdorf Hans-Jürgen Scheerbaum für die politische Flankierung und die Hilfe, ein großes und wirklich interessiertes Publikum zu aktivieren.

Möglich geworden wäre das Fest aber nicht ohne die wunderbare Unterstützung aus Mürsbach, allen voran von Georg Fröschlein, Sigrid Hümpfner, Ralf Schmitt von der Brauerei Sonne und Berthold Windhör, der uns Zugang und Nutzung des Veranstaltungsorts ermöglichte. Danke an Stefan Schmittlutz und seine Familie vom Haflingerhof Mürsbach für Unterstützung auf allen erdenklichen Ebenen und Kerstin Betz für den letzten Schliff und Roland Batz, der eine tragende Rolle übernahm. Danke! Meiner Familie, meiner Mutter, besonders aber meiner Schwester Petra Eller, die alles getan hat, das Projekt zu ermöglichen und zu unterstützen, vielen Dank!

Aber nichts wäre möglich geworden ohne Sylvia Michel und Magdalena Dittrich, die mit größtmöglichem Engagement, tags wie nachts, neben ihrer Projektarbeit für das Art Camp Mongolia, das Projekt in Mürsbach und das Naadam-Fest ehrenamtlich vorbereitet und zum wirklichen Erfolg geführt haben.

Dadurch wurde unser Projekt zu einer der signifikanten Unternehmungen im Jubiläumsjahr. Aber auch viele andere Orte wie die NordArt bei Rendsburg oder die Kunsthalle Düsseldorf präsentierten Künstlerinnen und Künstler der Mongolei. Die zahlreichen Projekte haben viel zur Wahrnehmung mongolischer Kultur in Deutschland beigetragen, auch dank der Kulturgesandten der Mongolei, Oyuntuya Oyunjargal.

Thomas Eller

УДИРТГАЛ

2024 онд Монгол Германы хооронд дипломат харилцаа тогтоосны 50 жилийн ой тохиож байна. Хоёр орны хамтын ажиллагааны цар хүрээ тэлсэн энэ нөхцөл байдал нь манай ZEIGENeV нийгэмлэгт Монголтой хамтарсан хоёр том төслийг хэрэгжүүлэх таатай нөхцөлийг бүрдүүлж өгсөн.

Энэ оны 6-р сард Бавария Арт Кэмп ба *Орчин Цагийн Нүүдэлчдийн Жим* хамтарсан үзэсгэлэнгийн хүрээнд Монгол болон Герман уран бүтээлчдийг XVIII-р зуунд Германы сэтгэгч Иоган Баптист Шад (1758–1834), Харьковт философийн факультетыг үүсгэн байгуулагчийн төрсөн нутаг, Дээд Франконы Мосбах хэмээх жижиг тосгонд хүргэсэн. Ингэснээр Мосбах нь космополитанизмын хүн илрэл болсон Германы Дорно Судлалыг үндэслэгч Фридрих Рюккертын (1788 * Швайнфурт – 1866 † Кубургийн ойролцоох Нойзес) үзэл баримтлалыг дэмжсэн юм. Рюккерт нь найман километрийн зайд орших Эберн хотод амьдардаг байсан ба 40 хэлийг эзэмшсэн тэрээр 1819–26 онд Коран судрын хэсгээс орчуулсан анхны хүн болсон.

Одоо ч гэсэн "Дээд Франконы Сэтгэл Ханамжийн Бүс" нь Герман улсад шар айргийн хамгийн олон үйлдвэртэйгээс гадна дэлхийн өнцөг булан бүрт үйл ажиллагаа явуулдаг дунд хэмжээний компаниудыг залан чиглүүлдэг "нууц аваргуудаараа" мөн алдартай. Үүний хажуугаар улсын нэг муж учраас Бавари муж нь газар тариалангийн хамгийн том талбайтай нутаг. Иймээс цаг уурын өөрчлөлт, газар тариалангийн тогтвортой хөгжил болон байгаль орчны хамгаалал хоорондын зөрчил зэрэг нь том хотуудтай харьцуулах юм бол илүү тод харагдаж мэдрэгддэг.

Иймээс соёлын ялгаатай Монгол, Герман хоорондын соёлын солилцооны хөтөлбөрөөс байгаль орчны асуудлыг хөндөх гэж байгаа бол Мосбах хамгийн тохирох байршил юм.

6-р сарын 17-ноос 7-р сарын 8-ныг хүртэл Монгол есөн уран бүтээлч, зургаан Герман уран бүтээлчдийн хамтаар орчинтойгоо танилцаж, нутгийн метафизик, гоо зүйн өв болох хаант улсын Бамбергийн сүмээс Фирценхайлиген сүмийг (арван дөрвөн гэгээнтэн гэсэн нэртэй сүм) хүртэлх соёл түүхийн уламжлалаасаа хуваалцсан юм. Хамгийн сонирхолтой нь Монгол уран бүтээлчид ижил төстэй зүйлсийг илүү анзаарч байсан. Мэдээжийн ялгаатай Католик шашны Гэгээнтэнд өргөмжлөх ёсноос, Бурхны шашны Цамын гавлын ясан хэрэглэлтэй зан үйл гэсэн мэдээжийн ялгаанаас илүүтэйгээр. "Орчин Цагийн Нүүдэлчдийн Жим" үзэсгэлэнг Монгол Улсаас ХБНГУ-д суугаа Онц бөгөөд Бүрэн эрхт Элчин сайд Б.Мандахбилэг нээсэн. Тэрээр Документа, болон Венецийн Биеналийн түвшинд хүрсэн, оролцсон Монголын өнөөгийн сор уран бүтээлчдийн талаар товч боловч бүтээлд анхаарал хандуулсан үг хэлсэн. Энэхүү үзэсгэлэн нь манай хоёр орны уран бүтээлчдийн хооронд өрнөх харилцаанд анхаарал хандуулах оролдлого юм. Энэ тухай үзэсгэлэнгийн талаарх эссэд дэлгэрүүлнэ. Энэ төслүүд нь Мюньхен Хотын Захиргаа, Дээд Франконы Сангийн санхүүжилтээр бодит ажил болсон тул бид та бүхэнд чин сэтгэлийн талархал илэрхийлж байна!

Арт Кемп Монголиа нь нэг талаас Монголд судалгаа хийх боломжийг нээж нөгөө талаас хамтрагч байгууллага болох Хөх Нар Контемпорари Урлагийн Төв, уран бүтээлчид уран бүтээлчдийнхээ төлөө байгуулсан ТББ-тэй нэгэн зэрэг холбож өгсөн юм. Энэ төслийн амин зүрх нь Улаанбаатар хот, Хархорин хотын хооронд байрлах Булган аймгийн нутагт 7-р сарын 25-наас 8-р сарын 11-нийг хүртэл зохион байгуулагдсан Баяннуур кемп юм. Уран бүтээлчид цахилгаан, халуун ус, интернэтгүйгээр, малчин айлынд мьдарч байгалийг ямар ч шүүлтүүргүйгээр, орчин цагийн технологигүйгээр мэдэрсэн.

Энэ нутаг ч гэсэн өөрийн түүхтэй. XIII-р зууны тэртээх Хааны ордон, өргөө нь дэлхийн олон орны соёлын төлөөллийг агуулж байсан. Дэлхийн олон орны соёлын төлөөлөгчид энд амьдарч байв. Фландрия нутгийн, Францискан ёсны номлогч Виллиам де Рубрук 1253–55 онуудад Монголоор аялсан тэмдэглэлдээ Их Хаан Христийн шашинтай гэсэн таамаглалыг дэвшүүлэн, Хархорум дахь хааны ордонд Үнэн алдартны буюу Коптик урсгалын Христийн шашинтнууд, Нестор шашинтнууд, Унгарчууд, Лалын шашны төлөөлөл, Бельгийн уран дархан Гийом де Буше нар ажиллаж, амьдарч байсныг бичжээ. Эдгээр зочид урлаачид, Монгол хаадын хувьд үнэт мэдээллийн сурвалж байсан юм. Монголчууд шашны олон төрөлд өнөөдөр ч гэсэн нээлттэй ханддаг.

Гэвч, бөөгийн Тэнгэр шүтэх ёс, Ламаист Буддизм нь тус орны соёлыг бүрэлдүүлж ирсэн. Үүний илрэлийг пост-нүүдэлчний амьдрал ахуйн онцлогтой холилдож ирснийг өнөө цагийн хөгжим, урлагаас харж болно.

Ишдорж (1635 * 1723 †) нь Монголын соёлын салшгүй нэг хэсэг билээ. Тэрээр хан удмыг залган төрж, Төвд номд суралцан эргэн ирж Өндөр Гэгээн хэмээн өргөмжлөгдөн Занабазар нэртэй болсон. Тэрээр Хятадын Чин гүрний улс төрийн асуудалд оролцох болсон. Түүний баримлууд одоо ч гэсэн шашны урлагийн гоц төгс гүйцэтгэлээрээ танигддаг билээ. Монголд зохион байгуулсан төслийн оргил нь Занабазарын музейд зохион байгуулагдсан *Орчин цагийн нүүдэлчдийн жим* хамтарсан үзэсгэлэн юм.

Монголд хэрэгжүүлсэн энэхүү төслийг ХБНГУ-ын Гадаад Харилцааны Яам болон Монгол дахь Герман улсын элчин сайдын яам санхүүжүүлсэн. Чин сэтгэлийн талархлыг хатагтай Бекерт хүргэж байна! Мөн Монгол улсын ерөнхийлөгчийн зөвлөх эрхэм Э.Одбаяр энэхүү төсөлд олны анхаарлыг татсан билээ. Mr. Odbayar Erdenetsogt. Занабазарын нэрэмжит Дүрслэх Урлагийн Музейн захирал хатагтай П.Байгалмаа бидэнд итгэн музейн сан хөмрөгөөс холбогдох бүтээлүүдийг үзэсгэлэнгийн чимэг болгосон юм. Үүнээс гадна Хөх Нар контемпорари урлагийн төв нь Арт Кемпийг зохион байгуулсанд нь мөн Монголд хийгдсэн бүх ажлыг зөвлөн чиглүүлж, ямар ч барцадгүй явуулсанд талархал илэрхийлье. Хөх Нар төвийн тэргүүн С.Батсайхан, ТУЗ-ийн гишүүн У.Нарбаясгалан, мөн үйл ажиллагаа хариуцсан Э.Энхзаяа, Ж.Анунаран захирлуудад сэтгэлээсээ идэвхитэй дэмжсэнд талархал илэрхийлье!

Энэхүү хамтын ажиллагааны суурь санаа буюу Мөрсбахд зохион байгуулах наадмын санаа 2024 оны эхээр Монгол Улсын Элчин Сайдын Яаманд хийсэн уулзалтын үеэр гарсан юм. “ZEIGENeV” нийгэмлэг нь, Элчин сайдын яам, Герман-Монголын Нюрнберг соёлын зөвлөлийн дэмжлэгтэйгээр наадмын агуулгыг боловсруулсан юм. Энэхүү их баяр наадам нь монголчуудын төдийгүй хөдөө орон нутаг, бүсийг хамарсан томоохон үйл явдал болсон. Удирдаач Стефан Хайденрайхийн удирдлаган дор тоглосон гайхалтай Морсбах үлээвэр найрал хөгжим, Орхонбаатарын Чинбатын хамтаар үзэгчдийн сэтгэлийг байлдан дагуулсан билээ.

Бидэнд итгэн хамтран ажиллаж, бодит тус үзүүлсэн Кристиан Брэндлд гүн талархал илэрхийлье! Хөх Монгол хамтлаг нь нутгийн үзэгчдийг хөөмийн гайхамшиг, морин хуурын уянгат эгшгээр хөгжмийн ертөнцөөр аялуулсан.

Монгол улсаас Герман улсад суугаа онц бөгөөд бүрэн эрхт элчин сайд эрхэм Б.Мандахбилэгт, нэг дүгээр нарийн бичгийн дарга эрхэм Батмөнх, Нюрнбергийн Герман-Монголын Соёлын Нийгэмлэгийн эрхэм Батхишиг, Дээд Франкония мужийн дэд захирагч эрхэм Томас Энгель, Дүүргийн зохицуулагч эрхэм Ёхан Калб болон Раттелдорфын захирагч нарт олон тооны үзэгчдийг татах ажлыг дэмжсэнд талархаж байна.

Энэхүү манай төсөл нь соёлын солилцооны энэ жилийн тулгуур төслүүдийн нэг болсон. Гэвч энэ жилийн хугацаанд Норд Ард хөтөлбөр Монгол уран бүтээлчдийг Дюссельдорфын Кунстхоллдод урьж ирүүлэн, хамтарсан үзэсгэлэнг олны хүртээл болгосон. Соёлын элч хатагтай О.Оюунтуяа Монгол орныг, соёлыг Герман улсад түгээн дэлгэрүүлэх, сурталчлах ажлыг энэхүү ойн хүрээнд өргөн зохион байгуулсан.

Манай наадам Морсбах хотын, ялангуяа эрхэм Георг Фрөшлайн, Зонне шар айргийн үйлдвэрийн хатагтай Сигрид Хөфнер, эрхэм Ральф Шмидт болон орон зайгаа гаргаж өгсөн эрхэм Бертхолд Уиндхөр дэмжлэггүйгээр бодит ажил болохгүй байсан. Бүх боломжоороо дэмжсэн Хафлингерхоф Морсбах хотын Стефан Шмитлутцсийн гэр бүл, Көрстин Бетц нарт үнэхээр баярлалаа! Та бүхэнд талархаж байна! Гэр бүл, миний ээж, ялангуяа Петра Эллер эгчдээ энэ төслийг дэмжин тусалж байсанд маш их баярлалаа!

Энэхүү төсөл хөтөлбөр нь Сильвия Мишээл, Магдалена Дитрих нар буюу Арт Кемп Монголия хөтөлбөрийн хажуугаар сайн дурын үндсэн дээр Морсбахын хөтөлбөр, Наадмын үйл ажиллагааг зохион байгуулсан хүмүүсгүйгээр биеллээ олж, амжилтад хүрэхгүй байсан юм. Та бүхэндээ гүн талархал илэрхийлье!

Томас Эллер

EINLEITUNG

Im Jahr 2024 jährte sich zum 50. Mal die Aufnahme diplomatischer Beziehungen zwischen der Mongolei und Deutschland. Genug Anlass, über eine Bewertung der Kultur der Mongolei im Spiegel der zeitgenössischen Kunst nachzudenken und Begegnungen und Recherchen zwischen Deutschland und der Mongolei zu ermöglichen. Der Verein ZEIGENeV hat zu diesem Zweck zwei intensive Art Camps in Zusammenarbeit mit dem Blue Sun Center of Contemporary Art of Mongolia organisiert. In Bayannuur, in der Provinz Bulgan der Mongolei auf dem halben Weg zwischen Ulaanbaatar und Kharkhorin (Karakorum), sowie in Mürsbach in Oberfranken trafen sich von Juni bis August 2024 jeweils fünfzehn bis dreißig Künstlerinnen und Künstler aus beiden Ländern, um gemeinsam zu arbeiten, zu essen, zu reden und die jeweils andere Kultur zu sehen und zu erleben.

Mürsbach und Bayannur sind beides sehr kleine Orte in sehr unterschiedlichen Kulturlandschaften. Auf den ersten Blick konnten die Erfahrungen nicht unterschiedlicher sein. Mürsbach, zehn Kilometer von der Autobahn entfernt, erscheint als eine geordnete Kulturlandschaft, geprägt durch eine post-agrikulturelle Bewirtschaftung mit High-Tech-Maschinen. Nach Bamberg sind es gerade einmal zwanzig Minuten und von dort ist man mit dem Zug in weniger als drei Stunden in München, Frankfurt oder Berlin. Die Bemühungen, das Leben dort in Einklang mit der Natur zu bringen, scheitern weniger an der Intensität der landwirtschaftlichen Bewirtschaftung der Länder und der Flüsse, sondern eher an der steigenden Intensität der allgemeinen Lebensführung (Haushalte, Verkehr, Produktion) und den dadurch entstehenden Verbrauchsstoffen in Luft, Wasser und Erde. Trotz aller Bemühungen verschlechtern sich die Werte zur ökologischen Qualität des Landes und der Flüsse stetig, der Grundwasserspiegel sinkt und Starkwetterepisoden nehmen zu.

Doch auch in Bayannuur ist die Landschaft seit Jahrhunderten durch menschliche Nutzung geprägt. Es gibt eine tiefe Verbindung mit der Steppe in der Seele aller Mongolen. Viele sind als Kinder noch dort aufgewachsen – meistens bei den Großeltern, die Eltern waren schon in der Stadt. Mit schulpflichtigem Alter werden die Kinder in die Städte geholt oder in Internate geschickt. Oft sind es dann die jungen Männer, die zuerst wieder in die Steppe zurückkommen, um zu helfen, während die jungen Frauen Zugang zu höherer Bildung erhalten. Die Verbindung zur Steppe reißt aber auch bei den zeitgenössischen Künstlerinnen und Künstlern nicht ab. Viele kehren mehrmals im Monat dorthin zurück, um in der Natur Kunstwerke zu entwickeln und umzusetzen, und so existiert in allen Menschen der Mongolei eine naturbezogene Ethik, die auf Respekt vor den Kräften und Dingen in der Natur beruht. Etwas der Steppe zu entnehmen, geht nur, wenn man um Erlaubnis gefragt hat und auch etwas, zumindest symbolisch, zurückgibt oder dem Himmel oder der Erde etwas opfert. Was nicht heißt, dass das Land frei wäre von wirtschaftlichen und pragmatischen Erwägungen.

Tatsächlich ist die Mongolei überweidet. Es gibt zu viele Tiere für ein Land, das viermal so groß ist wie Deutschland und mit aktuell 3,3 Millionen Einwohnern eines der am dünnsten besiedelten Länder der Welt ist. Die nomadische Realität – noch rund ein Drittel der Mongolen leben nomadisch – ist nach wie vor bestimmt durch angestammte Weidegebiete, Orte, an denen es im Sommer, im Winter und – je nach Region und Witterung – auch zwischendurch möglich ist, die Herden zu erhalten und zu vermehren. Es gibt über Jahrhunderte angestammte Sommer- und Winterlager der jeweiligen Familienclans. Dorthin kehren die Nomaden in einem jährlichen Rhythmus immer wieder zurück und daran halten sich alle Nomaden, um nicht in Konflikt mit anderen Clans zu geraten. Die romantische Vorstellung, dass Nomaden nach Lust und Laune mit ihren Tieren, heute hier morgen dort, durch die Gegend ziehen würden, ist eben das: eine romantische Vorstellung. Im Gegenteil ist das nomadische Leben in einem Familienclan traditionell eingebettet in eine gesellschaftliche Kultur und Metaphysik, die auf Balance im Clan und mit der Natur aus ist und sich von unserer Lebensweise sehr unterscheidet. Bis heute ist also die mongolische Kultur bestimmt von einem Denken, das sich in der Bronzezeit gebildet hat und mit dem Himmelsgott Tenger in Verbindung gebracht werden muss. Es handelt sich dabei eher um ein abstraktes Prinzip als um eine konkrete Figur. „Der Glaube vereint Animismus, klassischen Schamanismus, Ahnenverehrung und eine spezielle Form des Totemismus. Er baut sich vor allem um einen Himmelsgott auf: Tengri. Tngri, Tengri oder Tegri ist die Bezeichnung für die Götter oder höchsten geistigen Wesen im mongolischen Schamanismus. Wie viele dieser Wesen es gibt, wird verschieden interpretiert. Gemäß den alten mongolischen Überlieferungen ist auch Chinggis Khaan eine, wenn nicht sogar *die* Verkörperung des höchsten Tengri.

Das höchste Ziel der Anhänger der Tengris ist, mit „allem, was unter dem Himmel ist", also mit seiner Umwelt, im Einklang zu leben. Der Mensch steht in der Mitte der Welten und sieht seine Existenz geborgen zwischen dem „ewigen blauen Himmel" (Mönkh khökh Tengeri), der „Mutter Erde" (Gazar Eje), die ihn stützt und ernährt, und einem Herrscher, der als „Sohn des Himmels" gilt. Mit einer ausgeglichenen Lebensweise hält der Mensch seine Welt im Gleichgewicht. Er strahlt seine persönliche Kraft aus, sein „Windpferd". Der Kosmos, die Naturgeister und die Ahnen sorgen dafür, dass es dem Menschen an nichts fehlt, und beschützen ihn. Wenn das Gleichgewicht durch eine Katastrophe oder durch den Eingriff böser Geister außer Kontrolle gerät, wird es durch den Eingriff eines Schamanen wiederhergestellt.[1]

Ohne hier auf die ganzen Komplexitäten und die Seelenlehre[2] des Tengrismus eingehen zu können, muss man sich das rein praktisch so vorstellen: Die klimatischen Bedingungen in der Mongolei sind extrem. Um als Clan zu überleben, ist es notwendig, dass alle Mitglieder einigermaßen in Balance miteinander leben können. Bei Temperaturen zwischen −30 und +30 Grad ist es überlebensnotwendig für Menschen und Tiere, dass alle Beteiligten eingebettet sind in die Strukturen des Familienclans und für alle Konflikte ein Ausgleich gefunden werden kann. Auch das ist Aufgabe des Schamanen. Dass das eine andere Gesellschaftsform und ein anderes Selbstverständnis aller Mitglieder zur Folge hat, kann man sich vorstellen. In vielen Gesprächen mit Künstlerinnen aus Zentralasien und der Mongolei über die Tatsache, dass in diesen Regionen sehr häufig herausragende Künstlerinnen anzutreffen sind, kam in den letzten Jahren immer wieder der Tengrismus als Erklärungsmodell für ein anderes Verhältnis (als in Europa) zwischen den Geschlechtern auf. Auch wenn in der Mongolei noch viel für ein ausgeglichenes Verhältnis, vor allem im politischen Raum, getan werden muss, gibt es im öffentlichen Leben und in der Wirtschaft sehr erfolgreiche Geschäftsfrauen und Direktorinnen. Im Präsidialamt angesiedelt ist das Referat für Genderequality und damit auf höchster politischer Ebene. Aber auch innerhalb der Kunstszene läßt sich beobachten, dass es sehr viele Paare gibt, die gleichberechtigt als Künstlerin und Künstler auftreten und Erfolg haben können, ohne dass die Beziehung Schaden nehmen würde.

Was heute Anlass zu erbitterten Auseinandersetzungen gibt, ist der Modernisierungsdruck in allen Bereichen der mongolischen Wirtschaft. Die Weidewirtschaft ist so intensiv geworden, dass selbst die Weiten der mongolischen Steppe die Herden kaum noch ernähren können. Dabei sind die Herden nur zum Teil für die Fleischwirtschaft nutzbar. Gerade die Pferdezucht ist eine prestigeträchtige Investition für reiche Städter, die die nomadisch lebenden Personen zu Lohnhirten werden und die Herden wachsen lässt. Eine Herde stellt in dieser Perspektive so etwas wie ein Bankportfolio dar. Die Mongolei ist auch berühmt für exquisite Kaschmirwolle. Der traditionelle Nomadenclan hatte immer einige Kaschmirziegen, die vor den Herden herliefen, weil sie ein besonders gutes Gespür für frische Weidegründe besitzen. Inzwischen gibt es reine Kaschmirziegenherden, was ein großes Problem darstellt, da die Kaschmirziegen nicht nur die Halme der Steppengräser fressen, sondern die Pflanzen samt Wurzeln herausreißen.

In dieser Situation ist in der Mongolei die Entscheidung gefallen, das nomadische Leben zu schützen, und in der Tat existiert in Ulaanbaatar seit 1998 unter dem Schirm der UNESCO ein Institut zur Erforschung und Unterstützung nomadischer Kulturen entlang der Seidenstraße. Die digitale Inventarisierung nomadischer Kulturen ist ein Aspekt der Arbeit dort. Die politischen Strategien, die Steppe wirtschaftlich zu entwickeln, gehen aber weiter. Verstärkter Tourismus gehört zum erklärten Ziel sowie ein Anschluss der Nomaden an digitale Welten. Internetempfang in der Steppe ist zwar noch immer eine Herausforderung, aber Realität. Satellitenschüsseln rosten vor sich hin, während LTE-Netze aufgebaut werden. Das hat den Nomaden eine neue Einkommensquelle erschlossen. Die immer häufiger in der Steppe erscheinenden Touristen „adoptieren" gegen eine Gebühr ein Schaf der Herde und können im Gegenzug „ihrem" Tier auf Facebook folgen. Das aber ist nur der bunteste Aspekt der Digitalisierung der Steppe. Tracking von Tieren, Kommunikation mit den entfernt lebenden Nachbarn, Vermarktung und schlicht auch wirtschaftlicher Verkehr und Sicherheit lassen sich so viel besser organisieren. Die Folgeprobleme wie die Müllwirtschaft beschreibt Karsten Wittke in seinem Essay über die Eco Mommys im Khuvsgul Aimag, in dem er auch die besondere Rolle von Frauen in der mongolischen Gesellschaft exemplarisch beleuchtet.

Ein großer Konfliktherd aber liegt in der Spannung zwischen nomadischen Kulturen und der Rohstoffindustrie des Binnenstaates zwischen Russland im Norden und China im Süden. Die Mongolei gilt als eines der zehn rohstoffreichsten Länder der Welt. Kohle, Kupfer, Gold und Uran stehen im Zentrum des Interesses. Während die Mongolei fast hundert Prozent des Erdöls aus Russland bezieht, liefert das Land fast seine gesamte Kohleproduktion nach China. Die expandierende Rohstoffindustrie ist damit auf Kollisionskurs mit der nomadischen Bevölkerung des Landes, denn die Steppe ist nicht leer, zwar ohne klar definierte Eigentumsrechte, aber versehen mit angestammten „Nutzungsrechten", wie man das in Deutschland nennen würde. So kommt es zum Clash zwischen beiden sehr starken Interessensbereichen in der Steppe. Dieser Konflikt spiegelt sich weiter verstärkt in der Politik und im Parlament der Mongolei.[3]

Ökologische Belange stehen dabei nicht sehr hoch auf der Agenda, was die Bevölkerung in Ulaanbaatar jeden Winter erfahren und erleiden muss. Die Energieversorgung wird durch ursprünglich noch sowjetische Kohlekraftwerke bereitgestellt, Autos fahren ohne Katalysatoren und die großen Ger-Viertel (Jurtenviertel) heizen mit schlechter Braunkohle. Die Luft ist schlechter als in Peking vor zehn Jahren oder nicht ganz so schlecht wie 1962 im Ruhrgebiet oder in London 1952, wo innerhalb von fünf Tagen mindestens viertausend Menschen im Smog ums Leben kamen.

Wenn man sieht, wie widersprüchlich die Entwicklung nicht nur in der Mongolei, sondern auch in Deutschland vonstatten geht und wie wenig sich anscheinend in wirtschaftlichen und politischen Prozessen bereits anderswo erkannte Probleme vermeiden lassen, muss man sich fragen, wie Bumochir das in seinem Buch über diese Konfliktkomplexe getan hat, welche gesellschaftlichen und kulturellen Traditionen Resilienzen entwickeln können, um die gesellschaftlichen Entwicklungen ins Positive zu verschieben.

Dabei muss man die kulturellen Unterschiede in den Blick nehmen zwischen einer Weltregion, die vom monotheistischen Auftrag geprägt ist, sich die Erde „untertan" zu machen, und einer Weltregion, die auf Bewahrung und Balance aufgebaut ist. Was Hoffnung macht, sind die vielfältigen Ebenen, Wirtschaft, Ökologie und Kultur, auf denen gegenwärtig die Beziehungen zwischen den Ländern reaktiviert werden. Denn ein guter Teil der intensiven Verbindungen zwischen der Mongolei und Deutschland beruht auf der Tatsache, dass DDR-Experten seit 1950 in intensivem Austausch mit der Mongolei standen. Die Mongolei bezeichnet Deutschland als „Dritten Nachbarn". Aus dieser Zeit datieren wunderbare Kino-Koproduktionen wie *Die Goldene Jurte* (1961) der DEFA mit dem Mongolkino, Ulaanbaatar.

Aber schon in den 1920er Jahren gab es intensiven akademischen und wirtschaftlichen Austausch zwischen den Ländern, der durch den Stalinismus unterbrochen wurde. So kommt es, dass in der Mongolei heute noch ungefähr 30 000 Menschen Deutsch sprechen, was etwa einem Prozent der Bevölkerung entspricht. Noch heute gibt es eine große mongolische Expat-Gemeinde in Berlin und Dresden und anderen Orten Ostdeutschlands. Während sich Schwerpunkte der akademischen Mongolei-Forschung seit dem 19. Jahrhundert in Berlin und Leipzig befinden, gibt es in Bonn ein Institut für Mongolistik, das dort durch Walther Heissig (1913–2005), dem besten Kenner der Mongolei und frühem Mitglied der Nazis (Beitritt zu SA 1932 und am 8. Februar 1934 zur SS), in den 1960er Jahren aufgebaut wurde. Auch das ist die Geschichte zwischen der Mongolei und Deutschland.

Das Jahr 2024 steht für eine Erneuerung der vielfältigen Kontakte zwischen den Ländern und kann eine potenziell erfreuliche Entwicklung nehmen. Die kulturellen Erfahrungen, die wir während des Projektverlaufs im Art Camp Bavaria, im Art Camp Mongolia und in den beiden Ausstellungen machen konnten, lassen die Hoffnung zu, dass sich aus dem kulturellen Erbe und den künstlerischen Ansätzen viele Resilienzen entwickeln lassen, die mehr gesellschaftliche Aufmerksamkeit verdient haben. Dieses Projekt hat eine weitere Tür dafür geöffnet.

Thomas Eller

1 https://de.wikipedia.org/wiki/Tengrismus, abgerufen am 10. 9. 2024.

2 „Jeder Mensch und jedes Tier besitzt mehrere Seelen. Man glaubte, dass ein Mensch mindestens drei Seelen besaß; … Allgemein verbreitet ist die Vorstellung, dass Tiere mit Ami- und Suns-Seele zwei Seelen besitzen; eine davon wird wiedergeboren. Da Tiere eine Seele haben, die wiedergeboren wird, muss der Mensch respektvoll mit ihnen umgehen. Die drei Seelen des Menschen sind: Özüt-Seele (auch *Suld*): Sie bleibt nach dem Tod des Menschen in der Natur. Ami-Seele: Sie reinkarniert. Suns-Seele (auch Süne): Sie reinkarniert. Alle drei Seelen befinden sich innerhalb des Energiefeldes eines Menschen. Die für das Leben wichtigste ist die Suld-Seele. Wenn sie den Körper verlässt, ist der Tod unumgänglich. Die anderen beiden Seelen können unter Umständen den Körper kurzfristig verlassen und dabei manchmal Bewusstlosigkeit verursachen. Ami- und Suns-Seele müssen sich immer an entgegengesetzten Enden des Körpers aufhalten, um das Befinden im Gleichgewicht zu halten. Wenn sie sich aus irgendwelchen Gründen schneller bewegen, lösen sie erhöhten Blutdruck aus. Auf dieselbe Weise gab es Erklärungen und Heilmethoden für sämtliche anderen Krankheiten, die auf die Launen der drei Seelen und die Stärke des Windpferdes zurückgeführt wurden." Aus: *A Course in Mongolian Shamanism – Introduction 101*, Golomt Center for Shamanist Studies (Hg.), Ulaanbaatar, Mongolia 1997, https://members.tripod.com/Mongolian_Page/shaman.txt, abgerufen am 10. 9. 2024.

3 Dulam Bumochir, *The State, Popular Mobilisation and Gold Mining in Mongolia. Shaping ‚Neo-Liberal' Policies*, The University of Chicago Press, Chicago 2020.

ТАНИЛЦУУЛГА

Энэ 2024 онд Монгол улс, Герман улс хоорондын дипломат харилцаа тогтоосны 50 жилийн ой тохиож байна. Тус ой нь Монголын соёл, контемпорари урлагийг судлах, тусгах, энэ чиглэлээр Герман, Монгол улс хоорондын хамтын ажиллагааг өрнүүлэх хангалттай шалтгаан юм. ZEIGENeV нийгэмлэг нь Контемпорари урлагийн "Хөх Нар" төвийн хамт Булган аймгийн Баяннуур буюу Улаанбаатар Хархорин хотуудын хооронд орших нутагт мөн Дээд Франкониагийн Морсбахд эдгээр арт кемпийг зохион байгуулсан. Үүнд хоёр орны 15–30 уран бүтээлч 6-р сараас 8-р сарын хооронд оролцон хамтран ажиллаж, ярилцаж, идэж, харилцан туршлага, соёлоо солилцсон юм. Морсбах, Баяннуур гэдэг газрууд хоёулаа жижиг суурингууд боловч соёлын хувьд маш их ялгаатай билээ. Анхны харцаар л эдгээр газруудаас өөр өөр туршлагуудыг мэдрэх нь тодорхой. Морсбах нь хурдны замаас 10км зайд байрлах ба том оврын машин техникээр хөдөө аж ахуй эрхэлдэг байсан, цэгцтэй суурин юм. Бамбергээс 20 минутын зайд байдаг ба тэндээс Мюнхен, Франкфурт, Берлин хот руу галт тэргээр гурван цагийн дотор хүрнэ. Байгаль орчинтой шүтэн барилдаж амьдрахад хөдөө аж ахуй, газар тариалан эрхэлж хөрс, гол усанд нөлөөлсөн байдал сөргөөр нөлөөлж байна гэхээс илүү хүн амын нягтрал амьдралын хэв маягийн (байшин барилга, унаа тээвэр, үйлдвэрлэл, дэд бүтэц) эрчимтэй өсөлт буюу эдгээрээс болж агаар, ус, хөрсөнд гарч буй бохирдлоос шалтгаалж байна. Экологийн тэнцвэртэй байдлыг хангахад чиглэгдсэн ажлууд хийгдэж байгаа хэдий ч хөрс, гол усны чанар, гүний усны түвшин буурсаар, уур амьсгалын эрс тэс байдал нэмэгдсээр байна.

Баяннуурт ч гэсэн байгаль орчин мянга мянган жилийн турш хүний нөлөөгөөр өнөөгийн өнгө төрхийг олсон. Монгол хүмүүс тал нутагтайгаа сэтгэл зүрхээрээ холбоотой байдаг. Ихэнх нь эцэг эхтэйгээ хотод амьдардаг боловч хөдөө явж өвөө, эмээтэйгээ зусдаг байсан. Хөдөө сургуулийн насанд хүрсэн хүүхдийг сургуульд явуулахын тулд хот суурин газарлуу авч явдаг, зарим нь дотуур байранд амьдарч боловсрол эзэмшдэг. Малчин айлын эрэгтэй хүүхэд дунд сургуулиа төгсөөд нутаг буцан гэр бүлдээ тусалдаг байсан бол охин хүүхдүүд нь хот сууринд үлдэж дээд сургуульд ордог байсан. Контемпорари уран бүтээлчид ч гэсэн тал нутагтайгаа нягт холбоотой байсаар. Тэд байнга хөдөө явж байгалийн бүтээлийг анзааран судалж, бүх Монгол хүний адилаар байгаль дэлхийн хүчинд хүндэтгэлтэй хандах ёс зүй суусан байдаг. Хөдөө тал нутгаас ямар нэг зүйлийг заавал зөвшөөрөл авч, тэнгэр газарт хариу өргөл барьц хийж авдаг. Гэвч эдийн засгийн, прагматик сонирхолгүй улс гэсэн үг биш.

Монголын бэлчээрийн даац хэтэрсэн. Герман улсаас дөрөв дахин том, 3.3 сая хүн амтай, нэг хавтгай дөрвөлжин нутагт харгалзах хүний тоогоороо дэлхийд хамгийн сийрэг орон хэдий ч малын тоо толгойн даац нэлээд хэтэрсэн газар. Нийт хүн амын гуравны нэг нь нүүдэлчид. Өвөг дээдсээс өвлөгдсөн бэлчээрийн мал аж ахуйг эрхлэн, өвөл, зунгүй, эрс тэрс уур амьсгал, орон нутгийн онцлогт дасан зохицож мал сүргийн тоогоо нэмсээр байгаа малчид. Хэдэн үеэрээ, удам угсаагаараа нутаглаж ирсэн өвөлжөө, хаваржаатай байдаг. Учир нь жил бүр тодорхой давтамжаар байнга нутагладаг газартай байснаар бусад малчдад саад болохгүй, аливаа зөрчилд орохгүй байх юм. Малаа туугаад хүссэн газраа нутаглаж болно гэсэн нүүдэлчдийн тухай романтик ойлголт бол зүгээр л романтик ойлголт билээ. Харин ч эсрэгээрээ нүүдэлчдийн амьдрал нь өвөг удам хоорондын, хүн байгаль орон нутаг хоорондын зохилдлогоо, тэнцвэрт байдалд тулгуурласан нарийн барилдлага бүхий бидний амьдралын хэв маягаас их ондоо зүйл. Өнөөдрийг хүртэл хадгалагдан ирсэн Монгол соёл, сэтгэлгээ нь Хүрэл Зэвсгийн үеэс бүрэлдсэн тэнгэр шүтлэгтэй нягт холбоотой. Тодорхой ойлголт гэхээс илүү хийсвэр баримтлал гэлтэй. "Энэхүү итгэл бишрэл нь анимизм, сонгодог бөө мөргөл, өвөг дээдсийг хүндлэх ёс болон тотемизмын тодорхой хэлбэрийн цогц юм. Энэ бүхний гол цөм нь бол: онгод Тэнгэр билээ. Дээд Тэнгэр гэдэг бол Монголын бөө мөргөлийн дээд шүтээн юм. Дээд тэнгэр, тэнгэр шүтээний тухай, хэдэн тэнгэр байдаг тухай олон янзын тайлбар байдаг. Монгол уламжлал ёсоор Чингис хаан бол дээд тэнгэрээс заясан нэгэн тэнгэр, Тэнгэр шүтээний хувилсан хүн дүр нь байх."

Тэнгэр шүтээнт хүмүүсийн гол зорилго бол "хурмастын дор орших бүхий л зүйлстэй" буюу байгаль орчинтой шүтэн барилдаж амьдрах юм. Хүн бол "мөнх хөх тэнгэр"-ийн ивээл дор, "газар ээж"-ийн нөмөр нөөлөгийн дунд, "дээд тэнгэрийн хүү"-гийн удирдлага дор оршиж байдаг. Өөрийн амьдралын тэнцвэрийг хадгалан, ертөнцийн зохилдлогоог хангаж амьдарна. Хүний эрчим, дотоод хүч бол түүний "хийморь" юм. Сансар огторгуй, байгалийн лус савдаг нь хүнийг дутах зүйлгүй амьдруулж, түүнийг хамгаалж байдаг. Ямар нэгэн гамшиг, гай зэтгэрийн хорлолоос болж тэнцвэрт байдал алдагдах юм бол бөө, удган нь засаж залруулдаг.“[1]

Тэнгэр шүтлэгийн амин сүнс, сүлдний тухай нарийн тайлбар хийлгүй энгийнээр хэлэх юм бол дараах хэдэн нөхцөлийг төсөөлөх хэрэгтэй. Үүнд: Монгол нь эрс тэс уур амьсгалтай. Хэдэн үеэрээ овог аймаг болон амьдардаг тул бүх гишүүд харилцан зохицож амьдрах шаардлагатай. Цаг агаар –30-аас +30 хэмийн хооронд хэлбэлзэнэ. Тиймээс гэр бүл, мал хүйгаа эсэн мэнд авч явахын тулд бүх гишүүдийн оролцоо, хамтын зохилдлогоо байж аливаа зөрчлийг арилгана. Энэ тэнцвэрийг хангах нь мөн бөө, удганы үүрэг юм. Гишүүдийн хариуцсан үүрэг, оролцооноос хамаарч тухайн нийгмийн бүтэц бий болно. Төв Ази болон Монгол эмэгтэй уран бүтээлчидтэй ярилцахад өндөр уран чадвартай эмэгтэй уран бүтээлчид энэ бүсээс гардаг нь түгээмэл гэдэг. Хүйс хоорондын харилцааг тайлбарлахад сүүлийн жилүүдэд (Европоос ялгаатай нь) Тэнгризмийн үзэлтэй холбож ярих нь газар авч байна. Хүйсийн тэнцвэрт байдалд хүрэхэд ялангуяа улс төрийн салбарт хийх зүйл их бий ч гэсэн маш амжилттай явж буй бизнес эрхлэгч эмэгтэйчүүд, олон нийтийн болон эдийн засгийн салбарт удирдах ажил эрхэлж буй эмэгтэйчүүд олон байна. Жендерийн Үндэсний Хорооны бүрэлдэхүүнд Монгол Улсын Ерөнхий Сайд, Яамнуудын сайд нар багтсан байдаг нь улс төрийн тогтолцооны дээд түвшинд байдгийг харуулж байна. The Department for Gender Equality is located in the Office of the President Соёл урлагийн салбарт ч мөн адил хүйсийн харилцаанд сэв суулгалгүй эрх тэгш бүтээж буй эрэгтэй, эмэгтэй болон гэр бүлээрээ бүтээл туурвидаг чадварлаг уран бүтээлчид олон бий.

Иймээс, ЮНЕСКО-ийн ивээл дор Торгоны зам дагуух нүүдлийн соёл иргэншлийг судлах олон улсын хүрээлэнг байгуулах шийдвэр гарч, 1998 онд Улаанбаатар хотноо байгуулагдсан. Нүүдлийн уламжлал бүхий улс орнуудыг судлан соёлын цахим мэдээллийн санг бий болгох нь энэхүү хүрээлэнгийн ажлын нэг хэсэг байсан. Түүнчлэн тал хээрийн нутгийн эдийн засгийг сайжруулах бодлогын стратегийг боловсруулах зорилго тавьж ажилласан. Орон нутгийн аялал жуулчлалыг хөгжүүлэх зорилтын хүрээнд нүүдэлчдийг цахим ертөнцтэй холбох ажлыг зохион байгуулж байна. Тал газрыг интернет сүлжээтэй болгох нь бэрхшээлтэй ч бодитой зүйл. Тавган антеннууд зэвэрч байхад 4G LTE утасгүй сүлжээг суурилуулж байсан. Ингэснээр малчдын орлогын эх үүсвэр нэмэгдсэн. Тал нутгаар аялаж буй жуулчид тодорхой төлбөрөөр “өөрийн” хоньтой болж тухайн мал нь хэрхэн бойжиж буй талаар Facebook-ээр дамжуулан мэдээлэл авах боломжтой болно. Гэвч энэ бол зөвхөн өнгөн хэсэг, үүнээс гадна алдагдсан мал хүйгаа нутгийн иргэдээс хугацаа алдалгүй асууж сураглах, аюулгүй байдлыг хянах, худалдаа наймааны маркетинг, эдийн засгийн мэдээллийн урсгал зэрэг асуудлууд илүү хялбар болсон. Карстен Уитткегийн Хөвсгөл Аймгийн Эко Ээжүүдийн тухай эссэд хог хаягдлын менежментийг хөндсөн байгаа нь Монголын нийгэмд эмэгтэйчүүдийн эзлэх онцгой байр суурь дээр “гэрэл” тусгаж байна.

Гэвч, нүүдлийн соёлд асуудал нүүрлүүлээд байгаа зүйл бол хойд хөрш болох Орос, урд хөрш Хятадтай хийгдэж буй түүхий эдийн олборлолт, үйлдвэрлэл юм. Монгол улс бол байгалийн баялгаар дэлхийд тэргүүлдэг арван улсын нэг юм. Нүүрс, зэс, алт, ураны нөөц анхаарлын төвд байдаг. Монгол улс газрын, түүхий тосны хэрэгцээг бараг 100 хувь Орос улсаас импортлодог бол өөрийн олборлосон нүүрсийг бараг тэр чигээр нь Хятад улс руу гаргаж байна. Нэг талаас байгалийн нөөцийн олборлолт, үйлдвэрлэл нөгөө талаас нүүдлийн мал аж ахуй эрхлэгчид сөрөг хүчнүүд болж газар эзэмших эрхийн асуудал өрнөж байна. Тодорхой өмчилсөн гэрчилгээ байхгүй ч өвөг дээдсээс өвлөн үлдсэн газар гэдгээрээ Германд бол “ашиглах эрх”-ийг эзэмшигчид юм. Иймээс тал нутгийг сонирхож буй 2 том хүчин бий болж байна. Энэ зөрчил улс төр, парламентын түвшинд ч хүчтэй тусгалаа олсон.[2]

Экологийн асуудал хэлэлцэх зүйлсийн жагсаалтад дээгүүр эрэмбэлэгддэггүй тул өвөл бүр Улаанбаатар хотод байгаа хүмүүс зовж байна. Хотын эрчим хүчийг хуучны ЗХУ-ын үеэс эхэлсэн нүүрс шатааж үйлдвэрлэдэг, яндандаа катализаторгүй машинууд, муу чанарын бор нүүрс түлдэг гэр хорооллууд – агаарын бохирдол 10 жилийн тэртээх Бээжин хотын агаар, 1962 оны Руруштадтынхаас арай гайгүй, эсвэл 1952 оны Лондон хот буюу тав хоногийн дотор 4000 хүн нас барч байсан үетэй дүйцэж байна.

Хөгжил гэдэг нь зөрчилтэй ойлголт гэдгийг зөвхөн Монголд ч биш мөн Германд ч харж болно. Бусад газар эдийн засаг, улс төрийн хүрээнд гарах асуудлыг таньж тодорхойлсон хэдий ч тойрч гарах аргагүй мэт санагдахад, та өөрөөсөө асуух хэрэгтэй, энэ тухай Др. Д.Бум-Очир эдгээр зөрчлийн тухай номдоо бичсэнчлэн, нийгэм, соёлын уламжлалаас ямрыг нь яаж хөгжүүлснээр дархлаа үүсгэн, нийгмийн хөгжлийг зэрэг голдиролд чиглүүлэх вэ?

Дэлхийн тухайн бүс газрыг “эрхшээлдээ” оруулах монотеист зорилттой байхад дэлхийн нөгөө нэг бүсийн орон хадгалан хамгаалах, тэнцвэртэй байлгах зорилт бүхий соёлын ялгааг харгалзах нь чухал юм. Манай хоёр орны хувьд бол эдийн засаг, байгаль орчин болон соёлын хүрээнд хамтын ажиллагааг дахин эрчимжүүлсэн. Монгол улс, Герман улсын энэхүү хамтын ажиллагааны суурь бол Зүүн Германы мэргэжилтнүүд 1950 оноос эхлэн Монголд ирж ажиллаж байсан солилцоо байлаа. Монгол улс нь Герман улсыг гуравдагч хөрш гэж хэлдэг. Гайхамшигт кино бүтээл болох “Алтан Өргөө” нь 1961 онд DEFA буюу Зүүн Германы Герман Кино Хувьцаат Корпорацын Монголкино үйлдвэртэй хамтран хийсэн ко-продакшин байлаа.

Гэвч 1920 оноос тус хоёр орны хооронд боловсролын болон эдийн засгийн солилцоо хамтын ажиллагаа хийгдэж байгаад Сталинизмын нөлөөгөөр завсарласан байна. Дээрх хамтын ажиллагааны үр дүнд Монголын бараг 1% буюу 30,000 хүн Герман хэлтэй байна. Одоо ч гэсэн Германд тухайлбал Берлин, Дрезден болон Зүүн Германд ажиллаж амьдарч буй Монголчууд олон бий. 19-р зуунаас хойш Монгол судлалын ажлыг

Берлин, Лайпциг хотуудад хийж байсан бол энэ судлал үүсгэн байгуулагдсан нь Бон хотод бөгөөд Монгол судлалаар тэргүүлж байсан монголч эрдэмтэн бол Нацигийн ахмад гишүүн (1932 онд SA намын гишүүн болж SS-ийн гишүүнээр 1934 оны 2-р сарын 8-нд элссэн) Вальтер Хайссиг (1913–2005) юм. Энэ ч гэсэн Монгол улс Герман улс хоорондын харилцааны түүхийн нэг хэсэг.

2024 он бол манай хоёр орны харилцаанд соёлын олон талт хамтын ажиллагааг өргөжүүлж илүү эерэг зүгт чиглүүлэх боломж. Арт Кемп Бавария, Арт Кемп Монголиа хөтөлбөр болон хамтарсан хоёр үзэсгэлэнгийн соёлын агуулга нь соёлын өв, бүтээлч хандлага бол нийгмийн анхаарлыг татан, дархлааг бэхжүүлэх найдлага төрүүлж байна. Уг төсөл нь нэгэн шинэ хаалгыг нээж өгсөн.

Томас Эллер

1 https://de.wikipedia.org/wiki/Tengrismus, accessed on 10. 9. 2024.
2 Dulam Bumochir: *The State, Popular Mobilization and Gold Mining in Mongolia. Shaping 'Neo-Liberal' Policies.* The University of Chicago Press, 2020.

DIE POST-NOMADISCHE ERFAHRUNG
THEgallery

S. 25
Nomin Bold
ORON series 8, 2023

A. R. Penck
Skizzen von 1968
(Motiv 13/20)

A. R. Penck
Northern Darkness, 1987

A. R. Penck
Her (red-yellow II), 1990/91

VIDEO

S. 36/37
Nomin Bold
Event Horizon series 4,
2022

Maske des Jamsran (Begtse Dharmapala)
des traditionellen Tsam-Tanzes, 19. Jhdt.,
aus der Sammlung des Zanabazar Museums

Kultobjekte
Schädelschale,
Mandala mit magischen Texten,
18./19. Jhdt. aus Tibet und der Mongolei

S. 40/41
Baatarzorig Batjargal
OM MANI PADME HUM,
2024

Baatarzorig Batjargal
Grey Space, 2024

Mongol Kino
TSAM, Dokumentarfilm, 49' 5"

Baatarzorig Batjargal
OM MANI PADME HUM, 2024

S. 47
Simone Körner
Let me come, swallowed, 2023

Heike Baranowsky
Perimeter, 2020

S. 50/51
Gerelkhuu Ganbold
Crows series, 2023

S. 52/53
Gerelkhuu Ganbold
Crows series.
38_TJ.BATL, 2023

Sternenmantel Heinrichs II., 11. Jhdt.
in der Sammlung des Diözesanmuseums Bamberg

Gerelkhuu Ganbold
Bishop's robe, 2024

Dashdemed Sampil
Ohne Titel, 2011/12

S. 57/58
Franz Ackermann
World Shop, 2012
Busy River Bend, 2012
Secret Flower, 2012
Locked Cosmopolitans, 2013
First floor shopping, 2012
Yellow Clouds, 2013

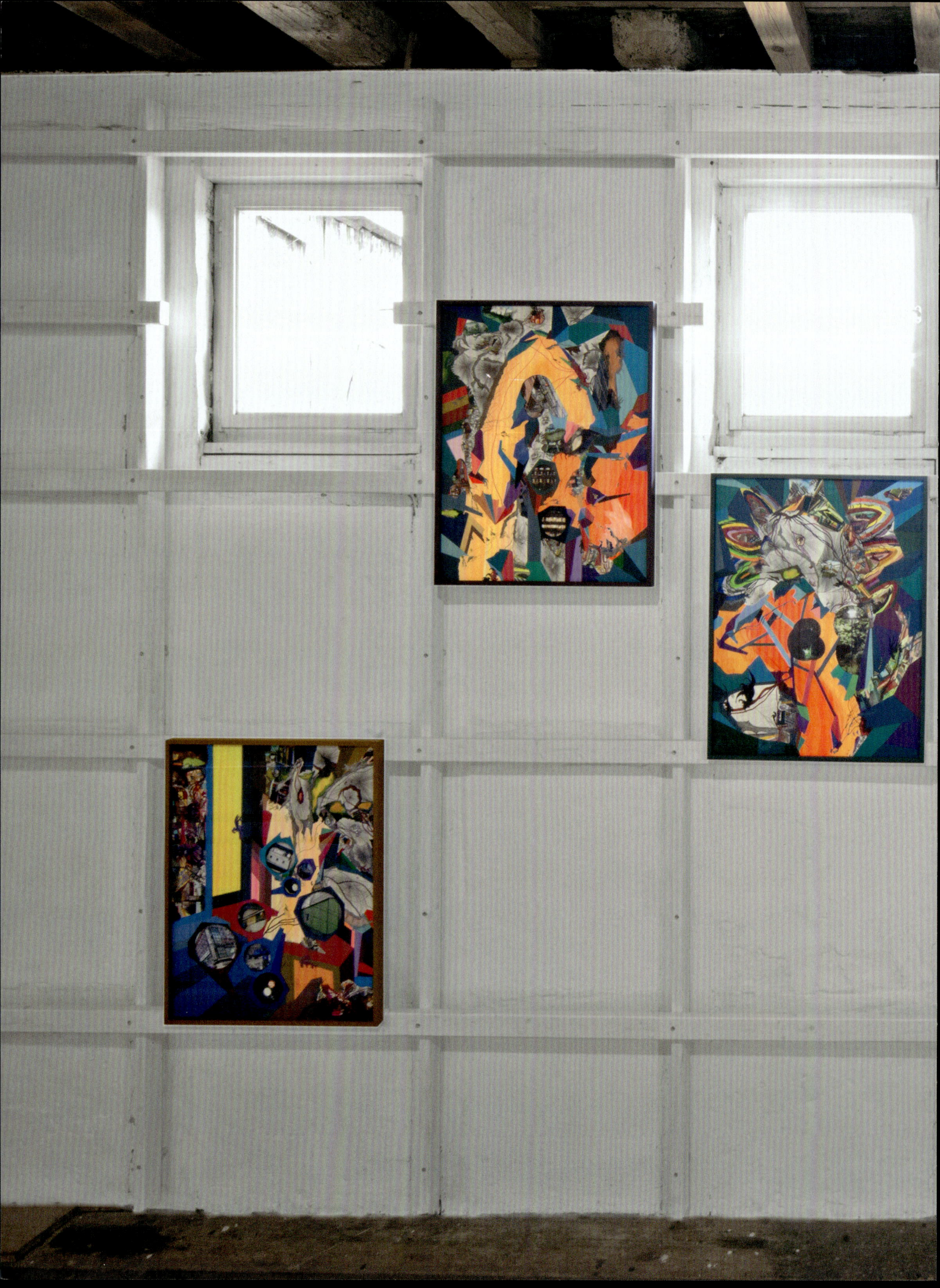

Hochspannung
Lebensgefahr
Mürsbach
St. Mühlstraße
TH106756

Nadine Rennert
Erinnerung an Vollendung, 2011

Nadine Rennert
Wir jagen das Wild, das uns opfert, 2010

S. 68/69
Gerelkhuu Ganbold
Exoplanet, 2020
Enkhzaya Erdenebileg
Body Map No. 1, 2022
Body Map No. 2, 2022
Body Map No. 3, 2022
Body Map No. 4, 2022

Thangkha
Tibet, 19./20. Jhdt.

S. 72/73
Gerelkhuu Ganbold
Exoplanet, 2020

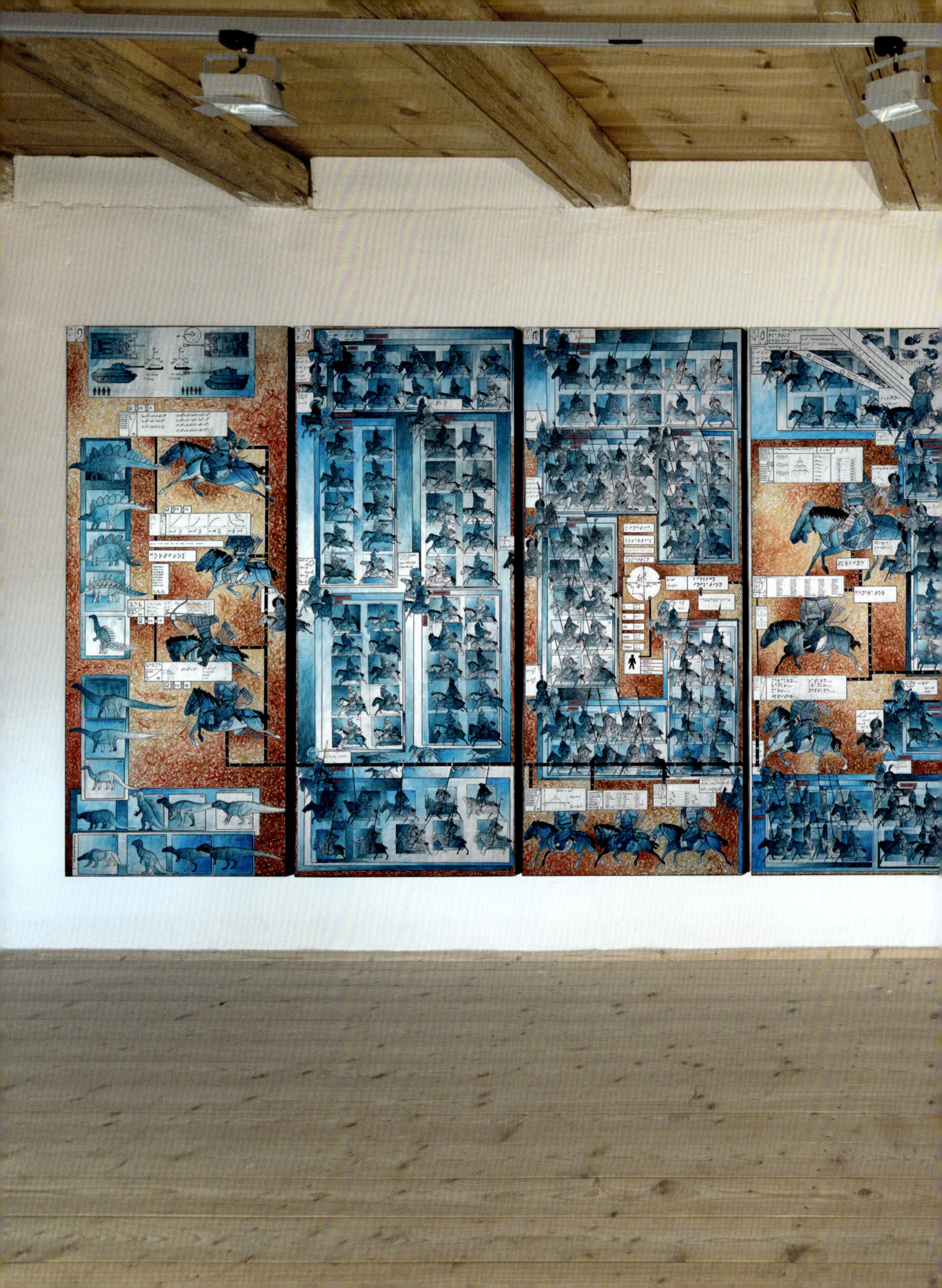

Enkhzaya Erdenebileg
Body Map No. 1, 2022
Body Map No. 2, 2022
Body Map No. 3, 2022
Body Map No. 4, 2022
Body Map, video performance, 2022
Nomad Spirit, video series, 2022

S. 76/77
Enkhzaya Erdenebileg
Body Map No. 1, 2022

S. 78/79
Narbaysgalan Ulambayr
Fleischwolf, 2024
Restart +10 – THE POST-NOMADIC EXPERIENCE, Art Camp Bavaria 2024 | Germany Mürsbach province, 2024

Karl Heinz Jeron
Aural Landmarks – Waterfall, 2024
Aural Landmarks – Ger, 2024

Munkhtsetseg Batmunkh
I feeling; I want see; I want talking; I want to feel, 2017–2023

S. 82/83, 85 (Detail)
Munkhtsetseg Batmunkh
Khun sureg / Crowds of People, 2024

DIE POST-NOMADISCHE ERFAHRUNG

Thomas Eller

Nomadische Kultur wird in Deutschland vornehmlich durch die Brille von Joseph Beuys gesehen. Filz, Fett und Schamanismus bestimmen unser Bild von frei herumziehenden Menschen mit ihren Herden. Naturverbundenheit und magische Rituale, weit entfernt von unseren westlichen Lebensgewohnheiten, prägen unsere Vorstellungen.

Tatsache ist, dass Beuys 1944 über der Krim mit einem Flugzeug abgestürzt ist. Bekannt ist auch, dass seine Geschichte, er sei von Nomaden gerettet und in einer Jurte unter Einsatz der genannten Materialien geheilt worden, als poetische Erfindung gelten muss. Denn weder wurde das Flugzeug abgeschossen, noch gab es auf der Krim zu diesem Zeitpunkt tartarische Nomaden. Die Krim ist auch gute 6 000 Kilometer von Ulaanbaatar entfernt. Wer also im Werk von Joseph Beuys kulturelle Erfahrungsgehalte mit Bezug auf die Mongolei vermutet, liegt ganz weit daneben und leistet einem numinosen Geraune um Schamanismus Vorschub, ohne sich die Mühe zu machen, zu verstehen, welche realen Lebensumstände welche elaborierten metaphysischen Systeme in Gang gesetzt haben, die seit der Bronzezeit in der Mongolei und in Zentralasien bis heute wirkmächtig sind. Denn der Schamanismus war schon immer eingebunden in eine Lehre der Balance zwischen Himmel und Erde, für die Tenger oder Tengri der Name ist – ein abstraktes Konzept einer himmlischen Energie. Sein erweiterter Name lautet „munkh khukh tengri“, was „ewig blauer Himmel“ bedeutet und das Lebensmotto der Mongolei darstellt. Man sagt, dass Chinggis Khaan[1] jede seiner Reden mit dieser Formel beendet habe.

Der Himmel ist auch heute wieder ein großes Thema. Der Vorreiter der zeitgenössischen Kunst in der Mongolei, Dalkh-Ochir Yondonjunai, auch Gründer des Blue Sun Contemporary Art Center of Mongolia, eines Zusammenschlusses von über 130 Künstlerinnen und Künstlern, versteht sich selbst als „Alien“ in der mongolischen Gesellschaft und als Mittler zwischen dem Himmel und der Erde. Für die Ausstellung im Zanabazar Museum in Ulaanbaatar entwickelte er eine Arbeit, die aus einer Reihe von blau bemalten Steinkreisen bestand, die nord-südwärts auf einer Linie ausgerichtet waren und mit der Entfernung im Durchmesser in beide Richtungen abnahmen. Eine Drohnenaufnahme der Installation in der Steppe der Provinz Bulgan wurde im Museum auf eine Satellitenschüssel von MongolTV projiziert. Damit gelang Dalkh-Ochir Yondonjunai eine visuelle Hinterfragung der zeitgenössischen Beziehung der Mongolen mit dem Himmel. Eine schmerzhafte Arbeit für den Künstler, der sich tief in der mongolischen Tradition verwurzelt fühlt und mit den Auswirkungen des Kapitalismus kämpft. Dem entzauberten Himmel begegnet man auch im Nationalmuseum der Mongolei. Man findet dort den Raumanzug von Dschügderdemidiin Gürragtschaa, dem ersten und einzigen Kosmonauten der Mongolei, der am 22. März 1981 von Baikonour aus zur Raumstation Saljut 6 flog. 1947 in der Provinz Bulgan, dem Ort unseres Art Camps, geboren, trägt er heute den Namen „Sansar“ (Weltraum).

Die Anfänge des Tengrismus datieren rund 12 000 Jahre zurück, in eine Zeit, aus der die ersten schamanischen Petroglyphen nachweisbar sind. Dabei handelt es sich um komplexe Zeichensysteme, die aus der nomadischen Lebensweise entstanden sind und die Funktion hatten, das Leben im Familienclan und mit den Herden in einer von Energien beseelten Natur in Balance zu bringen. Dazu bedurfte es immer der vermittelnden Unterstützung durch Schamaninnen (und Schmananen), die sich mit der Welt dieser Energien in Verbindung setzen können. Die Wandtapete in der Ausstellung *Die Post-Nomadische Erfahrung* zeigt eine solche, die gerade ein Fruchtbarkeitsritual durchführt (Abb. S. 101/102) – links neben ihr sieht man eine Steingeiß, die gerade gebiert und weiter unten mit elaboriertem Gehörn ihr Junges begleitet. Es ist das Geweih, das wie eine Antenne funktioniert bei Steinböcken, Hirschen und Rentieren und als Instrument der Kontaktaufnahme zum Himmel dient – sozusagen die bronzezeitliche Satellitenschüssel darstellt. Sehr oft zeigen die Steinritzungen Hirsche mit Geweihen jenseits der Realität – in diesen Bildern werden die Enden des Geweihs zu Sprossen einer imaginierten Himmelsleiter. Darüberhinaus wird den Tieren eine Art Vogelschnabel zugeschrieben und macht aus den Geweihträgern eine Art „Zwischen-Tier“, das eine Passage zwischen Erde und Himmel anbietet. Ein genauerer Blick zeigt, dass auch die Schamanin mit zwei Antennen ausgestattet ist, die himmelwärts streben, während ihre Beine fest auf die Erde gepflanzt erscheinen und ihr Körper von einer Aura umgeben wird, die dem traditionellen Kopfschmuck der Mongolinnen ähnelt.

Über die Wirkungsmacht des Tengrismus in der Geschichte der Mongolei berichten die Texte von Chuluun Sampildondov, Direktor des Chinggis Khaan Museums, und über den Einfluss auf die zeitgenössische Kunst der Text von Saranbolor Gan-Ochir. Dem soll hier nicht mehr hinzugefügt werden. Was jedoch wichtig ist: Man muss erkennen, dass Schamanismus keine dunkle Betätigung und geheimnisvolle Magie ist, sondern ein Konzept von Gesellschaft, ein metaphysisches, ethisches und soziales Zeichen- und Referenzsystem, das für das Überleben nomadischer Gesellschaften für Jahrtausende wichtig war und ein Leben mit und in der Natur ermöglicht hat. Die etwas beschämende Simplifizierung durch einen Künstler wie Joseph Beuys lässt sich nur dadurch besser ertragen, dass er zumindest die Möglichkeit einer Beschäftigung mit diesem Thema für ein Publikum jenseits esoterischer Faszination geöffnet hat.

Die Ausstellung *Die Post-Nomadische Erfahrung* schlägt aber vor, einen anderen Künstler als westliche Respondenz zu den Erfahrungsgehalten nomadischer Gesellschaften heranzuziehen, und zwar A. R. Penck: Ralf Winkler, geboren 1936 in Dresden, war eine der seltenen Figuren mit einem sehr breiten intellektuellen Horizont, der sehr belesen und gleichzeitig sozial und politisch engagiert war,[2] obwohl ihm sein Land, die DDR, wenig Chancen dazu gab. Die meisten seiner Bilder beschäftigen sich mit gesellschaftlichen Konflikten und versuchen, Vorschläge zu deren Verbesserung zu unterbreiten. Dabei tauchen in seinen Bildern immer wieder Hinweise auf philosophische Konzepte auf, wie zum Beispiel der Satz der Identität:[3] A = A', oder auch Hinweise auf Kommunikationstheorien, die dem Satz der Identität entlehnt sind und die Formel A + B = AB zulassen. Sehr vereinfacht gesagt – wenn Subjekt A und Subjekt B sich im Kommunikationsprozess so weit angenähert haben, sind sie nicht mehr getrennt A und B, sondern sie werden zu AB. Warum ist das von Belang? Für ein Kulturaustauschprogramm ist das zum einen ein schöner Befund. Gibt es also im Werk von Penck Berührungspunkte zu mongolischer Kunst und Kultur? Ganz offensichtlich direkt inhaltlich nicht, wenn man von einer einzigen Grafik absieht.[4] In der Ausstellung *Die Post-Nomadische Erfahrung* befindet sich eine andere kleine Druckgrafik von ihm, die eine veritable Bildtheorie enthält und nicht nur zeichnerisch-formal, sondern auch philosophisch Nähe zeigt: Ein Aggressor in der Bildmitte greift einen Mann auf der linken Bildseite mit einem Pfeil an. Die erigierten Penisse der Standart-Figuren zeigen an, dass sie männlich kodiert sind und es um Macht geht. Was tut der angegriffene kleinere Mann? Er hebt ein Bild über seinen Kopf in die Höhe, das den Aggressor zeigt und dadurch in seiner Aktion bannt. Mit anderen Worten: Ein Bild kann Leben retten. Die apotropäische Funktion von Bildern ist lange erprobt und bekannt. Das war schon immer auch die hauptsächliche Funktion von Heiligenbildern oder eben auch von Bildfigurationen in lamaistisch-buddhistischen Thangkhas: Ein Bild bannt die Gefahr, ordnet die Gesellschaft und ein Gebet schützt den Hilfesuchenden. Kirchen und Tempel sind voll von diesen Bildfunktionen. Ein weiteres kleines Detail dieser unbetitelten Grafik läßt uns nachdenken. Unterhalb des Kampfgeschehens befindet sich eine Waage (der Gerechtigkeit). In die linke Waagschale hat Penck einen Kringel gelegt – was drin. In der rechten Waagschale: Nix drin – bildlich gemacht durch eine Durchstreichung der Waagschale. Und dennoch ist das System in Balance und ausgeglichen. Darüber: Der Bildträger links hat ewas in der Waagschale. Der Aggressor rechts hat nichts. Was will uns das sagen? Bildbesitzer sind im Vorteil gegenüber dem Aggressor, der nur einen „Pfeil" hat? Oder: Bilder helfen uns, Balance in gefährlichen Lebensumständen zu erreichen? – Balance, wohlgemerkt, und nicht: Sieg.

A. R. Penck, der immer abgestritten hat, etwas mit Höhlenmalerei zu tun zu haben (wohl um nicht in die Beuys'sche Schamanismusfalle zu tappen), hat dennoch mit seinen „Standarts" an großen, komplexen Gesellschaftsbildern gearbeitet, die den tengrischen Bildsystemen am nächsten kommen. In der Ausstellung hängt diese Grafik auf der oben schon beschriebenen Bildtapete, einer Petroglyphe aus dem Altaigebirge. Es ist nicht nur die formale Nähe der Penck'schen Bildwelt, sondern es sind seine Bildgehalte und seine Vorschläge zu Ausgleich und Balance in Konflikten, aus denen sich kulturelle Resilienzen entwickeln lassen.

Dieses Wissen ist bei den Künstlerinnen und Künstlern in der Mongolei lebendig. Viele erzählen, dass sie als Kinder noch in den Gers, den mongolischen Jurten, (meistens) bei den Großeltern aufgewachsen sind. Die Eltern waren schon in der Stadt. Sie alle kennen die ungeschriebenen Regeln des Umgangs mit der Natur und viele verarbeiten deren Ethos in ihren Arbeiten. Die schwierigen Lebensumstände in der Steppe haben es schon immer überlebensnotwendig gemacht, dass alle Mitglieder eines Familienclans ihren Ort haben und „glücklich" sind. Anders gesagt: Das Machtverhältnis der Geschlechter, selbst bei aufgeteilten Zuständigkeiten, wie es im Mikrokosmos einer Ger realisiert wird, muss ausgeglichen sein.

Nomin Bold ist eine der stärksten Künstlerinnen in der heutigen Mongolei. International bekannt wurde sie durch ihre Beteiligung an der *documenta 14*, wo sie zwei Bilder zeigte.[5] Ihr Werk, *One Day of Mongolia*, 2017, stellt eine Re-Interpretation des gleichnamigen Bildes von Balduugiin „Marzan" Sharav (1869–1939)[6] dar – das wichtigste moderne Bild der Mongolei, das irgendwann zwischen 1905 und 1913 gemalt wurde und ebenfalls während der *documenta* gezeigt wurde. Darauf findet sich in wimmeligsten Details eine visuelle Beschreibung des Alltags in der nomadischen Gesellschaft des Landes. Vom Melken der Schafe und Stuten über das Fangen der Pferde und Unfällen dabei, bis zu den schönen Tätigkeiten wie Baden, Essen und Trinken sowie den schönsten Nebensachen wird alles abgebildet, was unter dem Himmel so passieren kann. Bei Nomin Bold hat sich die elektrifizierte Stadt über die Steppe gelegt und die menschlichen Aktivitäten haben sich angepasst.

Von Nomin Bold wurde in der Ausstellung *Die Post-Nomadische Erfahrung* eine Installation von drei „mongolisch" aussehenden

„Gas-Masken" gezeigt, die auf Heugabeln aufgepflanzt dem Besucher der Ausstellung wie drei apokalyptische Steckenpferde entgegenreiten. Die Applikationen auf den Masken sind aus traditionellen Stoffen und mit Elementen des Lama-Buddhismus (in Form von stilisierten Totenköpfen) und des Schamanismus (ein symbolischer Schlüsselbund) versehen. Diese düster-heitere Kombination reagiert auf eines der größten Umweltprobleme der Mongolei: Die Luft in Ulaanbaatar ist sagenhaft schlecht. Jedes Jahr sterben im Schnitt zweihundertfünfzig Kinder unter fünf Jahren in der Hauptstadt nur an der Luftverschmutzung und viele weitere leiden unter chronischen Atemwegserkrankungen. So heiter und verspielt die Werke der Künstlerin zuerst erscheinen, so scharf und kritisch ist ihre Bestandsaufnahme der zeitgenössischen Gesellschaft der Mongolei. Diese Einstellung teilt sie mit ihrem Mann, dem Künstler Baatarzorig Batjargal. Von ihm befinden sich in der Ausstellung zwei Gemälde: *Grey Space* zeigt die alte, von den Kommunisten gebaute Fassade des Präsidentenpalastes in Ulaanbaatar, gemalt auf die Holztafel einer früheren nomadischen Truhe. Als Untergrund sieht man noch die alten Ornamente nomadischer Traditionen. Vor dem grau gemalten Gebäude steht blitzumwittert ein Wolf, der den Betrachter fokussiert. Nun sind Wölfe mythische Tiere, aber in der Steppe heute noch eben auch gefährlich für Mensch und Tier.

Das andere Gemälde, *Grey Mouse*, zeigt eine Buddha-Figur mit bösartig verzerrtem Gesicht einer kapitalistischen Micky Maus. Diese zwei Bilder markieren die Pole der politischen Spannungen in der Mongolei: Auf dem (Mal-)Grund nomadischer Traditionen und eingebettet in buddhistische Traditionen spielt sich bis heute ein Tauziehen kommunistischer und kapitalistischer Interessen ab, die nicht unbedingt deckungsgleich sind mit den Interessen der Bergbauindustrie und der Nomaden.

Man muss sich den Mongol Zurag als eine Strategie künstlerischer Resistance vorstellen. Er wurde von Marzan Sharav und anderen Künstlern in Stellung gebracht, als 1911 die Qing-Dynastie in China zusammenbrach und die Manchu-Herrschaft über die Mongolei abnahm. Mit der Oktoberrevolution 1919 versuchte China, Kontrolle über die gesamte Mongolei zu bekommen, was die Mongolei mit Hilfe der Weißen Garden abwehren konnte. Das bolschewikische Russland beschloss daraufhin, eine kommunistische Regierung in der Mongolei zu unterstützen, und so wurde im Gebiet der heutigen Mongolei (ohne die Innere Mongolei) die Unabhängigkeit erklärt. Aber erst als Boghd Khaan, der letzte Kaiser, starb, kam es 1924 zur Gründung der Volksrepublik Mongolei, die noch bis 1952 eine pan-mongolische Politik verfolgte.

In diesem politischen Kontext war Mongol Zurag[7] ein künstlerisches Votum für kulturelle und politische Unabhängigkeit, das sehr schnell unter sowjetischem Einfluss wieder verschwinden musste, jedoch von Nyam-Osoryn Tsultem (1923–2001) am Leben gehalten wurde, bis sich Ende der 1980er Jahre unter der Perestroika die Fenster wieder öffneten. Weit entfernt von Folkolore dient der Mongol Zurag als Ort künstlerischer Resistance und verbindet die Ästhetik des Lama-Buddhismus mit der Erinnerung an die positiven Erinnerungen an Chinggis Khaan. Eine ausführliche Beschreibung der zeitgenössischen mongolischen Sicht auf den Gründer mongolischer Identität wird von Dr. Saruul in ihrem Essay in diesem Buch beschrieben. Nur so viel hier: Nachdem Chinggis Khaan die widerstreitenden Clans hinter sich versammelt hatte, führte er eine radikale rationale Reform durch und ordnete den öffentlichen Raum sowie sein Miltär neu in 10er, 100er, 1 000er und 10 000er Einheiten. Ein neu aufgebautes Postsystem machte es möglich, Briefe binnen sieben bis elf Tagen vom Chinesischen Meer bis an die Grenze Europas zu schicken. Gleichzeitig versammelte er alles verfügbare Wissen der Welt an seinem Hof und gründete Bibliotheken. Der Franziskanermönch Wilhelm von Rubruk traf in Kharkhorin auf Nestorianische Christen, Kopten, Muslime und Juden, Menschen aus Ungarn und weiteren Weltregionen. Seine Beschreibung aus dem Jahr 1255 erzählt detailreich vom Leben am Hofe Möngkhe Khaans. Zwar wurde die Hypothese, die sich in Europa zu diesem Zeitpunkt verbreitet hatte, der Khaan sei Christ, nicht bestätigt, auch seine Versuche, den Khaan zu konvertieren, blieben fruchtlos. Stattdessen verbrachte von Rubruck viel Zeit damit, den anderen Christen am Hofe die „wahre" Lehre Christi beizubringen, ein ebenso fruchtloses Unterfangen. Was durch die Lektüre seines Reiseberichts jedoch klar wird, ist, dass am Hofe des Khaans eine große religöse Toleranz herrschte, die bis heute das kulturelle Klima der Mongolei bestimmt. Grundlage dieser Entwicklung war die auf Chinggis Khaan zurückgehende Schaffung des Gesetzbuches *Jassa* (mongolisch *Их Засаг = Das große Recht*)[8], das auch das Streben nach religiöser Toleranz festlegte und den (relativ hohen) Status der Frau bei den Mongolen, das Verhalten im Krieg und auch den Genuss von Alkohol regelte.

Ein Brunnen, den ein französischer Silberschmied, Guillaume Boucher, für Feierlichkeiten am Hofe angefertigt hatte, versinnbildlicht besser als alle anderen Zeugnisse aus dieser Zeit dieses intellektuelle Klima. Er wurde vermutlich 1241 aus Ungarn verschleppt und musste Schmuck für den mongolischen Adel herstellen sowie einen Altar für die nestorianische Gemeinde. Der Brunnen aber war sein künstlerisches und handwerkliches Meisterstück. Offensichtlich gänzlich aus Silber gefertigt, bestand er aus einem Baum, zu dessen Füßen vier Löwen saßen und aus dessen Krone vier Drachenköpfe hervorkamen. Den Erzählungen nach ergossen sich auf Befehl sowohl aus den Löwenmäulern als auch den Drachenrachen trinkbare Flüssigkeiten wie Stutenmilch, Wein, vergorene Stutenmilch, Reiswein und Honigmet. Über allem schwebte ein silberner Engel mit Posaune wie eine Erscheinung aus der Johannesapokalypse – stilistisch eine erstaunliche Fusion mongolischer und spätmittelalterlicher Bildprogramme, die für die Offenheit der Kultur im Khaanat Möngkhes steht.

Vor dem Hintergrund der gegenwärtigen Transformationen und Herausforderungen, die das Land in Konflikte stürzen, wünschen sich viele Menschen in der Mongolei mehr Stabilität und erinnern sich heute an Chinggis Khaan als jemand, der ein System etablierte, das dem Land zweihundertfünfzig Jahre lang inneren Frieden schenkte. Auch dieser Aspekt ist in der Ausstellung vertreten. Gerelkhuu Ganbolds monumentales Gemälde *Exoplanet* zeigt vordergründig die „Goldene Horde", eingebettet in zeitgenössische Flow Charts, wie sie von links nach rechts, von Ost nach West reitet und in Kontingente eingeteilt ist. Dazwischen immer wieder naturwissenschaftliche Formeln, wie um dem Betrachter zu versichern, dass alles auf diesem Bild rein rational organisiert ist. Was irritiert, sind die „Labels" in Blindenschrift, die an vielen Stellen auftauchen. Warum? Sind wir Betrachter zu Teilen blind? Oder ist es so, dass es viele blinde Stellen in der dargestellten Geschichte gibt? Erst nach wochenlanger Betrachtung drängte sich ein anderer Aspekt des Gemäldes in den Vordergrund. Könnte es sein, dass der ganze Aufwand der Figuren, Ordnungen, Systeme und Formeln nur dazu da ist, um den rot-braun brodelnden Hintergrund unter Kontrolle zu halten? Um Ordnung vor einem Chaos zu bewahren und es in den Hintergrund zu bannen? Nach dieser Lesart wäre das Bild *ExoPlanet* ein zeitgenössisches Historienbild, um die gegenwärtige Obsession mit Chinggis Khaan in Perspektive zu setzen mit einer Wirklichkeit, die gefährlich oder zumindest bedrohlich erscheint.

In der Ausstellung hängt das Bild *ExoPlanet* neben einem kleinen Mandala-Gemälde aus dem 19. Jahrhundert. Dabei fällt eine formale Ähnlichkeit auf. Der Zweck der Mandalas, wenn man das so vereinfachend darstellen darf, ist die „Vergegenwärtigung" einer großen kosmischen Ordnung mit dem quadratischen Weltenberg Meru in der Mitte konzentrischer Kreise und Horizonte, die dem Anbetenden Orientierung und Hilfe bei der Meditation bietet. Auch hier ist ausschlaggebend, sich vom Leid und Chaos der Welt zu entfernen.

Diese Mandalas sind nach streng theologischen Kompositionsregeln[9] von besonders ausgebildeten Mönchen angefertigt. Schon die Herstellung der Mandalas auf Seidenstoffen ist meditativ. Wenn das Gemälde fast fertig ist – das bedeutet: alles fertig ist, außer den Augen – kommen mehrere Mönche zusammen, lesen Sutren und machen Musik, bis die Augen geöffnet sind und das Mandala damit wirkkräftig geworden ist.

Die Blindenschrift auf dem Werk Gerelkhhu Ganbolds und die Tatsache, dass kein einziges Augenpaar darauf zu sehen ist, legt dadurch noch eine andere Deutung nahe: Trotz allen Aufwands in Struktur und Rationalität des Bildes und aber eben auch der mongolischen Gesellschaft bleibt der Prozess „sehend" blind. Es fehlt das „erleuchtete" Sehen und damit der Einklang mit der Ordnung des Kosmos.

Drei Kraftquellen

Damit wären die drei Kraftquellen benannt, aus denen die Künstlerinnen und Künstler in der Mongolei ihre Energien beziehen: Der Tengrismus mit seiner tiefen Verwurzelung und Achtung für die Natur, der Lama-Buddhismus und seine Wiederkehr im Mongol Zurag als spirituelle, aber auch identitätsstiftende Energie und zuletzt Chinggis Khaan als ordnende und strukturierende Kraft. Diese Einflüsse kann man, mehr oder weniger ausgeprägt, in den Werken der meisten jüngeren Künstlerinnen und Künstler in der Mongolei spüren.

Zurück zu A. R. Penck für einen Moment und seinem Blick auf die Funktion von Kunst in der Gesellschaft. „In diesen *Systembildern* läßt A. R. Penck die Historienmalerei hinter sich. Es geht ihm um zwischenmenschliche Beziehungen, um verallgemeinerbare Erfahrungen. Durch den Verzicht auf eine konkrete Geschichte gewinnt das Bild für den Betrachter an Wirklichkeit, denn es kann unter Umständen auch durch eigene Erfahrungen überprüft werden. Damit vereinfacht sich die Möglichkeit der Rezeption dieser Bilder – ein weiterer Schritt auf dem Weg zur Demokratisierung der Kunst. Der Künstler zeigt den Menschen häufig in Problemsituationen, die für ihn gesellschaftliche Realität besitzen: in Entscheidungskonflikten (Weggabelung), bedroht, eingesperrt, Gewalt ausgesetzt", schreibt Thomas Kirchner.[10] Die darauf folgenden Standart-Bilder[11] mit ihren Protagonisten, die als „allgemeine Einzelfiguren" stellvertretend in sozialen, gesellschaftlichen oder politischen Konflikten fungieren, markieren eine westliche Perspektive auf den Menschen, die sich, dem Weg des Geldes folgend, überall auf der Welt durchsetzt. Auch wenn er behauptete, es sei nicht so,[12] kann man sich das Werk von Penck als Position des Widerstandes gegen diese „Tendenzen" vorstellen.

Die Wege des Geldes reichen inzwischen tief in die mongolische Gesellschaft. So tief, dass die Autorin Gangaamaa Purevdorj frustriert aufstöhnt: Im Westen rede man immer von Vielfalt und Diversität. Ihre Erfahrung in Hinsicht auf die Mongolei sei das glatte Gegenteil. Mongolische Kulturgehalte und nomadische Lebensweisen seien massiv unter Druck und das Land werde immer westlicher.[13]

Dem großen blauen Himmel gegenüber aber steht die Mutter Erde, Gazar Eje auf Mongolisch. Die Verbindung zu dieser Sphäre ist besonders spürbar bei Badam Dashdondog, die als Schamanin aktiv ist und dennoch künstlerisch in eine post-sowjetische Bildsprache verwoben bleibt. Sie ist die Grande Dame der mongolischen Kunst mit Werken in der Eremitage in St. Petersburg, einer Institution, die eine sehr in die Tiefe gehende Sammlung schamanischer Kult- und Kunstgegenstände besitzt.

Direkter und auch für westliche Betrachter zugänglich sind die Körperbilder und Videoperformances von Enkhzaya Erdenebileg. Sieht man sich ihre *Body Maps*, die Tuscheabreibungen ihres Körpers, an, lässt sich sofort ermessen, wie dünn der Abstand der eigenen Haut zur großen Natur in nomadischen Lebensweisen wirklich ist. Städtische Körperpanzerungen[14] sind in der Steppe nicht möglich. Die Stärke der mongolischen Körper ergibt sich aus der Intimität und Nähe zur Natur. Davon zeugen auch die Videoarbeiten *Nomad Spirit*, die in extremer Nahaufnahme Details des Steppenlebens zeigen. In diesen Filmen scheint alles zu fließen. Das Wasser, das Blut, die Milch erscheinen in Überblendung mit dem Steppengras und den Tieren darin in einer so intimen Nähe, dass man fast glaubt, das Video riechen zu können. Für die Ausstellung im Zanabazar Museum präsentierte sie eine Split-Screen-Videoarbeit, die den Himmel über Mürsbach und den Himmel über Bayannuur verglich.

Lkhagvasuren Munguntsetseg hält die textile Tradition der nomadischen Kultur am Leben und Munkhtsetseg Batmunkh hat für das Art Camp Bavaria eine große Installation entwickelt, die sich auf Knoten in der mongolischen Kultur bezog. Knoten wurden traditionell mit Symbolik aufgeladen und sprechen von komplexen Beziehungen zwischen Himmel und Erde, Männern und Frauen und allen darum herum. Es gab in den Khaanaten sogar auch Knotenkodierungen, die zur Versendung von Geheimnachrichten verwendet wurden.

Der weibliche Anteil des Tengrismus manifestiert sich auf sehr unterschiedliche Weise in diesen künstlerischen Positionen. In ihnen lebt eine Kultur fort, die unter Modernisierungsdruck steht. Am deutlichsten spürt man man das in den Werken von Tuguldur Yondonjamts, der in Berlin und New York gelebt und studiert hat. Die Steppe lässt ihn nicht los, und in Berlin oder New York ist er zu weit von seinen Kraftquellen entfernt. Für seine Performance in der Steppe nutzte er einen Schutzanzug, um mit den Energien der Natur zu interagieren. Der Kulturbruch ist bei ihm am deutlichsten zu spüren.

Welche Resilienzen können wir also entwickeln?

Wenn sich nun schon die Situation in der Mongolei zuspitzt und das Land sich der Logik des Geldes nicht entziehen kann, welche Möglichkeiten haben dann Künstlerinnen und Künstler aus Deutschland? – Eine der großen Überraschungen für die Teilnehmerinnen und Teilnehmer aus der Mongolei war das Werk von Nadine Rennert, die sich selbst als Mittlerin zwischen den Sphären der Natur und der Menschen sieht. Im Kontext nomadischer Kulturen würde man sie „Schamanin" nennen. In Berlin aufgewachsen ist sie vermeintlich die unwahrscheinlichste Kandidatin für eine Anwältin der Belange der nicht diskursiven Naturkräfte. Umso erstaunlicher war die emotionale Wucht ihrer Skulpturen, die denen des mongolischen Bildhauers Dorjdererm Davaa verwandt sind. Als die Künstlerinnen aus der Mongolei zum ersten Mal ihre Skulpturen sahen, war es wie ein Schock. Wie kann es sein, dass eine deutsche Künstlerin so „mongolisch" sein kann? – Nadine Rennert ist eine stille Person, deren Stärke sich erst nach intensiverer Beschäftigung mit ihr zeigt. Sie muss nichts beweisen, weil sie ihre Kraft auf die Erfahrung von Naturkräften verwendet. Mal ist sie einem Bären in den Apeninnen auf der Spur, um dessen Energien zu spüren, mal ist sie in Südkorea, einem Land, in dem es auch noch eine lebendige schamanische Kultur gibt. Das ist vielleicht der Unterschied: Ihre Werke sind nicht eingebettet in Rituale oder gesellschaftliche Vermittlungsinstanzen, wie sie in der Mongolei noch existieren. Eine Tatsache, die sich im Kontrast zu den schamanischen Ritualen von Badam Dashdondog während des Art Camp Mongolia gut erfahren ließ. Nadine Rennerts Praxis ist dagegen persönlicher Natur, künstlerisch und in Andeutungen symbolisch. Dieser Teil erlaubt westlichen Betrachtern intellektuellen Zugang, um den emotionalen Kräften die Türen zu öffnen. Ihr Werk *Wir jagen das Wild, das uns opfert* ist in dieser Hinsicht eine Schlüsselwerk. Was man sieht, ist eine junge Frau, die in ihrer rechten Hand einen toten Hasen hält und dann – in einem unbeobachteten Moment – den Kopf nach links gedreht hat, wobei ihr ein Geweih gewachsen ist. So wird sie im Zeitraum einer Kopfbewegung von der Jägerin zur Gejagten. Auch in Deutschland ist es möglich, ein altes „kreatürliches" Wissen der Verbundenheit mit Natur zu aktivieren. Und ganz intuitiv ergab sich in der Mongolei eine tiefe Freundschaft und Nähe zwischen der Künstlerin/Schamanin Badam Dashdondog und Nadine Rennert, die sich in der Verschränkung beider Arbeiten im Zanabazar Museum manifestierte. Es gibt offensichtlich ein Erkennen, das ohne viel sprachliche Vermittlung stattfinden kann.

Heike Baranowsky ist eine Künstlerin, deren analytische Fähigkeiten zuweilen ihre starken intuitiven Kräfte zu dominieren scheinen. In der Ausstellung im Zanbazar Museum traten ihre Cyanotypie *Toono* (2024) und das Video *Soliloquio* (2023) in einen sehr bedeutenden Dialog mit der Videoinstallation von Dalkh-Ochir Yondongjunai. Astronomisches Wissen, das Heike Baranowsky in ihrem Jahr in der Villa Massimo in eine meditative Videoinstallation geformt hat, schließt eine Lücke, die scheinbar zwischen europäischen und asiatischen Wissenssystemen existierte. Heute verstehen wir, dass islamische Philosophen sowohl griechisches wie asiatisches Wissen über Mathematik und Astronomie an die europäische Rennaissance weitergegeben haben. Ein Wissen, das im Westen zu Wissenschaft wurde. Mit *Soliloquio* präsentierte Heike Baranowski ihre poetische Referenz zu dieser Transaktion und Verfeinerung in der italienischen Rennaissance. Mit ihrem Video *Soliloquio* folgt Heike Baranowsky der Projektion der Sonne durch ein kleines Loch in der Kirchendecke in den Raum der Santa Maria degli Angeli e dei Martiri in Rom. Dem Sonnenstand folgend wandert der Lichtpunkt jeden Tag ein wenig anders über eine Meridianlinie, die vor 320 Jahren von Papst Clemens XI. in Auftrag gegeben und als astronomisches Werkzeug vor den heiligsten Bereich, dem Altar, verlegt wurde, um astronomische Messungen vorzunehmen und die Daten zum Beispiel für Ostern vorauszuberechnen. Wissenschaftliche Untersuchungen wie diese führten zur Erkenntnis, dass die Erde um die Sonne kreist und nicht umgekehrt. Himmlische Verbindungen und deren spirituelle Bedeutung werden im Westen heute unterschätzt. Heike Baranowskis Respondenz zu den Himmelsvorstellungen in der Mongolei entwickelte sich dadurch zu einer wichtigen Scharnierfunktion in der Vermittlung zwischen den unterschiedlichen Konzeptionen in der zeitgenössischen Kunst in Deutschland und der Mongolei. In Bayannuur nutzte sie das Himmelsauge einer mongolischen Ger als Fokallinse für eine Cyanotypie, die buchstäblich den Ort und die Zeit der Entstehung des Werkes „einnordet".

Für Simone Körner bedeutete die Erfahrung der Mongolei einen Clash der Konzepte. Sie näherte sich der Erfahrung der Steppe mit Begriffen wie „interiority" (Innerlichkeit – aber die Künstlerin bevorzugt den englischen Ausdruck), „physicality" (Körperlichkeit) und „externalisation" (Entfremdung) und arbeitete sich damit an den westlichen Missverständnissen nomadischen Lebens ab. Die Grenzenlosigkeit des Landes spiegelte sich für sie in der Entgrenzung ihrer Begrifflichkeiten und sie wurde zurückgeworfen auf ihre eigene „interiority“. Simone Körner hat aus ihren Erfahrungen eine textile/textuelle Installation entwickelt, die wie ein „Schrein“ aufgebaut war. Im Zentrum befand sich ein Rollbild, das ein Selfieporträt der Künstlerin zeigte, das sie im Umweg eines sargförmigen Spiegels fotografiert hatte. Spiegel sind auch im Westen als Medien für Übergänge in andere Dimensionen verstanden worden.

Karl Heinz Jeron und seine Besucher, „Visitors“: So nennt er seine kreatürlichen Skulpturen, die jeden noch so ambivalenten Raum besiedeln können und als „Aliens“ polyvalente Bedeutungshöfe öffnen und damit fremden Logiken Zugang zu rezenten und transzendenten Realitäten verschaffen können. Mit anderen Worten: Jeron spürt mit seinen Interventionen den Brüchen vorhandener und möglicher Vorstellungen nach. Damit ist er nahe an den Vorstellungen von Dalkh-Ochir Yondonjunai und Tuguldur Yondonjamts, die den Bruch der nomadischen Kultur der Mongolei zu ihrer künstlerischen Kraftquelle gemacht haben – den Schock der Moderne, der alles in der Welt in Verwertungszusammenhänge stellt. Unbehaustheit wurde das in der Literatur und Philosophie im Nachkriegsdeutschland genannt, hat seine Anfänge aber schon in der Industrialisierung gefunden. Unbehaustheit in Deutschland meint etwas anderes als in der Mongolei und schon gar nicht hat es etwas mit nomadischen Lebensformen zu tun – viel aber mit dem Zusammenbruch normativer Strukturen. Das Leiden darin hat viele Formen. Die von Karl Heinz Jeron ausgesendeten „Visitors“ kennen sich darin aus und suchen in der Fremde nach Entfremdung, immer in der Hoffnung, damit Risse in die Membranen von Bedeutungsräumen zu reißen und sich dann darin breit zu machen. Auch wenn es ein seit langem unbenutzter philosophischer Gedanke ist, dass es kein richtiges Leben im falschen geben könne, sieht Jeron das als Chance an und füllt die Räume mit einem Lächeln.

Franz Ackermann ist am ehesten, was man sich im Westen unter einem modernen Nomaden vorstellt. Sein ganzes Werk ist auf Reisen angelegt. Schon Anfang der 1990er Jahre machte er eine monatelange Reise, die ihn quer durch Ostasien und durch die russische Föderation führte – damals noch ohne Internet und Smartphone, aber mit öffentlichen Bussen und Bahnen. Auf der Reise notierte er seine Wahrnehmungen als *Mental Maps*, Aquarelle oder Fotografien, die dann im Atelier in Berlin zu Bildern und Installationen verarbeitet wurden. In diesen Werken entwickelt Ackermann komplexe Memory Container, die die visuellen Notationen mit der Emotionalität der Malerei kombinieren, um näher an die Mechanik menschlicher Erinnerung zu kommen. Denn oft verblassen Fotos von fernen Orten nicht nur physisch. Auch in der Betrachtung verlieren sie die emotionale Wucht, die man im Moment der Aufnahme spürte. Mit den Mitteln der Malerei lässt sich das auffangen und immer neu aktualisieren. Für den Betrachter erschließen sich dadurch neue Erfahrungen entfernter Orte.

Das Projekt der beiden Art Camps und Ausstellungen hat viele neue Erfahrungen und Verständnis gebracht. Je mehr man um die Komplexitäten weiß, umso schwerer fallen die Antworten. Weit entfernt sind alle Beteiligten von einer *Heilung der Erde*. Aber der Anfang ist gemacht, Beziehungen sind geknüpft. Dieser lange Faden wird weiter gesponnen und hoffentlich zu einem tragfähigen Netz werden.

Anmerkungen

Die Post-Nomadische Erfahrung

Als wir zu Anfang unserer Recherchen dem Projekt den Titel *Die Post-Nomadische Erfahrung* gegeben haben, konnten wir nicht wissen, wie viele Diskussionen diese Bezeichnung bei unseren Gesprächen in der Mongolei auslösen würde. Schon bei der Übersetzung traten Schwierigkeiten auf. In der mongolischen Sprache scheint es nicht vorgesehen zu sein, dass Adjektivkomposita als Übergang zwischen einer Bedeutungsebene und der nächsten gebildet werden können. Im westlichen Diskurs hat man sich durch die Verwendung von Begriffen wie „postmodern“ daran gewöhnt.
Die Übersetzung des Titels *Die Post-Nomadische Erfahrung* wurde ins Mongolische wörtlich so übersetzt: Moderne Zeiten Nomaden Erfahrung. Der Begriff „moderne Nomaden“ im westlichen Diskurs meint aber eher die globalisierte Jetset-Elite und trifft überhaupt nicht auf die gesellschaftliche Realität der Mongolei zu.
Dass der Titel dennoch einen Nerv getroffen hat, wurde im Gespräch mit Bumochir Dulam deutlich, der sich in der Regierung für den Erhalt der nomadischen Lebensform in der Mongolei einsetzt. Er befürchtete, das Adjektiv „postnomadisch“ würde einen endgültigen Abschied von nomadischen Traditionen signalisieren. Dazu muss man wissen, dass die wichtigste Konfliktlinie im Parlament der Mongolei zwischen den Vertretern nomadischen Lebens und den postkommunistischen Bergbaulobbyisten verläuft, die um das Land kämpfen. Weil nun beides in der Mongolei im Widerstreit steht, haben wir uns für die orthografisch inkorrekte Schreibweise „Post-Nomadisch“ entschieden. Sie soll diesem Konflikt Rechnung tragen und ist dem Titel des Projektes damit eingeschrieben worden.

Genderbeziehungen

Nach langer Überlegung wird im Buch nicht gegendert. Der Grund dafür liegt in den Erfahrungen mit den mongolischen Künstlerinnen und Künstlern. Wie im Text beschrieben, konstituiert sich das Geschlechterverhältnis in der Mongolei anders als im Westen. Frauen in der Mongolei würden zum Beispiel klar und deutlich ihre Rechte einfordern, gleichzeitig aber darauf beharren, dass Frauen „anders sind“ als Männer. Was „anders“ ist, kommt in verschiedenen Texten im Buch zur Sprache.
Eine gegenderte Sprache im Buch würde die Aufmerksamkeit für das subtil-differente Geschlechterverhältnis in der Mongolei verstellen und die Aufmerksamkeit auf westliche Diskurse reduzieren, die so in der Mongolei nicht geführt werden. Es gibt dort einen „mongolischen Feminismus“ – zum Beispiel ist die Abteilung „Gleichstellung“ ganz oben im Präsidialamt angesiedelt. Entsprechend nehmen Frauen in der Mongolei hohe Positionen in der Politik und Wirtschaft des Landes ein, was nicht heißen soll, dass die Gleichstellung der Geschlechter schon erreicht wäre.

1 CH wird wie dsch und KH wie ch ausgesprochen.

2 „A. R. Penck im Gespräch mit Wilfried Dickhoff", in: *Kunst heute*, Nr. 6, Kiepenheuer und Witsch, Köln 1990.

3 https://www.textlog.de/4002.html, abgerufen am 15. 9. 2024.

4 A. R. Penck: *Das blaue Pferd und der Mongole*, 1996, Farbserigrafie.

5 „Nomin Bold gehört zu einer neuen Generation von Künstler_innen, die sich dem Mongol Zurag (wörtlich „mongolisches Bild") widmet und ihre Ausbildung nach 1990 erhielt, als sich die Mongolei für Demokratie und Marktwirtschaft öffnete und die Einschränkungen der Traditionen des Landes durch das sozialistische System beendet waren. Nomin, geboren 1982, absolvierte die Mongol-Zurag-Klasse am neu eröffneten Fachbereich für ‚Nationale Kunst' der einzigen öffentlichen, staatlich geführten Hochschule für bildende Kunst in Ulan-Bator. Sie und ihre Kommiliton_innen begannen gemeinsam mit ihren Lehrer_innen, die Rolle der mongolischen Tradition neu zu denken und zu gestalten für eine globalisierte Welt, in der die Mongolei ihren individuellen Platz sucht.Das Konzept des Mongol Zurag wurde in der Blütezeit des sozialistischen Regimes im 20. Jahrhundert vom mongolischen Kunsthistoriker Nyam-Osoryn Tsultem (1923–2001) entwickelt. Es könnte – im Sinne des britischen Historikers Eric Hobsbawm – als eine ‚Erfindung der Tradition' bezeichnet werden, als eine Strategie zur Bewahrung der kulturellen Identität der Mongol_innen angesichts des Sozialistischen Realismus, der, unterstützt von sowjetischen Hochschullehrer_innen, ins Land strömte. Während der sozialistischen Periode (1921–1990) fungierten die UdSSR und Osteuropa als Fenster der Mongolei zur Welt und als einzige Kanäle, durch die europäische Formen der Kunst – etwa Ölmalerei auf Leinwand – das Land erreichten, wo sie die buddhistischen Kunsttraditionen in kurzer Zeit ablösten. [...] Die buddhistische Symbolik in Nomins Kunst sind Motive und Zeichen vergangener Traditionen, die in die zeitgenössische Welt übermäßiger Kommodifizierung versetzt werden. Zwar weiß die Künstlerin um die inhärenten buddhistischen Bedeutungen, die sie selektiv in ihre Arbeiten einfließen lässt. Doch es ist die Auseinandersetzung mit dem Wesen der Tradition an sich und ihren potenziellen Gegenüberstellungen, Überlagerungen und Ausprägungen in der modernen Welt, die ihre außergewöhnlichen Kompositionen begründet und inspiriert." Uranchimeg Tsultemin, *documenta 14: Daybook*, 2017.

6 https://www.mongolian-art.de/marzan_sharav_balduu.html,abgerufen am 15. 9. 2024

7 Narmandakh Tsultem: „Development of the Mongol National Style Painting ‚Mongol Zurag'", in: *brief*, Ulaanbaatar 1986.

8 Rüdiger Wolfrum: „Das Recht der Mongolei unter Dschingis Khan und seinen Nachfolgern: Die Bedeutung des Rechts in nicht-staatlich verfassten Gesellschaften", in: *Verfassung und Recht in Übersee (VRÜ)*, 39. Jg., 2006, S. 5–17.

9 Alexander Berzin: *Buddhistische Kosmologie im Abhidharma und im Kalachakra*, https://studybuddhism.com/de/fortgeschrittene-studien/abhidharma-und-lehrsysteme/zeit-und-universum/buddhistische-kosmologie-im-abhidharma-und-im-kalachakra, abgerufen am 15. 10. 2024.

10 Thomas Kirchner: „A. R. Penck – Kann Kunst noch Wissenschaft sein?", in: Nationalgalerie Staatliche Museen Preußischer Kulturbesitz (Hrsg.): *A. R. Penck*, Prestel Verlag, München 1988, S. 89–93.

11 „Ein Standart ist nun ein Bild dann, wenn es in seiner Struktur so einfach ist, daß jeder es perzipieren und imitieren kann [...] Verkehrszeichen, Warenzeichen, Schilder gehören zu Standart. Ich wiederhole: Nicht die Primitivität ist Kennzeichen eines Standart, sondern der operationelle Zugriff hinsichtlich der tatsächlichen Perzeption und Imitation eines Standart-Bildes." A. R. Penck in: *Was ist Standart*, Verlag Gebr. König, Köln/New York 1970.

12 „Ich bin nicht der Meinung, daß die Kunst archaisch wird und die Technik kompliziert. Auch die ist archaisch. Es gibt eine Tendenz, komplizierte Systeme zu vereinfachen. Die Erörterung der unbefleckten Empfängnis der Jungfrau Maria auf einem Konzil ist weitaus komplizierter als die Funktion einer Solarzelle. Ich glaube, dass das keine Regression ist, sondern daß die Vereinfachung und Archaisierung in der Kunst wie in der Technik und Wissenschaft dieselbe Tendenz ist." *Kunst ist nie ein Gegen*, Interview Sara Rogenhofer und Florian Rötzer mit A. R. Penck, in: *Frankfurter Rundschau*, 25. 7. 1987.

13 Gespräch mit der Poetin und Autorin Gangaamaa Purevdorj in Mürsbach am 5. Oktober 2024.

14 Klaus Theweleit: *Männerphantasien 2:* Männerkörper: zur Psychoanalyse des weißen Terrors, Rowohlt, Hamburg, 1980.

Moderne Replik des Brunnens von Guillaume Boucher
am Hofe Möngkhe Khaans in Ulaanbaatar, 2024

ОРЧИН ЦАГИЙН НҮҮДЭЛЧИД

Томас Эллер

Германд нүүдлийн соёлыг үндсэндээ Жосеф Бойсын нүдээр хардаг. Бидний хувьд эсгий, өөх ба бөө мөргөл нь өргөн дэлгэр нутгаар чөлөөтэй нүүдэллэх малчдыг тодорхойлдог. Барууны бидний амьдралын хэмнэлээс хол, байгальтай ойр байж, нууцлаг зан үйлийг хийдэг гэсэн ойлголтыг бид тээдэг.

1944 онд Бойс Крымд онгоцтойгоо унасан байдаг түүхтэй. Түүний амийг, нүүдэлчид гэртээ байлган эсгий, өөхний хүчээр аварсан гэдэг нь өөрийн уянгатай. Учир нь түүний онгоц сумандаа өртөөгүй, мөн Крымд нүүдэлчин Татаарууд тэр үед байгаагүй. Крым бол Улаанбаатар хотоос 6000 км-ийн зайд оршдог. Тиймээс Йозеф Бойсын бүтээлүүд Монголтой холбоотой агуулгатай гэж бодох хүн үнэнээс хол байна гэсэн үг. Үүний адилаар Хүрэл зэвсгийн үеэс өнөөдрийг хүртэл Төв Ази болон Монгол орны нөхцөл байдал, бодит амьдралын хэв маяг болон метафизик буюу юмс үзэгдлийн шинэ чанарын тухай нарийн ойлголтыг хэрхэн боловсруулж ирснийг ойлгохгүйгээр бөө мөргөлийн тухай ярих нь мөн л үнэнээс хол байх болно. Бөө мөргөл бол тэнгэр газрын шүтэн барилдлагын тухай бөгөөд Тэнгэр хэмээх тэнгэрийн эрчим гэсэн абстракт ойлголт нь тулгуур концепци нь юм. Тэнгэр эсвэл "мөнх хөх тэнгэр" нь Монголчуудын амьдралын уриа гэж болно. Энэ үгсээр Чингис хаан[1] зарлиг болгоноо төгсгөдөг байсан гэдэг.

Өнөөдөр ч гэсэн тэнгэр огторгуй гол сэдэв болсон. Монголын контемпорари урлагийг үндэслэгч, мөн 130 гаруй гишүүдтэй Монголын контемпорари урлагийн "Хөх нар" төвийн үндэслэгч Ё.Далх-Очир өөрийгөө Монголын нийгэмд "харь гарагийнх" гэж үздэг бөгөөд дэлхийг тэнгэртэй холбох холбогч гэдэг. Тэрээр Улаанбаатар хотод, Занабазарын нэрэмжит Дүрслэх Урлагийн музейд зохион байгуулагдсан хамтарсан үзэсгэлэнд Булган аймгийн тал газарт цэнхрээр будсан дугуй чулуунуудыг хойд зүгээс урд зүг рүү, төвөөсөө хоёр тийш чулууны диаметрийг багасах эрэмбээр нэг шугамд өрсөн бүтээлийн бичлэгийг дээрээс нь дроноор хийж, музейн хананд DDishTV-ийн таваг байрлуулж, дээрээс нь бичлэгийг проектороор тусгасан ажлаар оролцов. Өөрийн бүтээлээр өнөөгийн Монголчууд болон тэнгэр хоорондын харилцааны тухай асуудлыг дүрслэлээр амжилттай харуулсан. Монгол уламжлалт суурьтай, капитализмын нөлөөнд өртсөн уран бүтээлчийн зовнил тээсэн бүтээл. Тэнгэр огторгуйг нээсэн бас нэгэн жишээ нь Монголын Үндэсний Түүхийн Музейд бий. Тэнд Монголын анхны, цорын ганц сансрын нисэгч Жүгдэрдэмидийн Гүррагчаагийн сансрын өмсгөл байдаг. Тэрээр 1981 оны 3-р сарын 22-нд Байконурын сансрын буудлаас хөөрч Салют-6 сансрын станцтай холбогдсон. Сансрын нисэгч 1947 онд Булган аймагт төрсөн, яг энэ нутагт манай Арт Кемп зохион байгуулагдсан бөгөөд одоо "Сансрын" орон зай нэртэй болсон.

Тэнгэр үзлийн эхлэл нь 12,000 жилийн тэртээгээс эхлэлтэй гэдэг нь бөө мөргөлийн сэдэвтэй хадны зургаар батлагддаг. Энэ бүхнээс харахад нүүдэлчдийн амьдралын хэв маяг нь гэр бүл, овог отгийн амьдрал, мал ахуйн сайн сайхан байх нь байгалийн эрчимтэй шүтэн барилдахтай холбоотой юм. Ингэхийн тулд тэнгэртэй холбож өгөх туслагч буюу бөө, удганы оролцоо хэрэгтэй. *Орчин Цагийн Нүүдэлчдийн Жим* үзэсгэлэнгийн нэг хэсэг болох ханын зурагт нэгэн эмэгтэй үржил шимийн зан үйлийг үйлдэж байна – зүүн талд нь ишиглэж буй ямаа, өөрийн урт сүрлэг эврээр ишгээ дэмнэж буй чулуун дүрс байна. Тэдгээр амьтдын буюу янгир, буга, цаа бугын эвэр бол тэнгэртэй холбох антен мэт – Хүрэл зэвсгийн үеийн DDish гэмээр. Хадны зурагт дүрслэгдсэн амьтдын эвэр ихэнхдээ бодит хэмжээнээс илүү урт байдаг нь тэнгэртэй холбосон шат болдог. Үүнээс гадна амьтдын хошууг шувууных шиг дүрсэлсэн нь "холбогч амьтан" буюу газар тэнгэрийн холбогч гэсэн мэт. Бөө, удганы өмсгөлийг харах юм бол тэдгээр нь мөн л тэнгэртэй холбох хоёр антентай, хоёр хөл нь газар бөх зогсож биеийг нь тойрох ауратай, энэ бүх нь Монгол эмэгтэйн уламжлалт толгойн өмсгөлийг санагдуулна.

Монголын түүхэн дахь Тэнгризмын нөлөөний тухай Чингис хааны үндэсний музейн захирал С.Чулуун болон Г.Саранболор нарын бичвэрээс дэлгэрүүлнэ үү. Тиймээс энэ тухай энд ингээд төгсгөе. Хамгийн гол нь бөө мөргөл гэдэг нь ямар нэг хар талын үйл, нууцлаг шид бус, харин байгальтай дасан зохицож, шүтэн барилдаж амьдрах нүүдэлчдийн нийгмийн ёс зүй, метафизик системийг таньж мэдэх гэсэн зуун зуунаар өвлөгдөн ирсэн тогтолцоо юм. Йозеф Бойс хэтэрхий энгийн болгосон хэдий ч энэ сэдэв нь эзотерик тэмүүллээс цаана илүү өргөн утгатай байж болох юм гэсэн үүдийг нээж өгсөн билээ.

Орчин Цагийн Нүүдэлчдийн Жим нь нүүдлийн нийгмийн талаар Өрнө зүгээс хариу барьсан өөр нэг уран бүтээлчийг санал болгосон нь А.Р. Пенк-Ральф Уинклер юм. Тэрээр 1936 онд Дрезденд төрсөн[1], БНАГУ буюу Зүүн Герман нь түүний боломжийг хязгаарлаж байсан ч нийгэм улс төрийн идэвхтэй, ихийг уншсан, оюуны цараа өргөнтэй нэгэн[1]. Түүний бүтээлүүд нь нийгэмд тулгарч буй зөрчилдөөн болон тэдгээрийг хэрхэн шийдэх гаргалгаа харуулсан агуулгатай. Түүний бүтээлүүдэд гүн ухааны концепцийн илэрхийллүүд тухайлбал хувь онцлогийн теорем[2]: A=A' эсвэл хувь онцлогийн теоремоос үүдсэн харилцааны онол буюу A+B=AB түгээмэл агуулагддаг. Энгийнээр хэлэх юм бол субъект A, субъект B хоёрын харилцаа их ойртох тусам тэдгээр нь тус тусдаа бус харин нийлж AB болно гэсэн үг. Үүний ач холбогдол юу вэ? – Нэг талаас соёлын солилцооны хөтөлбөрт энэ нь чимэг олдвор юм. Монгол урлаг болон Пенксийн бүтээлийн уулзалдах зөрлөг байна уу? – график дүрслэлээс өөр агуулгын хувьд байхгүй байх.[3] *Орчин Цагийн Нүүдэлчдийн Жим* үзэсгэлэнд түүний бүтээлийн жижиг хэмжээний принт оролцсон. Тус бүтээлийн график дүрслэлд гүн ухааны агуулга бий: зургийн төвд нэгэн түрэмгийлэгч гартаа сум барьсан зогсоно, түүний зүүн гар талд байгаа хүн рүү дайрч байгаа дүрс. Хүмүүс боссон шодойтой байгаа нь тэдгээрийн эр хүйс болон хүчийг илэрхийлжээ. Дайралтад өртөж буй бие жижиг хүн нь яасан бэ? – Дайрч буй хүний зургийг толгой дээрээ барьсан нь дайрагчийн үйлдлийг хязгаарласан.

Өөрөөр хэлбэл дүрсээр амь аварч болно гэсэн санаа юм. Муу муухайгаас аварч хамгаалах хүч бүхий дүрс, дүрслэлийг байдаг тухай шалган, мэддэг болсоор удаж байна. Ялангуяа гэгээнтнүүдийн зураг, Бурхны шашны танка зураг: аюулаас гэтэлгэж, нийгмийг эмх цэгцэд хүргэн, залбирсан бүхнийг хамгаална гэх мэт. Сүм, хийдүүд ийм төрлийн зураг дүрслэлээр дүүрэн. Үүнээс гадна энэ график зурагт бидэнд бодрол болох нэгэн жижиг дүрслэл байдаг. Тулааны доод хэсэгт жинлүүр бий (шударга үнэнийг дэнслэх). Пенк зүүн талын тойрогт муруй шугам зурсан нь – дотор буй зүйл, бол баруун талын дугуй хоосон байгаа нь – тойргийг гэтэлсэн. Гэвч дүрслэл нь харилцан тэнцвэртэй. Дээд зүүн талд тойрог дотор ямар нэгэн зүйл байна. Баруун талд, түрэмгийлэгчийн дээр хоосон байна. Энэ бидэнд юуг хэлж байна вэ? – Толгой дээрээ зураг барьсан хүн зөвхөн нэг “сум” барьсан түрэмгийлэгчээс давуу талтай юу? – Эсвэл: Аюултай нөхцөлд зураг тэнцвэрийг бий болгох уу? – Ялалтыг биш тэнцвэрийг.

А.Р.Пенк өөрийн бүтээлийг хадны зурагтай ямар нэгэн холбоотой гэдгийг ямагт үгүйсгэж байсан (магадгүй Бойс шиг бөө мөргөлийн занганд орохыг хүсээгүй байх), гэвч түүнд Тэнгэр үзлийн дүрслэлтэй ойролцоо, нийгмийг цогцоор нь дүрсэлсэн том хэмжээний “Стэнд-арт” бүтээлүүд бий. Үзэсгэлэнд түүний бүтээлүүдийг Алтайн нуруун дахь хадны зургийн фото дээр байрлуулсан. Энэ нь Пенксийн бүтээлтэй ойролцоо дүрслэл байсан гэдгээс гадна түүний тэнцвэр, шүтэн барилдлагаар соёлын дархлаа бэхжэдэг гэсэн агуулга нь бас давхцаж байна.

Энэ хандлага бол Монгол уран бүтээлчдийн дунд амьд байдаг. Олонх нь бага байхдаа хөдөө өссөн, монгол гэрт амьдарч байсан, олонх нь өвөө эмээтэйгээ өссөн гэж ярьсан. Эцэг эх нь хот руу шилжсэн. Байгаль орчинтой хэрхэн харьцах бичигдээгүй хуулийг тэд бүгд мэдэх бөгөөд, бүтээлдээ ч тусгаж байсан. Хөдөө хээр амьдрах амаргүй нөхцөлд аж төрөхийн тулд гэр бүлээрээ, овог отгоороо өөрийн байраа эзлэн, “аз жаргалтай” байх хэрэгтэй. Өөрөөр хэлбэл: хүйс, үүрэг хариуцлага, гэрт эзлэх байр суурь бүгд шүтэн барилдаж тэнцвэртэй байх ёстой.

Болдын Номин бол Монголын өнөөгийн шилдэг эмэгтэй уран бүтээлчдийн нэг юм. Тэрээр *Документа 14*-т хоёр бүтээлээр оролцон олон улсад танигдах болсон[4]. Түүний *Монголын нэг өдөр* 2017 бол Балдуугийн “Марзан” Шаравын (1869–1939)[5] 1905–1913 хооронд бүтээсэн, Монголын орчин цагийн нэр ижил шилдэг бүтээлийн өнөөгийн хувилбар бөгөөд документад оролцсон хоёр бүтээлийн нэг юм. *Монголын нэг өдөр* бүтээлд нүүдэлчдийн өдөр тутмын амьдралын хором бүрийг харуулсан гэлтэй. Адуу, малын сааль, морь уургалах, гарч болох асуудал, мөн усанд орох, хоол идэж, уух болон бусад таатай зүйлсийг, ер нь тэнгэр дор болдог бүх л зүйлсийг харуулсан байна. Б.Номингийн бүтээлд хээр талд хот сүндэрлэн, хотын хэмнэлт амьдрал өрнөж буйг харуулна.

Орчин Цагийн Нүүдэлчдийн Жим үзэсгэлэнд Б.Номин “Монгол” дууртэй, гурван хорт утааны баган инстоляциар оролцсон. Тэрээр баг бүрийг өвсний сэрээнд тогтоон байрлуулсан нь үзэгчдийн зүг давхин ирэх, сүйрэл зөгнөсөн адуу мэт харагдана. Багуудыг хохимой толгой дүрээр бүтээж, гадуур нь уламжлалт бөс даавуугаар өнгөлсөн нь Шарын шашны элементийг илтгэсэн ба багцалсан түлхүүр нь бөө мөргөлийн элементийг илэрхийлнэ. Энэ бараан өнгө болон эрчмийн хослол нь Монгол оронд тулгамдаад байгаа байгаль орчны асуудлыг хөндсөн юм. Улаанбаатар хотын агаар гамшгийн түвшинд хүрсэн. Агаарын бохирдлоос болж жил бүр тав хүртэлх насны дунджаар 250 хүүхэд энддэг бол бүр олон тоогоороо амьсгалын замын ужиг өвчтэй болж байна. Анх харахад эрчтэй, хөгжилтэй мэт харагдах боловч уран бүтээлчийн өнөөгийн Монголын нийгмийн талаар хийгдсэн судалгаа, тулгамдсан асуудлыг хурцаар хөндсөн бүтээл юм. Түүний энэ хандлагыг нөхөр нь болох Б.Баатарзориг ч хуваалцаж байна. Тэрээр энэ үзэсгэлэнд хоёр бүтээлээр оролцсон. Түүний *Саарал орон зай* нь коммунизмын үед баригдсан саарал ордны нүүрэн талыг модон авдар дээр зуржээ. Нүүрэн зургийн цаанаас авдар дээр байсан хуучны уламжлалт хээ, зураг нь харагдана. Саарал ордны урд аянган дор зогсож буй чоно үзэгчдийн анхаарлыг татна. Чоно гэдэг нь домогт амьтан, гэвч хөдөө талд хүнд ч, амьтдад ч аюултай нэгэн.

Нөгөө бүтээл болох *Саарал хулгана* нь шарын шашны бурхан суудалтай, гажуудуулсан царай бүхий Микки Маус. Эдгээр хоёр бүтээл нь Монгол орны улс төрийн асуудлыг харуулсан. Нүүдлийн өв соёл, Шарын шашны уламжлалт суурь ба коммунист болон капиталист сонирхлын тэмцэл. Энэ нь уул уурхай, болон нүүдэлчдийн зөрчилтэй давхцах албагүй.

Монгол зургийг бүтээлч эсэргүүцлийн стратеги гэж харах ёстой. Үүний суурийг Марзан Шарав болон бусад уран бүтээлчид Манж Чин улсын дарлалаас чөлөөлөгдсөн 1911 онд тавьсан. Октябрийн хувьсгал гарсан 1919 онд Хятад улс Монголыг эрхшээлдээ оруулахыг оролдсон ч Монгол улс Цагаан Оросын тусламжтайгаар эсэргүүцэж чадсан юм. Большевик Орос нь Монголын коммунист төрийг дэмжих болж өнөөгийн нутаг дэвсгэрийн хүрээнд Монгол улс (Өвөр Монгол ороогүй) тусгаар тогтнолоо тогтоосон. Монголын сүүлчийн хаан Богд Жавзандамба хутагт таалал төгссөн 1924 онд БНМАУ байгуулагдан 1952 оны хүртэл Нармай Монгол үзлийг баримтлан иржээ.

Монгол зураг[6] нь соёл болон улс төрийн тусгаар байдлыг илэрхийлэх бүтээлч дуу хоолой юм. Зөвлөлтийн нөлөөгөөр хурдацтай дарагдаж байсан хэдий ч Ням-Осорын Цүлтэм (1923–2001) Монгол зургийн амийг хадгалсаар 1980 онд перестройка гарч, "цонх" нээгдэх үеийг хүргэсэн. Ардын аман зохиолоос илүүтэйгээр Монгол Зураг нь Шарын шашны урлагийн гоо зүй, Чингис хааны дурсгалыг агуулсан бүтээлч тэмцэл юм. Монголын хувь онцлогийн талаар бичсэн Др.Саруулын бичвэр энэ номд багтсан. Тиймээс энэ бүлэгт: Чингис хаан тархай бутархай аймгуудыг нэгтгэн олон нийт болон цэргийн тогтолцоог 10, 100, 1000, 10 000 болгон хуваасан. Өртөөний тогтолцоо нь Хятадын далайгаас Европ хүртэл захидал 7–11 хоногийн дотор хүргэдэг байсан. Үүний хажуугаар тэрээр өөрийн өргөөндөө боломжит мэдлэг мэдээллийн сурвалжийг цуглуулж номын сангуудыг байгуулсан гэдгийг л дурдъя. Францискан номлогч Виллиам де Рубрук, Несторын шашинтан, Коптик, Лалын шашинтан, Еврейчүүд, Унгар хүмүүс болон дэлхийн бусад улсын хүмүүс Хархоринд ирж байжээ. Түүний 1255 оны Мөнх хааны өргөөний тухай дэлгэрэнгүй тэмдэглэл бий. Тухайн үед Хаан загалмайтны шашинтан болсон гэсэн мэдээ Европт тарсан хэдий ч үнэн эсэх нь батлагдаагүй, хааныг шашиндаа урвуулах оролдлого үр дүнд хүрээгүй. Харин Рубрук хааны ордонд тухайн үед байсан загалмайтны шашинтай хүмүүст Христийн "үнэн"[7] сургаалыг заахад олон цагийг өнгөрүүлсэн ч бас л үр дүнд хүрээгүй. Түүний аяллын тэмдэглэлээс харах юм бол Хааны ордонд бусад шашны төлөөлөл, номлолд нэн хүлээцтэй хандаж байсан тухай бичиж үлдээжээ. Энэ хандлага өнөөгийн Монголын соёлын уур амьсгалыг тодорхойлох нэг хүчин зүйл болжээ. Энэ бүхний суурь бол Их *засаг* хууль[7] юм. Энэхүү хуулийн эх нь Чингис хааны үеэс сурвалжтай бөгөөд агуулгад бусад шашныг хүлээн зөвшөөрөх мөн эмэгтэйчүүдийн байр суурийг тодорхой хэмжээнд хүлээн зөвшөөрөх, дайн, дайны олз болон, сархад хүртэх тухай заалтууд бий.

Энэ үеийн оюун сэтгэлгээний орчныг бүрэн илэрхийлэх нэг дүрслэл бол Францын уран дархан Вильгельм Бушье Хархорумд хийсэн мөнгөн мод юм. Түүнийг 1241 онд Монгол хаад язгууртнуудын захиалгаар гоёл чимэглэл болон Несторын шашны мөргөлийн газар бүтээлгэх зорилгоор Унгараас ирүүлсэн байх, харин мөнгөн мод бол түүний уран сайхны болон техникийн шилдэг бүтээл юм. Мөнгөн мод нь мөнгөөр хийгдсэн ба модны доор дөрвөн арслан, орой дээрх титмээс дөрвөн луу урласан байжээ. Домог үлгэрээс харах юм бол арслан болон луугийн амнаас саам, дарс, айраг, шимийн архи, зөгийн балын дарс гардаг байсан гэнэ. Оргилуурын дээр бүрээ үлээх мөнгөн тэнгэр элч байрлуулсан нь Шинэ Гэрээний Илчлэлтийн Иоханы сүнс мэт – загварын хувьд Монгол болон дундад зууны сүүл үеийн дүрслэх урлагийн төрлийг гайхалтайгаар хослуулсан бүтээл. Энэ нь Мөнх хааны үед бусад соёлд нээлттэй байсны илрэл билээ.

Өнөө цагийн өөрчлөлт, шилжилт нь тус улсыг олон янзын зөрчилд тулгаж байна, их олон Монголчууд Чингис хааны үед тогтсон, 250 жилийн турш дотоод амар амгаланг олгосон тогтвортой байдлыг хүсэж байна. Энэ өнцгийг үзэсгэлэнгээс бас харж болно. Ганболдын Гэрэлхүүгийн монументаль зураг.

ExoPlanet өнгөц харах юм бол Алтан ургийг орчин цагийн хүснэгтэд оруулж, зүүнээс баруун, өрнөөс дорно зүгт давхих хүмүүсийг дүрсэлжээ. Бүр шинжлэх ухааны томьёоллыг давтамжтайгаар хэрэглэсэн нь үзэгч энэ зураг дахь зохион байгуулалт цэвэр рациональ тооцоолол гэдгийг батлах гэсэн мэт. Брайлын үсгээр тайлбарыг олон газар оруулсан нь ундуурцуулах юм. Яагаад вэ? – үзэгч бид хагас харалган гэж үү? Эсвэл энд өгүүлсэн түүхэнд хар нүх олон гэж үү? – Хэдэн долоо хоногийн дараа өөр нэг тайлбар толгойд орсон. Дүрслэл, эгнээ, систем, томьёо нь арын улаан-хүрэн дэвсгэрийг хяналтад байлгах гэсэн үү? – Эрэмбэ дарааг хаосоос хамгаалж ард нь барих гэж үү? Ийм тайлбараар бол *ExoPlanet* бүтээл нь Чингис хааны тухай хуйлрал нь өнөөгийн бодит байдалд аюултай биш юм аа гэхэд аймшигтай байна гэдгийг илэрхийлж байна.

Тус үзэсгэлэнд *ExoPlanet* бүтээл нь 19-р зуунд бүтээгдсэн хорол мандлын хажууд дэлгэгдсэн. Бүтцийн төстэй байдал нь гайхмаар. Энгийнээр хэлэх юм бол хот мандлын зорилго бол орчлон ертөнцийг илэрхийлсэн бурхдын ариун орныг дүрслэн сэтгүүлэх, төв хэсэгтээ Мэру уулыг дүрсэлсэн, бясалгалд гарах саадаас сахих хүрээгээр хүрээлэгдсэн бясалгалгагчид болон мөргөлчдийг төвлөрүүлэхэд оршино. Ертөнцийн зовлонгоос ангижрах нь чухал.

Мандлыг багшийн зааврaар тусгайлан бэлтгэгдсэн лам нар шашин номын нарийн журмын дагуу[8] бүтээдэг. Мандал бүтээх үйл явц нь бясалгал юм. Мандал хийгдэж дуусахын алдад буюу мэлмий нээгдэх дутуу байхад лам нар ном уншин, мэлмийг нээнэ. Г.Гэрэлхүүгийн Брайлын үсгээр тайлбар оруулсан нь нэгэн тайлбар байж болох юм. Энэ бол Монголын нийгмийн оюун санаа, тогтолцоог сайжруулах гэсэн үйл явц, "харж" буй сохор байдал. "Гэгээрэл" байхгүй тул эмх цэгц, орчлон ертөнцтэй шүтэн барилдлага үгүй.

Хүч сэлбэх гурван эх үүсвэр

Дараах гурван зүйл бол Монгол уран бүтээлчдийн хүчээ сэлбэдэг эх үүсвэр. Үүнд: Тэнгэризм буюу эртнээс уламжлагдсан байгаль ертөнцийг хүндлэх үзэл, Буддын шашин ба түүний Монгол зураг дахь хувь илэрхийлэл, эцэст нь Чингис хаан ба түүний зохион байгуулах, дагуулах хүч. Эдгээр хүчний нөлөө

Монголын ихэнх залуу уран бүтээлчдийн ажлаас их, бага хэмжээгээр мэдрэгддэг.

Түрхэн хугацаанд А.Р. Пенк руу буцъя, түүний хувьд нийгэмд урлагийн үүрэг нь юу вэ? "Түүний бүтээлүүд түүхэн зураглал, хүн хоорондын харилцаа, ерөнхийлөн гаргах дүгнэлтэд анхаардаг. Үзэгч бодит түүхийг харж, өөрт тохиолдсон зүйлтэй холбон тусгах боломжтой. Ингэснээр түүний зургийг энгийнээр хүлээж авах боломж бий болж – дараагийн алхам бол урлагийн ардчилалд ойртох юм. Уран бүтээлч нь ихэнх тохиолдолд асуудалд орсон хүмүүсийг дүрсэлдэг, түүний хувьд бол энэ нь нийгмийн бодит байдал. Тухайлбал: шийдвэр гаргах нөхцөл (зам дээрх сэрээ), айсан, хоригдсон, түрэмгийлэлд өртсөн," гэж Томас Кершнер[9] бичжээ. Дараах гол дүр болсон дүрслэлүүд бол нийгмийн ердийн иргэд, нийгэм улс төрийн зөрчилд орсон хүмүүс буюу Өрнийн хүний үзэл бодлын үүднээс мөнгө хөөсөн хүний төлөөлөл, дэлхийн хаана ч гэсэн ижил. Тэр өөрөө үгүйсгэсэн хэдий ч[10], Пенксийн бүтээлүүд эдгээр "чиг хандлагыг" сөрөх илэрхийлэл байж болох юм.

Мөнгөний тухай асуудал Монголын нийгэмд хэт чухалчлагдах болсон байна.[11] Энэ тухай П.Гангаамаа санаа алдан өгүүлэхдээ: "Баруунд олон талт оролцооны тухай ярьдаг. Харин Монголд бол яг эсрэгээрээ. Монголын соёлын өв, нүүдлийн хэв маяг хүнд шахалт дор байна. Манай улс хэтэрхий баруунжиж байна.[12]"

Үүний эсрэгээр мөнх хөх тэнгэр, *Газар Ээжийн* холбоос Д. Бадамын бүтээлээс харагдана. Тэрээр нэг талаас удган нөгөө талаас пост-Зөвлөлтийн дүрслэх урлагийн өгүүлэмжийг эзэмшигч. Түүний бүтээл Санкт-Петербургийн Эрмитажийн урын санд бусад бөө мөргөл, болон соёлын эд зүйлсийн хамт багтдаг Монголын дүрслэх урлагийн эрхэм хатагтай юм. Э.Энхзаяагийн биеийн принт болон, видео ажлууд бол шууд илэрхийлэлтэй, баруунч үзэгчдэд ойр бүтээлүүд. Түүний *Биеийн газрын зураг,* буюу биеэрээ дарсан бэхэн зургийг хараад нүүдлийн амьдралд таны арьс байгальтай ямар ойрхныг мэдэрнэ. Хотын биеийн дуулга[13] тал нутагт огт тохирохгүй. Монгол биеийн хүч нь байгальтай ойр байдагт оршдог. Мөн *Нүүдлийн сүнс* видео ажил нь хөдөө талын амьдралыг дотроос нь үзүүлж, биеийн хүч байгальтайгаа ойр байснаас гэдгийн бас нэгэн баталгаа. Энэ бүтээлд бүх зүйл урсана, ус, цус, сүү. Тус видео дүрслэл бараг үнэртэхээр хийгдсэн. Занабазарын музейд гарсан хамтарсан үзэсгэлэнд Э.Энхзаяа Мосбах болон Баяннуурын тэнгэрийн бичлэгийг нэг дэлгэцээр харьцуулан үзүүлсэн. Л.Мөнгөнцэцэг нүүдэлчдийн нэхмэл урлалын соёлыг хадгалан яваа уран бүтээлч. Бавария Арт Кемп томоохон хэмжээний инсталяци хийсэн нь Монголын зангилааны соёлыг тусгажээ. Зангилаа нь газар тэнгэрийг, эрэгтэй эмэгтэйг болон бусдыг холбох бэлгэдэлтэй. Ханлиг байх үед зангилаагаар нууц мэдээ дамжуулдаг байсан түүхтэй. Тэнгэр үзлийг эмэгтэй уран бүтээлчид өөрөөр илэрхийлж байна.

Энэхүү соёлд шинэ салхи оруулах ачаа тэдэнд ирсэн. Ё.Төгөлдөрийн бүтээлээс үүнийг мэдэрч болно. Тэрээр Берлинд сурсан, Нью Йоркт амьдарч ажилласан уран бүтээлч. Тал нутаг түүний санаанаас гарахгүй, Берлин болон Нью Йоркт тэрээр хүчээ сэлбэх энэ сурвалжаас хэтэрхий хол байсан. Өөрийн ажилдаа тэрээр хорт материалаас хамгаалах өмсгөлийг өмсөн байгалийн энергитэй харьцсан. Соёлын хөндийрлийг түүний бүтээлээс илүү мэдэрсэн.

Бид ямар дархлааг хөгжүүлэх вэ?

Монголын нөхцөл байдал шийдэл шаардсан нөхцөлдөө тулж, бүх зүйлийг мөнгөөр хэмжих болсон нөхцөлд, Герман уран бүтээлчдэд ямар боломж байна вэ? – Гэнэтийн зүйлсийн нэг бол Надине Реннертийн ажил байлаа. Тэрээр байгалийн юмс үзэгдлийг хүнтэй холбох холбогч болсон юм. Нүүдэлчдийн соёлд бол түүнийг удган гэх байсан байх. Берлин хотод өссөн тэрээр байгалийн юмс үзэгдлийн төлөөлөх, холбогч болох хүн баймааргүй мэт. Энэ нь түүний баримлуудад сэтгэлийн дэм болсон. Монголын уран бүтээлч Д.Дорждэрэмийн бүтээлүүдтэй уялдсан нь илүү гайхалтай болсон. Анх түүний бүтээлийг Монгол уран бүтээлчид хараад шокт орсон гэж болно. Герман уран бүтээлч яаж ийм "Монгол" байж чадав аа? Надине Реннерт бол их дуугүй хүн, түүний хүчийг хүлэээцтэй байж мэдэрнэ. Тэрээр өөрийн эрчийг байгалийн хүчийг мэдрэхэд ашигладаг. Заримдаа тэр Альпын нуруунд баавгайн эрчмийг мэдрэх гээд мөрийг нь дагана, заримдаа тэр бөө мөргөлийн соёл хадгалагдсан Өмнөд Солонгост. Түүний бүтээлийн ялгаа нь ямар нэгэн зан үйл, нийгмийн асуудлаас ангид байдагт байх. Харин энэ хандлага Монголд түгээмэл юм. Тухайлбал Арт Кемпийн үеэр Д.Бадамын ажил бол илүү бөөгийн зан үйл байсан. Надине Реннерт байгальд хувь хүнээрээ, уран сайхан, бэлгэдэл зэрэг нь зангах төдий. Ингэснээр Өрнөдийн үзэгчдэд илүү олон оюунлаг хаалгыг нээх боломжийг олгож байна. Түүний *Биднийг золиослох тоглоомыг бид агнадаг* гэсэн бүтээл үүний тод жишээ юм. Залуу эмэгтэй туулайн цогцос баруун гартаа барьсан байна. Хормын зуур эмэгтэй зүүн тийш толгойгоо эргүүлэхэд эвэртэй болсон байна. Ингэснээр тэр анчин байснаа, ан болно. Иймээс Германд ч гэсэн байгальтай холбогдох санаа, байгаллаг байх санааг өрдөж болно. Ийм ч учраас Монгол уран бүтээлч, удган Д.Бадам, Надине Реннерт нар харилцан ойлголцож, нөхөрлөн өөрсдийн ажлуудыг Занабазарын музейд уялдуулан дэлгэсэн биз ээ. Зарим зүйлийг ойлголцоход хэлний мэдлэг шаардлагагүй.

Хайке Барановскийн аналитик ур чадвар нь заримдаа түүний хүчирхэг зөн совингийн чадварыг давамгайлдаг зураач бөгөөд энэ нь түүний бүтээлүүдэд хохирол учруулдаггүй. Занабазарын музейд тавигдсан үзэсгэлэнд түүний 2024 оны *Тооно* фотопринт, *Солилокио* 2023 оны видео бичлэг нь Ёндонжунай Далх-Очирын видео өрөгтэй чухал "яриа" өрнүүлэв. Хайке Барановскийн Вилла Массимод байсан жилийн хугацаанд одон орны мэдлэгээ ашиглан, бясалгалын видео хийж өрөг болгон бүтээсэн нь Европ болон Азийн мэдлэгийн систем хоорондын цоорхойг хааж байна. Өнөөдөр бид Исламын гүн ухаантнууд Грек, Азийн математик, одон орон судлалын мэдлэгийг Европын сэргэн мандалтын үед дамжуулж байсныг ойлгож байна. Тэдгээр мэдлэг нь Өрнөдөд шинжлэх ухаан болж хөгжсөн. Хайке Барановский *Солилокио* бүтээлээрээ Италийн сэргэн мандалтын үеийн энэхүү шилжилт, дэвшилтийн тухай толилуулжээ. Хайке Барановский *Солилокио* нэртэй видеондоо Ром хотын Гэгээн Мария Тэнгэр Элч болон Үрэгдэгсдийн сүмийн таазны жижиг нүхээр орон зайд нарны тусгалыг харуулсан байна. Нарны байрлалыг дагаж, гэрлийн цэг нь 320 жилийн өмнө Ромын хамба лам XI Клементийн захиалгаар хамгийн ариун дагшин газар болох тахилын ширээний өмнө одон орон судлалын хэрэгсэл болгон байрлуулсан голч шугамын дээгүүр нарны тусгал өдөр бүр арай өөрөөр хөдөлдөгийг ажигласан. Ингэж одон орны хэмжилт хийж, тухайлбал Улаан өндөгний баярын огноог тооцоолдог байсан. Энэ мэт шинжлэх ухааны судалгаанууд нь дэлхий нарыг тойрон эргэдэг болохоос эсрэгээр биш гэдгийг ойлгоход хүргэсэн.

Өнөөдөр барууны орнуудад тэнгэрийн тухай ойлголт, түүний сүнслэг ач холбогдлыг дутуу үнэлдэг. Хайке Барановскийн Монголын тэнгэрийн үзэл баримтлалд өгсөн хариулт нь Герман, Монголын орчин үеийн урлагийн өөр өөр үзэл баримтлалыг зуучлах чухал хөшүүргэ болсон юм. Баяннуурт тэрээр монгол гэрийн тооныг линз болгон ашигласан бөгөөд энэ нь бүтээл туурвисан орон зай, цаг хугацааг шууд утгаар нь буулгасан. Симоне Корнерийн хувьд Монголын туршлага бол үзэл баримтлалын зөрчилдөөн байсан. Тэрээр хөдөө, тал нутагт байх хугацаандаа „дотоод байдал“, „бие махбод“, „гадаад байдал“ гэх мэт нэр томьёогоор хандаж, нүүдэлчдийн амьдралын талаарх өрнөдийн буруу ойлголтыг даван туулсан. Түүний хувьд өргөн уудам нутгийн хязгааргүй байдал нь түүний үзэл баримтлалын хил хязгаарыг нээж, өөрийн „дотоод байдал“-д хандахад хүргэсэн. Симон Корнер өөрийн мэдрэмжийг ашиглан, торго, даавуугаар „шүтээн зураг“ хийж, үгс оролцуулсан өрөг хийсэн. Шүтээн зургийн голд толь байрлуулан, толинд өөрийн тусах дүрийн зургийг авсан. Өрнөдөд толиор дамжин өөр хэмжээст шилжиж болно гэж үздэг.

Карл Хайнц Жерон өөрийн зочдыг түүний уран баримал гэж нэрлэсэн бөгөөд тэдгээр нь хэчнээн хоёрдмол утгатай байсан ч ямар ч орон зайг колоничлох чадвартай, *харь гаригийнхан*“-ы хувьд олон төрлийн утгыг нээж, улмаар гадаад логикт сүүлийн үеийн болон трансцендент бодит байдалд нэвтрэх боломжийг олгодог. Өөрөөр хэлбэл, Жероны хөндлөнгийн оролцоо нь одоо байгаа болон байж болох санаануудын эвдрэлийг илрүүлдэг. Тэрээр Монголын нүүдлийн соёлыг бүтээлч хүч чадлын эх сурвалж болгосон Ё.Далх-Очир, Ё.Төгөлдөр нарын үзэл санаатай төстэй байна – орчин үеийн цочрол нь хэрэгцээнд суурилсан дэлхийн хандлага. Дайны дараах Германд үүнийг уран зохиол, гүн ухаанд „Unbehaustheit“ (метафизик орон гэргүй байдал) гэж нэрлэдэг байсан ч түүний гарал үүслийг үйлдвэржилтээс улбаатай гэж үзэж болно.“Unbehaustheit“ нь Монголын нүүдлийн аж байдлаас огт ондоо зүйл юм. Тогтолцооны гажуудал, нуралт гэж болно. Үүний дараах зовлон зүдүүр нь олон хэлбэрээр илэрдэг. Карл Хайнц Жероны илгээсэн „зочлогчид“ үүнийг тойрон гарах арга замыг мэддэг бөгөөд харийн нутагт харийн газрыг эрэлхийлж, утгын орон зайн мембраныг урж, дараа нь тэдгээрт тархахыг үргэлж найдаж байдаг. Удаан хугацааны турш яригдаагүй байсан буруу зүйлд зөв амьдрал байж болохгүй гэсэн гүн ухааны санааг Жерон боломж гэж үзэж, орон зайг инээмсэглэлээр дүүргэдэг.

Франц Акерманн бол барууны орны орчин үеийн нүүдэлчин уран бүтээлч юм. Түүний бүх ажил аялалд суурилдаг. 1990-ээд оны эхээр тэрээр нэг сарын аялалд гарч, Зүүн Ази, ОХУ-ын нутгаар дамжсан бөгөөд тухайн үед интернет, ухаалаг утасгүй байсан бөгөөд нийтийн автобус, галт тэргээр л зорчиж байсан үе. Аяллын үеэр тэрээр өөрийн төсөөллөө „оюуны газрын зураг“, усан будаг эсвэл гэрэл зургаар тэмдэглэл хийж, дараа нь Берлин дэх өөрийн урланд уран зураг, инстолляци болгодог.

Эдгээр бүтээлүүддээ Аккерманн өөрийн дурсамжийг холбогдох үйл явдалтай нь илүү ойртуулахын тулд харааны тэмдэглэлээг уран зургийн сэтгэл хөдлөлтэй хослуулсан цогцоор нь авч үлддэг. Алс хол газар авсан зургууд нь биетээрээ ч, бодолд ч бүдгэрдэг. Дахин үзэхэд тэднийг авсан тэр мөчид мэдрэгдэж байсан сэтгэл хөдлөлийн нөлөөгөө бас алддаг. Будгийн хэрэгслээр үүнийг тэмдэглэж авах юм бол, байнга шинэчилж байх боломжтой болно. Үзэгчдийн хувьд энэ нь алс холын газрын тухай шинэ мэдрэмжийг нээж өгдөг.

Энэхүү хоёр Арт Кемп хөтөлбөр болон хамтарсан үзэсгэлэн нь олон шинэ туршлага, ойлголтыг авчирсан. Бид нарийн төвөгтэй байдлын талаар илүү ихийг мэдэх тусам хариултыг олоход илүү хэцүү байдаг. Дэлхийг эдгээхэд хол байна. Гэхдээ эхлэл тавигдаж, харилцаа тогтоогдсон. Энэ урт утас үргэлжлэн ээрэгдэж нэгэн бат бөх тор болно гэж найдаж байна.

1 *А.Р. Пенк Вилфрид Дикхоффтой ярилцахдаа*, in: Art today; №6, Cologne, Kiepenheuer and Witsch, 1990
2 https://www.textlog.de/4002.html, 15. 9. 2024
3 А.Р. Пенк: *Цэнхэр морь ба Монгол*, 1996 он
4 "Номин Болд нь 1990 онд Монгол Улс ардчилал, зах зээлийн эдийн засагт нэвтэрч, улс орны уламжлалд тавигдаж байсан хязгаарлалт арилсны дараа Монгол зургийн төрлөөр гарч ирсэн шинэ үеийн уран бүтээлчдийн нэг юм. Номин нь 1982 онд төрсөн бөгөөд Улаанбаатар хотын төрийн өмчит цорын ганц дүрслэх урлагийн коллежийн шинээр нээгдсэн Үндэсний урлагийн ангийн Монгол-Зураг ангийг төгссөн. Тэрээр болон түүний шавь нар багш нарынхаа хамт Монгол улс өөрийн гэсэн байр суурийг хайж буй даяаршсан ертөнцөд монгол уламжлалын гүйцэтгэх үүргийг дахин эргэцүүлэн бодож, тодорхойлж эхэлсэн. "Монгол зураг" хэмээх үзэл баримтлалыг 20-р зуунд социалист дэглэм ид ид өрнөж байх үед Монголын урлаг судлаач Ням-Осорын Цүлтэм (1923–2001) гаргажээ. Үүнийг Английн түүхч Эрик Хобсбамын хэлснээр Зөвлөлтийн их сургуулийн багш нарын дэмжсэн социалист реализмын эсрэг монголчуудын соёлын өвөрмөц байдлыг хадгалах стратеги гэж «уламжлалыг зохион бүтээсэн» гэж тодорхойлж болно. улс руу урсдаг. Социализмын үед (1921–1990) ЗСБНХУ болон Зүүн Европ нь Монголыг дэлхийг харах цонх болж, зотон дээр тосон зураг гэх мэт Европын урлагийн хэлбэрүүд тус улсад хүрч, буддын шашныг хурдан сольсон цорын ганц суваг болж байв. урлагийн уламжлал. ... Номингийн уран бүтээл дэх Буддын шашны бэлгэдэл нь хэт их бараа бүтээгдэхүүний орчин үеийн ертөнцөд шилжүүлэн суулгасан өнгөрсөн уламжлалын хээ, тэмдэг юм. Зураач Буддын шашны төрөлхийн утгыг мэддэг бөгөөд үүнийгээ уран бүтээлдээ сонгон шингээж өгдөг. Гэхдээ уламжлалын мөн чанар, түүний орчин үеийн ертөнц дэх боломжит давхцал, давхцал, илрэлийг судлах нь түүний ер бусын найруулгын үндэс суурийг бүрдүүлж, урам зориг өгдөг. ..." Цүлтэмингийн Уранчимэг, *documenta 14: Өдрийн дэвтэр*, 2017
5 https://www.mongolian-art.de/marzan_sharav_balduu.html, 15.9.2024
6 Цүлтэмийн Нармандах: *Монгол үндэсний хэв маягийн уран зургийн хөгжил "Монгол зураг"* товч, 1986 он, УБ.
7 Рюдигер Вольфрум: *Чингис хаан ба түүний залгамжлагчдын үеийн Монголын хууль: Төрийн бус нийгэм дэх хуулийн ач холбогдол. Хилийн чанад дахь Үндсэн хууль ба хууль* (VRU). 39 дэх жил, 2006, хуудас 5–17.
8 Берзин, Александр: *Абхидхарма ба Дүйнхор дахь Буддын сансар судлал.* https://studybuddhism.com/de/fortgeschrittene-studien/abhidharma-und-lehrsysteme/zeit-und-universum/buddhistische-kosmologie-im-abhidharma-und-im-kalachakra 2024 оны 10-р сарын 15-нд хандсан
9 Томас Киршнер: *A.R. Пенк – Урлаг шинжлэх ухаан хэвээр байж чадах уу?*, in: Nationalgalerie Staatliche Museen zu Berlin (ed.): "A.R. Пенк", Престел Верлаг, 1988, хуудас 89-93
10 "Зураг бол хүн бүр үүнийг мэдэрч, дуурайж чадахуйц энгийн бүтэцтэй бол стандарт юм ... Замын тэмдэг, барааны тэмдэг, тэмдэг нь бүгд стандарт юм. Би давтан хэлье: стандартын шинж чанар нь анхдагч байдал биш, харин стандарт дүр төрхийг бодитоор хүлээн авах, дуурайх үйл ажиллагааны хандлага юм." A.R.: Пенк *Стандарт гэж юу вэ*, Верлаг Гебр, Кёльн, Нью-Йорк, 1970
11 "Урлаг хуучинсаг болж, технологи нь төвөгтэй болж байна гэдэгт би итгэхгүй байна. Энэ нь бас эртний юм. Нарийн төвөгтэй системийг хялбарчлах хандлагатай байдаг. Зөвлөл дээр онгон Мэригийн өө сэвгүй жирэмслэлтийн тухай хэлэлцэх нь нарны эсийн үйл ажиллагаанаас хамаагүй илүү төвөгтэй юм. Энэ бол ухралт биш, харин урлаг, технологи, шинжлэх ухаанд хялбарчлах, архаизаци хийх нь ижил хандлага гэдэгт би итгэдэг."
12 Яруу найрагч, зохиолч Пүрэвдоржийн Гангаамаатай 2024 оны 10-р сарын 5-ны өдөр Мурсбах хотод ярилцлаа. *Урлаг хэзээ ч тоолуур биш*, Сара Рогенхофер, Флориан Ротцер нартай хийсэн ярилцлага A.R. Penck-тай хамт, in: Frankfurter Rundschau, 1987 оны 7-р сарын 25
13 Клаус Тевелейт: *Мэннерфантасиен 2: Мэдээлэл: Аймшигт байдлын сэтгэлзүйн анализ*, 1980

2DAY IN MONGOLIA
THE FINE ARTS ZANABAZAR MUSEUM

S. 100/101
Bronzezeitliche Petroglyphe
Schamanin, ein Fruchtbarkeitsritual durchführend, Ort: Altai-Gebirge, 2024
A. R. Penck
Skizzen von 1968 (Motiv 13/20), Mappe (20 Blatt), 1979

S. 102/103
A. R. Penck
StandArt, o. J.
Begraben immer wieder von der Scheiße (aus: *Wolokolamsker Chaussee*), 1988
Bei Rot über die Kreuzung Ich (aus: *Wolokolamsker Chaussee*), 1988
Die Dialektik wieder herstellen (aus: *Wolokolamsker Chaussee*), 1988

Karl Heinz Jeron
Shaping Clouds, 2024

S. 106/107
Dalkh-Ochir Yondongjunai
Blue Message, 2024

Dalkh-Ochir Yondongjunai
Blue Message, 2024

Dalkh-Ochir Yondongjunai
Blue Message, 2024

S. 112/113
Heike Baranowsky
Toono (24-8-7; 12:30), 2024

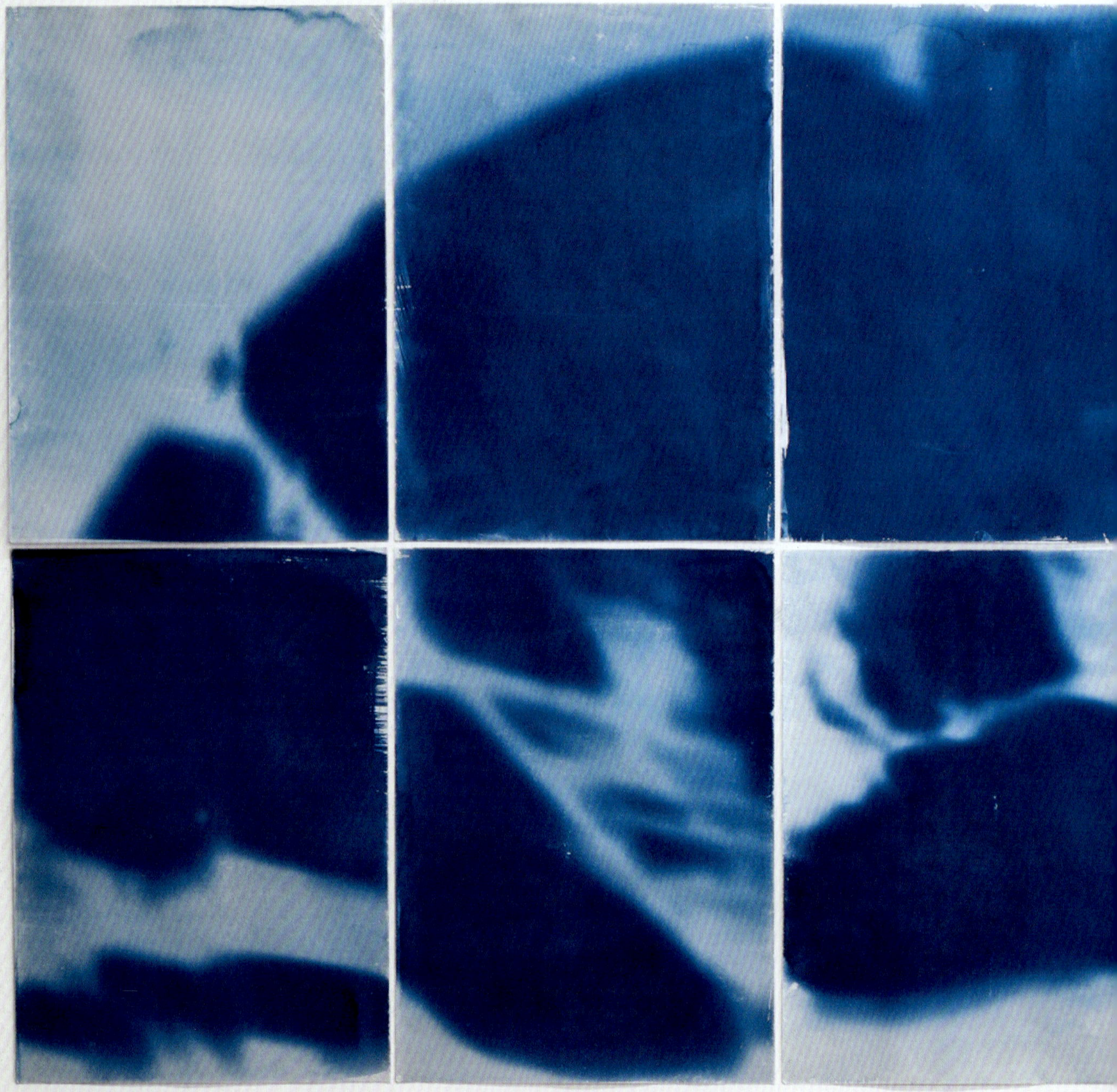

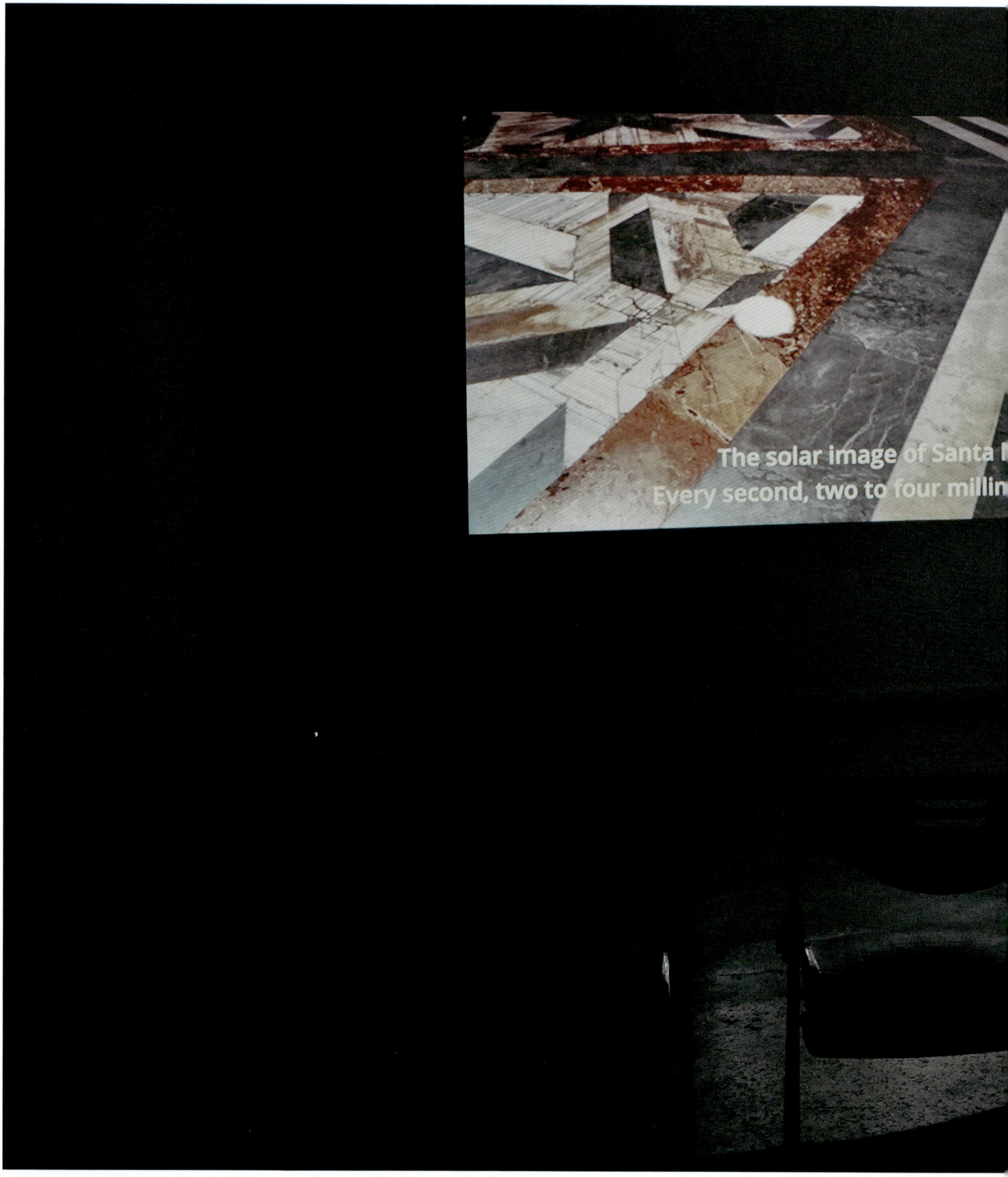

Heike Baranowsky
Soliloquio, 2023

Angeli wanders.
floor, pews,

S. 116/117
Enkhzaya Erdenebileg
Everything in the Sky is in the Soul, 2024

Munkhtsetseg Batmunkh
@felt.com, 2024

S. 120/121
Nomin Bold
Pupa, 2024

mind in depth
BAR
HEART
WHERE IS
MY MIND?

eternal
blue sky
free dom
pain
love
HOTEL
urban

Sammlung des Zanabazar Fine Arts Museum
Khot Mandala of the Jigjid, 19. Jhdt.

Baatarzorig Batjargal
Eternal Essence, 2023

Gerelkhuu Ganbold
Experiment 1, 2024

Sammlung des Zanabazar Fine Arts Museum
Heroes, 19. Jhdt.

Badam Dashdondog
Notes From Nuur Art Camp, 2024

Nadine Rennert
The Special Envoy for Inter-Being Relations,
Mission 7 – Going into the Grass, 2024

Berlin will besonderen Schutz für 70 Mega-
Brocken aus Eiszeiten

Badam Dashdondog sitzt an der einzigen Wasserquelle weit und breit. Diese wurde modern eingefasst. Der graue Kasten links nimmt die Spenden auf, die die Nomaden für die Entnahme von Wasser zurücklassen. An den Zaun werden blaue und gelbe Khadags, Gebetstücher, gehängt, um den Göttern Respekt zu zeigen.

Badam Dashdondog
Notes From Nuur Art Camp (Detail), 2024

Simone Körner
Horse (power)s in my dreams, 2024

Munguntsetseg Lkhagvasuren
Jaran, 2024

S. 136–139
Tuguldur Yondonjamts
A Mountain Rider, 2024

Franz Ackermann
Mental Map
(Mongolian Tent),
2024

Franz Ackermann
Mental Map
(Dalkh sleeping),
2024

TENGRISMUS: DIE SONNE UND DER MOND IN DER WELT DER MONGOLISCHEN NOMADEN

Chuluun Sampildondov

Die Mongolen sind ein Nomadenvolk, das in den weiten Landschaften lebt. In der Welt der Nomaden sind die Verehrung des Himmels, das Hüten des Viehs und das Leben in Harmonie mit der Natur und der Erde von zentraler Bedeutung. Daher haben die Mongolen seit der Antike den Himmel als das Höchste betrachtet und verehrt und Könige und Adlige als „Söhne des Himmels" bezeichnet.

Seit den frühesten Zeiten der mongolischen Nation waren die Verehrung, die Weltanschauung und die Aktivitäten der Menschen ausschließlich mit dem Himmel verbunden, aber allmählich wurde der Himmel zu einem Mittel, um das Selbstwertgefühl zu steigern und Könige zu Götzen zu machen. Für Chinggis Khaan und die Könige und Adligen seines Clans war das Konzept des Himmels ein wesentliches Element eines systematischen Staates.

Der Tengrismus, die Verehrung des Himmels, manifestierte sich stark im Konzept von Sonne und Mond.

Historische und archäologische Zeugnisse belegen, dass die Nomaden auf der eurasischen Hochebene den ewigen blauen Himmel, die Sonne und den Mond verehrten und sie in Petroglyphen und Hirschsteinen darstellten, die bereits aus dem 3. bis 1. Jahrtausend v. Chr. stammen.

Beispiele sind die Petroglyphen auf den Felsen des Altai- und des Khangai-Gebirges und der Berge in der Gobi, insbesondere Felszeichnungen im Bichigt-Tal des Bayanlig-Soums in der Provinz Baynkhongor, am Engeriin-Pass des Erdenesant-Soums in der Provinz Tuv, am Dalain Duulga des Khanbogd-Soums in der Südgobi, Zuun Khatsavch, Tsagaan-Tukht-Fluss im Nomgon-Soum, Javkhlant Khairkhan, Tevsh-Berg im Bogd-Soum in der Provinz Uvurkhangai und in Khuruugiin Uzuur im Battsengel-Soum in der Provinz Arkhangai. Die Petroglyphen dieser Stätten zeigen Variationen von Sonnen- und Mondbildern. Auch die meisten „Menschensteine" zeigen auf ihrer Oberseite die Sonne.

Die ersten Artefakte, die Sonne und Mond darstellen, stammen aus dem Neolithikum und wurden 1972 auf dem Berg Norovlin im Bulgan-Soum der Provinz Dornod gefunden. Die archäologischen Funde aus dem Grab enthielten Artefakte aus Knochen, die mit dem antiken Sonnen- und Mondkult in Verbindung stehen.

Aus den vergangenen drei Jahrtausenden sind folgende Funde belegt und teilweise auch in alten chinesischen Geschichtsquellen enthalten. Sie zeigen, dass die Vorfahren der Mongolen die Xiongnu-Dynastie gründeten und deren Könige und Adlige die Sonnen- und Mondanbetung praktizierten.

In seinen historischen Aufzeichnungen schrieb der chinesische Geschichtsschreiber Sima Qian:

„Der Chanoyu der Xiongnu-Dynastie betet zur aufgehenden Morgensonne und zum abendlichen Mond. Vor Invasionen beobachtet er den Stand des Mondes und der Sterne. Er greift bei Vollmond an und ruft bei Viertel- oder Halbmond zurück."

Artefakte aus Gold, Silber, Kupfer, Eisen sowie Sonnen- und Mondformen aus Rinde wurden in mehr als zwanzig Gräbern der Xiongnu-Periode gefunden. Die Xiongnu bildeten den ersten Staat, der auf dem Gebiet der Mongolei existierte. Die Grenzen dieses mächtigen Nomadenreichs reichten von der Großen Mauer der heutigen VR China bis zum Baikalsee und damit an an eine Reihe zentralasiatischer Länder. Die wichtigsten Gottesvorstellungen der Xiongnu-Könige waren die Sonne und der Mond. Sie selbst wurden Söhne des Himmels genannt. Könige galten als im Himmel geboren. In der Mongolei wurde eine große Anzahl von Xiongnu-Gräbern entdeckt. Jedoch nur in den Gräbern von Königen und Adligen fanden sich Sonnen- und Mondfiguren. Interessant ist auch, dass in den Gräbern der Könige der Nachbarländer bisher weder Sonnen- noch Mondfiguren gefunden wurden. Mit anderen Worten, die himmlischen Verbindungen von Sonne und Mond waren nur im Glauben der Xiongnu verankert. Die goldenen Sonnen- und Mondplatten wurden mit großem Respekt in das Kopfteil des Sarges genagelt.

Seit der Xiongnu-Zeit wurden in den Gräbern der alten türkischen und uigurischen Khanate keine Sonnen- und Mondtafeln mehr gefunden. Es wurden auch keine Relikte entdeckt, die mit irgendwelchen Glaubensvorstellungen zusammenhängen. Es könnte sich also um einen weiteren Beweis für den exklusiven Glauben handeln, den die Vorfahren der heutigen Mongolen, die Xiongnu, praktizierten. Die Sonne, der Mond und die himmlischen Wesen waren tief in ihrem Glauben verankert und diese Symbole wurden Teil der staatlichen Embleme.

Der Tengrismus begann, die Macht des Staates zu symbolisieren, die Macht, die Welt zu regieren, und auch im Folgenden werden einige Fakten angeführt, die zeigen, dass diese Symbolik vom mongolischen Reich und den nachfolgenden Generationen der Mongolen übernommen wurde. Des Weiteren wird kurz dargestellt, wie die jüngeren Generationen der Mongolen die Bedeutung der Symbolik von Sonne und Mond weitergeführt haben. Damit soll bestätigt werden, dass die Hinweise auf den Tengrismus, die Symbolik der Sonne und des Mondes, über Jahrtausende hinweg von Generation zu Generation weitergegeben wurden.

Auch Chinggis Khaan, der Gründer des mongolischen Reiches, praktizierte den Tengrismus, wofür es in historischen Quellen genügend Belege gibt.[1] Das Siegel von Chinggis Khaan könnte auf einer Seite die Sonne darstellen.

Während der Herrschaft von Chinggis Khaan gab es eine Staatstheorie, nach der man den Himmel verehrte und glaubte, dass der ewig blaue Himmel helfen würde, das Land von Sonnenaufgang bis Sonnenuntergang zu erobern. Nicht nur wurden Briefe und Erlasse unter dem Schutz des ewigen Himmels versandt, es war auch Brauch, sich vor dem Kampf oder wenn schwierige Dinge geschahen, zum Himmel zu verneigen und Opfer darzubringen. Die Inschrift auf dem Siegel des Khaans lautet: „Unter dem ewigen Schutz des Himmels, der große König des Großen Mongolischen Reiches", was auch darauf hindeutet, dass der König, wie schon bei den Xiongnu, als Sohn des Himmels angesehen wurde. Im Schamanismus, der in der Mongolei weit verbreitet ist, wird die Sonne als Mutter und der Mond als Vater bezeichnet, die goldene Sonne und die Mondsichel sind Symbole des Staates.[2] Dies ist Ausdruck der Auffassung, dass der eigene Staat aus der Perspektive des Deismus geschaffen wird. Die Zeit des mongolischen Reiches war die Phase, in der sich der Tengrismus von einer anthropozentrischen zu einer staatszentrischen Perspektive auszuweiten begann und zu einem Symbol für Ideen, Welt, Macht und Existenz wurde. Ein Beispiel dafür ist, dass das Siegel von Chinggis Khaan nicht nur Sonne und Mond, sondern auch Sonne und Mensch repräsentierte.

In der Mongolei wurden einzigartige archäologische Funde wie goldene Sonnen und silberne Monde gemacht, die mit dem Mongolenreich in Verbindung stehen.

Diese Funde wurden von dem Archäologen J. Bayarsaikhan entdeckt, der einen ersten ausführlichen wissenschaftlichen Artikel darüber verfasst hat. Ihm zufolge gelten die im Grab auf dem Berg Khorig gefundenen Bilder von Sonne und Mond als Artefakte, die die edle und goldene Abstammung der im Grab bestatteten Person symbolisierten. Die Herstellung aus Gold und Silber scheint den sozialen Hintergrund und Rang der Person anzuzeigen, ähnlich wie die aus Gold, Bronze, Eisen und Kork gefertigten Sonnen- und Mondbilder in den Gräbern der Xiongnu[4].

Diese Funde sind ein Beweis dafür, dass die Xiongnu während des Mongolenreiches Könige und den Staat verehrten. Diese Relikte deuten darauf hin, dass die Tradition der Sonnen- und Mondverehrung nur auf der Ebene der Könige und Adligen weitergegeben wurde und ein Ausdruck von Staatlichkeit war. Die Ideologie der engen Verbindung zwischen der Macht des Staates und seiner dauerhaften Existenz war weit verbreitet, wie Professor Sh. Bira sagte: „Da es nur eine Sonne über uns gibt, gibt es nur einen König, Chinggis Khaan, und die Herrschaft seiner Nachkommen muss von allen mitgetragen werden." Das war die politische Hauptaussage des Tengrismus, die propagiert und umgesetzt wurde. Die Grundlage und Stütze des Tengrismus waren die Nomaden, insbesondere mongolische Nomaden. Dieser ist in der Lebensweise und den historischen Traditionen der Nomaden enthalten, die ständig mit der Natur und dem Universum kommunizieren. Ursprünglich waren die Mysterien des täglichen Lebens mit dem Himmel verbunden, wie schon die Petroglyphen zeigen. Nach der Staatsgründung begann man, Könige und Adlige als göttliche Mächte und Boten zu betrachten. Die Weltanschauung, die Nomaden von Individuen zu Angehörigen eines Staates machte, kann als Deismus verstanden werden. Bei den Mongolen besteht noch immer die Tradition, Sonne und Mond anzubeten und ihnen Opfer darzubringen. Sie glauben, dass der König, egal wie mächtig er ist, ein Symbol des Himmels ist. Jeden Morgen zu Beginn eines neuen Jahres beten die Mongolen zur Sonne und wünschen sich Glück im neuen Jahr. Sie glauben, dass die Sonne Kraft und Wohlstand schickt.

Während des Mongolenreichs schrieben die mongolischen Könige in ihren Briefen an die Könige des Westens und des Ostens „vom Aufgang der Sonne bis zum Untergang der Sonne". Das zeigt, dass sie die Sonne als Grundlage ihrer Existenz betrachteten. Neben der Sonne und dem Mond war die Verehrung des Feuers eine weitere interessante Eigenschaft der Mongolen während des Mongolenreichs. Sie waren der Ansicht, dass Flammen die Gedanken der Menschen in den Himmel befördern, daher wird das Feuer auch auf Flaggen und Staatssymbolen dargestellt. Feuer symbolisiert Wohlstand und hat eine reinigende Kraft. Seit dem 1. Jahrhundert n. Chr. wurde das Feuersymbol auf den Flaggen immer größer und kräftiger.

Aus diesem Grund prägten die Khaane des Mongolischen Reiches Bilder der Sonne und des Mondes in ihre Staatssymbole wie die Flagge, das Wappen und das Gerege (eine metallene Ausweismarke), um die direkt von Sonne und Mond abgeleitete Autorität des großen Kaisers zum Ausdruck zu bringen. Die Flagge des Zochi-Staates, einer der Teilstaaten des Mongolischen Reiches, trägt das Siegel des Bat-Khaanats und eine goldgelbe Sonne auf der Spitze des Schafts. Die Flagge des Yuan-Staates zeigt ein rotes dreizackiges, siegelähnliches Bild in Form eines Halbmondes und einen goldenen Mond und eine goldene Sonne auf der Oberseite des Schaftes. Die goldene Flagge des Il-Khaanats hat ein rotes quadratisches Siegel im Zentrum und auf der Spitze des Stiels ist ein goldgelber Kreis abgebildet. Diese Abbildungen aus dem Katalanischen Weltatlas, aus dem Jahr 1375 von Abraham und Jehuda Cresques aus Mallorca, zeigen auch den „König" von Chagatai, der auf einem blauen Himmelsteppich sitzt, der von auf- und untergehenden Sonnen umrahmt ist.[4]

In den Tagebüchern von Reisenden aus Europa in das Mongolenreich wird erwähnt, dass mongolische Könige und Adlige die Sonne und den Mond verehren. In den Notizen von Plano Carpini heißt es beispielsweise: „Wann immer sie mit einer Arbeit beginnen, beziehen sie sich auf den Mondkalender und beginnen bei Neumond oder bei Vollmond. Sie betrachten den Mond als ihren Herrn und beten ihn auf den Knien an." Der Mond und die Sonne sind die Quelle des Lichts, sie nennen die Sonne die Mutter des Mondes. Marco Polo erwähnte auch, dass der General Bumt Noyon, der über hunderttausend Soldaten herrschte, ein Gerege-Abzeichen aus 300 saggi (sic) reinem Gold hatte, das mit einem Löwenkopf am Saum unten und der Sonne und dem Mond oben verziert war. Die Könige des Il-Khanats „schenkten Boten, die durch den Ural reisten, ovale Gerege, in deren Spitze ein Mond eingeritzt war. Es ist wahrscheinlich, dass auch diese bei ihrer Rückkehr konfisziert wurden", bemerkte Rashid-ud-Din.

Es ist klar, dass diese Sonnen- und Mondkulte des Mongolischen Reiches und die Ideen des Tengrismus der mongolischen Könige weder neu noch von ausländischen Zivilisationen übernommen waren, sondern vielmehr eine Fortsetzung und Tradition von Ideen darstellten, die von nomadischen Mongolen über Tausende von Jahren weitergegeben wurden.

Auch in der postimperialen Ära des Mongolenreiches blieb der Glaube an die Wertschätzung des Staates bestehen. Die beiden Symbole oben, Sonne und Mond, und unten, König und Prinz, stellen die Idee dar, dass Sonne und Mond mit König und Prinz verglichen werden, wobei sich der Staat in der Mitte befindet.

Ende des 17. Jahrhunderts schuf der ehrwürdige Zanabazar die Soyombo-Schrift, die den Mond und die Sonne am oberen Rand enthält. Die Sonne und der Mond, die oben auf dem ersten Buchstaben abgebildet sind, symbolisieren den Frieden, selbst während des Zerfalls des mongolischen Staates.

Darüber hinaus blieb die Idee der Sonnen- und Mondverehrung und -symbolik unvermindert. Als der Erste Bogd Öndör Gegeen Zanabazar 1686 die Soyombo-Schrift schuf, platzierte er die traditionellen Sonnen- und Mondbilder oben auf dem symbolischen Soyombo-Zeichen. Dies war der Anfang der Schrift und symbolisierte die schwierigen Zeiten in der Geschichte und den Sonne-Mond. Es enthält ein großes Symbol für die Wiederbelebung der mongolischen Nation durch göttliche Kraft.

Im Jahr 1911 erklärte die Mongolei ihre Unabhängigkeit von der Mandschu-Qing-Dynastie. Bogd Khaans Mongolei setzte den Soyombo-Buchstaben mit der Sonne und dem Mond auf die Staatsflagge und entfernte Elemente der Kleidung des Staatsadels, die mit der Mandschu-Qing-Dynastie verbunden waren, und ersetzte sie durch nationale Symbole. Die Unabhängigkeit des Staates wurde mit himmlischen Elementen symbolisiert, was die Ideologie der Existenz mit der Macht des Himmels widerspiegelt.

Doch nach der Volksrevolution von 1921 blieben die tief verwurzelten Ideen der Anbetung des ewigen Himmels, der Nation und des Staates unter den Mongolen erhalten, wie aus der ersten Verfassung von 1924 hervorgeht. Die Hauptidee dieser Verfassung bestand darin, die Monarchie in der Mongolei abzuschaffen, an ihrer Stelle eine republikanische Regierung zu erklären, die Ideen der Oktoberrevolution in der Mongolei umzusetzen und die Verfassung der UdSSR unter der Führung der Komintern umzusetzen. Trotzdem nahmen D. Bodoo, B. Tserendorj, N. Magsarjav und andere Staatsmänner der Zeit, angeführt von J. Tseveenden, den Buchstaben Soyombo als ein Symbol der Unabhängigkeit in ihre Nationalflaggen und -banner auf. Es handelte sich dabei um den Versuch, die Staatsidee so zu bewahren, wie sie vorher war. Mit anderen Worten: Trotz der starken Verbreitung sozialistischer Ideen blieben die Sonnen- und Mondgötter als Hauptsymbole des Staates erhalten.

Bei der Verabschiedung der zweiten Verfassung der Volksrepublik Mongolei im Jahr 1940 wurde das Soyombo-Zeichen im Staatswappen durch einen Stern, Bilder von Rindern und Naturlandschaften der Mongolei sowie einen Hirten ersetzt, der eine lange Stange mit einer Schlaufe, eine „uurga", hält und der Sonne entgegengaloppiert. Das gelbe Soyombo-Zeichen mit einem Stern wurde für die Staatsflagge genehmigt. Die Sonne wurde als Hauptfaktor der Entwicklung des Landes angesehen, sodass der mongolische Glaube an die Sonne gewissermaßen erhalten blieb.

Im Jahr 1960 wurde die ursprüngliche Form des Staatswappens wiederhergestellt und das Wappen in einen fünfzackigen Stern mit einem goldenen Staatswappen in der Mitte zwischen den beiden Enden des Wappens geändert.

Nach der demokratischen Revolution von 1990 verabschiedete der Volkskongress der Mongolischen Volksrepublik am 13. Januar 1992 die erste demokratische Verfassung. Dabei spiegeln das Staatswappen und die Flagge die Sonnen- und Mondanbetung wider, die die nomadischen Mongolen seit Tausenden von Jahren pflegen, sowie die Soyombo-Schrift, ein vom großen Heiligen Zanabazar geschaffenes Symbol der Unabhängigkeit.

Daher wurde die Xiongnu-Tradition der Verehrung von Sonne und Mond, die für Autorität und Macht stehen, über Generationen hinweg weitergegeben. Vor Kurzem wurden die im Grab eines Adligen in Form von Sonne und Mond auf dem Berg Khorig gefundenen goldenen und silbernen Relikte auf die Soyombo-Schrift gelegt, die der ehrwürdige Zanabazar nach seiner Meditation im Saridag-Kloster geschaffen hatte, um dem Land bei der Überwindung schwerer Jahre zu helfen. Heutzutage sind diese Symbole fest im mongolischen Staatswappen und in der Flagge verankert und spiegeln den Glauben der Mongolen an den ewigen blauen Himmel, den Ursprung, die hochentwickelte Ideologie des Staates und die logische, gründliche Verbindung wider, die bis zum heutigen Tag besteht.

Seit den Xiongnu entwickelte sich der Glaube an die himmlischen Wesen, die sich auf den Menschen bezogen, zu einem etatistischen Schwerpunkt. Die Erinnerung an das Mongolenreich, die Pax Mongolica, enthält auch die Symbolik des Landes, das sich vom Land des Sonnenaufgangs bis zum Land des Sonnenuntergangs erstreckte.

So ist es bemerkenswert, dass die Hauptsymbole des Tengrismus, die Anbetung der Sonne und des Mondes und die Perspektive auf das Universum, von den Mongolen als Ideologie durch Eroberungen, Kriege, Auf- und Abstiege getragen wurden und als Hauptsymbole auf den Staatsemblemen für zweitausend Jahre erhalten blieben.

1 Die *Geheime Geschichte der Mongolen* ist das erste literarische Werk der Mongolei und erzählt die Geschichte der Sippe von Chinggis Khaan. Es wurde nach dessen Tod 1227 verfasst und vermutlich auf dem mongolischen Reichstag, dem Kuriltai, den Ögedei Khan 1240 abhielt, vorgestellt. Der Verfasser ist unbekannt, stammt aber aller Wahrscheinlichkeit nach aus dem Umfeld des Auftraggebers Ögedeis.
2 Renchin 2006, T. 62.
3 J. Bayarsaikhan: *Chinggis Khaan Museum Journal*, Chapter 13, Ulaanbaatar 2021.
4 Abbildungen aus dem *Katalanischen Weltatlas*, 1375 von Abraham und Jehuda Cresques auf Mallorca:
https://de.wikipedia.org/wiki/Katalanischer_Weltatlas,
https://en.wikipedia.org/wiki/Catalan_Atlas,
abgerufen am 14. 1. 2025.

Hirschstein mit einem Bild der Sonne, die Sonne und der Mond auf dem Felsbild
Нарыг дүрсэлсэн буган хөшөө. Нар, сар бүхий хадны зураг.

Knochenmond aus dem Berggrab von Norovlin
Норовлин уулын булшнаас илэрч олдсон ясан сар

Goldplatten mit Sonne und Mond, gefunden im Grab eines Xiongnu-Adligen, Sammlung des Chinggis Khaan Museums
Хүннүгийн язгууртны булшнаас илэрч олдсон алтан нар сар. Чингис хаан Үндэсний музейн сан хөмрөг.

Das Siegel von Chinggis Khaan
Чингис хааны онги тамганы зураг.

Goldene Sonne und silberner Mond vom Berg Khorig, Chinggis Khaan Museum
Хориг уулын алтан нар, мөнгөн сар. Чингис хаан Үндэсний музей.

Gebete an die Sonne am Morgen des mongolischen Neujahrs
Цагаан сарын шинийн нэгний өглөө наранд мөргөж буй байдал.

Feuer auf der Spitze einer Fahne
Гал бүхий тугны орой.

Darstellungen der Mongolei im Katalanischen Weltatlas 1375
Каталаны атласт дүрсэлсэн монголын эзэнт улсын бүрэлдэхүүн улсууд

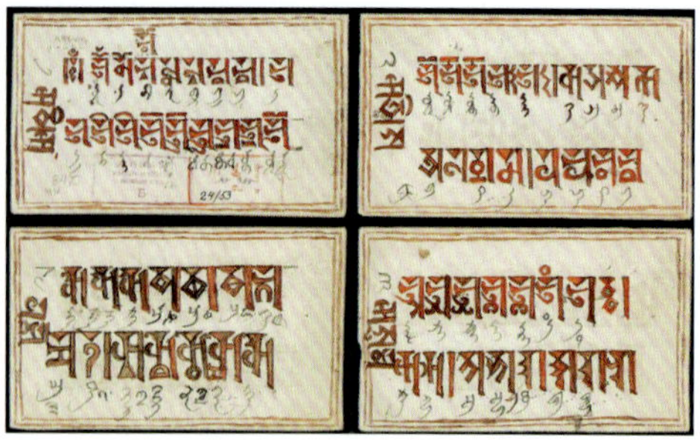

Soyombo-Alphabet, Chinggis Khaan Museum
Соёмбо үсгийн цагаан толгой, Чингис хаан Үндэсний музей

Staatswappen von 1940
1940 оны үндсэн хуулиар батлагдсан төрийн сүлд

Nationalflagge von 1940
1940 оны үндсэн хуулиар батлагдсан төрийн далбаа

Staatswappen, das durch die Verfassung von 1960 angenommen wurde, Soyombo wurde in der Mitte des Sterns platziert.
1960 оны үндсэн хуулиар батлагдсан төрийн сүлд. Таван хошуун дотор соёмбыг шинээр оруулж өгчээ.

Staatswappen von 1992
1992 оны үндсэн хуулиар батлагдсан төрийн сүлд

ТЭНГЭРИЗМ: МОНГОЛЫН НҮҮДЭЛЧДИЙН ЕРТӨНЦ ДАХЬ НАР, САР

Сампилдондовын Чулуун

Монголчууд нь тал нутгийн нүүдэлчин ард түмэн. Нүүдлийн ертөнцөд тэнгэрийг шүтэж, мал маллах, байгаль, дэлхийтэйгээ зохицон амьдрах нь хамгийн чухал зүйл юм. Тиймээс эрт үеэс хамгийн эрхэмд тэнгэрийг чухалд үзэж тэнгэрийг шүтэж, хаад, язгууртнаа "*тэнгэрийн хүү*" гэх зэргээр тэнгэрийг эрхэмлэж ирсэн ард түмэн юм.

Монголчуудын эртний төрт улсаас эхлэн шүтлэг бишрэл, ертөнцийг үзэх үзэл, аливаа үйл ажиллагааг зөвхөн тэнгэртэй холбон үзэж байсан бол аажимдаа тэнгэр нь төрт улсын хаадын өөрийгөө эрхэмлэн дээдлүүлэх, шүтэн бишрүүлэх нэгэн хэрэглсэл болж хувирсан мэт юм. Чингис хаан, түүний угсааны хаад язгууртнуудын хувьд ч *тэнгэризм* хэмээх ойлголтыг системтэй төрт ёсны нэгэн хэсэг гэж ойлгож ирэх үндэс болсон байдаг.

Тэнгэризм буюу тэнгэр шүтлэгийн хамгийн томоохон илэрэл нь түүнд орших нар, сарны тухай ойлголт, шүтлэг юм.

Евразийн тэгш өндөрлөг дэх нүүдэлчид НТӨ III-I мянган жилийн тэртээгээс мөнх хөх тэнгэр, нар сарыг тахин шүтэж, хадны зураг, буган чулуун хөшөөнөө дүрсэлж байсныг түүх, археологийн баримтууд нотолдог. Тухайлбал, Монгол орны Алтай, Хангай, Говийн уулсын хадны зурагт, тэр дундаа Баянхонгор аймгийн Баянлиг сумын Бичигтийн ам, Төв аймгийн Эрдэнэсант сумын нутаг Энгэрийн даваа, Өмнөговь аймгийн Ханбогд сумын нутаг Далайн дуулга, Зүүн хацавч, Номгон сумын Цагаан бухтын гол, Жавхлант хайрхан, Өвөрхангай аймгийн Богд сумын Тэвш уул, Архангай аймгийн Батцэнгэл сумын Хөрөөгийн үзүүр зэрэг хадны зургийн олон дүрсгалт газарт нар, сарыг янз бүрээр дүрсэлсэн зургууд бий. Мөн буган хөшөөний хамгийн дээд хэсэгт нарыг дүрсэлсэн нь маш олон.

Анхлан 1972 онд Дорнод аймгийн Булган сумын Норовлин уулын шинэ чулуун зэвсгийн үед холбогдох нэгэн булшнаас нар болон сарны дүрст ясан эдлэл гарсан нь монголчуудын түүхэнд холбогдох хамгийн эртний нар, сарны шүтлэгтэй холбогдох биет баримт болно.

Үүний дараагаар 3 мянган жилийн тэртээ монголчуудын өвөг дээдэс Хүннүгийн эзэнт улсыг байгуулж, хаад язгууртнууд нь нар сарыг эрхэмлэн шүтэж ирсэн талаар эртний Хятадын түүхэн сурвалж бичгүүдэд буй.

"*Хүннүгийн эзэнт улсын шаньюй өглөө мандах наранд, үдэш ургах саранд залбирна. Дайн хийхдээ сар болон од эрхсийн байрлалыг ажиглана. Бүтэн сартайд давшиж, сар хагаслахад эргүүлж татна*" хэмээн тэмдэглэжээ.

Энэхүү сурвалжийн мэдээг нотлох биет олдворууд Монгол нутагт хийгдсэн археологийн судалгааны үр дүнд Хүннүгийн хорь гаруй булшнаас алт, мөнгө, хүрэл, төмөр, үйсээр хийсэн нар, сарны дүрс олдоод байна. Хүннү нар өнөөгийн Монгол улсын нутаг дэвсгэрт оршиж байсан хамгийн анхны төрт улс юм. Газар нутгийн хувьд өнөөгийн БНХАУ-ын цагаан хэрэм, Байгал нуур, Төв Азийн улсуудтай хил залган оршиж байсан хүчирхэг нүүдэлчдийн эзэнт гүрн байв. Хүннүгийн хаад гол шүтээн нь нар сар байсан бөгөөд тэднийг тэнгэрийн хүү *ченлу гуту* хэмээн нэрлэж байсан юм. Мөн хаадыг тэнгэрээс мэндэлсэн гэж үздэг болно. Монгол Улсын нутаг дэвсгэрээс илэрч олдсон Хүннүгийн маш олон тооны булш бунхан бий. Гэтэл зөвхөн хаад, язгууртны булшнаас нар, сар илэрч олддог бөгөөд тухайн үеийн бусад хөрш орны хаад язгууртны булшнаас одоогоор нар сар илэрч олдоогүй байгаа нь сонирхолтой. Өөрөөр хэлбэл дан ганц Хүннү нарын дотор нар, сарыг дээдлэж тэнгэр, огторгуйтай холбож байжээ гэж ойлгож болно. Тэдний булшнаас олдсон нар, сар нь алтаар хийсэн байдаг бөгөөд ихэд хүндэтгэсэн байдалтай авсанд хадаж хийсэн байдаг юм.

Хүннү нараас хойш оршин тогтнож байсан Түрэгийн хаант улс болон Уйгурын хаант улсын үеийн булш оршуулгын зүйлсээс нар сар одоогоор олдохгүй байгаа бөгөөд тахилгын зүйлд огт харагдахгүй байгаа нь өнөөгийн Монголчуудын дээдэс Хүннүгийн эзэнт улсад энэ ёс байсныг нотлож байж болох юм. Нар сар нь тэнгэр огторгуйг эрхэмлэхээс гадна төр ёсны билэгдэл болжээ гэж ойлгож болно.

Тэнгэризм нь хүчирхэг төр, ертөнцийг захирах билэгдэл гэсэн агуулгыг илэрхийлж эхэлсэн төдийгүй хаадыг тэнгэрийн хүү буюу ер бусын эгэл хүмүүн бус гэсэн үзэл санаа дэлгэрсэн нь хожмын монголчуудад үлдэж хоцорсныг дараах баримтууд илэрхийлнэ. Монголын эзэнт гүрэн болон түүний дараах монголчууд нар сарыг хэрхэн авч үлдснийг та бүхэнд товчхон танилцуулахыг хүсэж байна. Учир нь тэнгэризмын илэрхийлэл болгож нар, сарыг монголчууд хэрхэн уламжлан олон мянган жил уламжилсныг баримтаар илэрхийлэхийг зорьсонд оршино.

Монголын эзэнт гүрнийг үндэслэн байгуулсан их эзэн Чингис хааныг тэнгэр шүтлэгтэн байсныг гэрчлэх түүхэн баримт хангалттай буй. (Монголын нууц товчоон.)

Чингис хааны шүтээн тамга нь нэг талаараа нарыг дүрсэлсэн мэт байдаг.

Чингис хааны эзэнт гүрний үед мөнх хөх тэнгэрийг эрхэмлэн тэнгэрт мөргөж, *наран ургахаас наран шингэх нутгийг* эзлэхэд *мөнх хөх тэнгэр* туслана хэмээн үзэж байсан төрийн онол байв. Мөнх тэнгэрийн ивээл дор хэмээн захидал бичиг, зарлигийг илгээж байсан төдийгүй аливаа дайн байлдаанд мордох, хүнд бэрх зүйл гарахад тэнгэрт мөргөж хүндэтгэл үзүүлж, тэнгэрийн тахилга үйлддэг ёс байжээ. "Мөнх тэнгэрийн ивээл дор Их Монгол улсын далай их хаан" хэмээн хааны тамганд бичсэн нь мөн л Хүннүгийн адил хаан тэнгэрийн хүү гэсэн санаа юм. Монголчуудын дунд тархсан бөөгийн мөргөлд наран эхтэй, саран эцэгтэй, алтан наран алман саран шүтээнт улсын сүлд (Ренчин, 2006, т. 62) гэж бичсэн байдаг. Энэ нь тэнгэризмын үүднээс өөрийн төрийг үүссэн хэмээн үзэх үзлийн нэгэн илэрхийлэл юм. Тэнгэризм нь үзэл санаа, ертөнц, сүр хүч, оршихуйн билэгдэл болж хүн төвтэй үзлээс төр төвтэй үзэлд өргөжиж эхэлсэн үе нь Монголын эзэнт гүрний үе болно. Түүний нэгэн жишээ нь Чингис хааны тамга нь нар, сар төдий биш нар, хүн гэсэн санааг илэрхийлэх болсон.

Харин Монгол Улсын нутгаас Монголын эзэнт гүрний үеийн дурсгалуудаас алтан нар, мөнгөн сарыг илэрхийлсэн гайхамшигтай дурсгал илэрч олдсон.

Уг дурсгалыг Монголын археологич Ж.Баярсайхан илрүүлж олсон бөгөөд түүний энэ тухай бичсэн томоохон эрдэм шинжилгээний өгүүлэл бий. Түүний өгүүлснээр Хориг уулын булшнаас олдсон нар, сарны дүрсүүд нь тухайн булшинд оршуулсан хүний эрхэм дээд язгуур, алтан ургийн удам угсааг илтгэн бэлгэдсэн олдвор хэмээн үзэж байна. Алт болон мөнгөөр хийсэн нь Хүнну булшны алт, хүрэл, төмөр, үйс зэрэг эдээр хийсэн нар, сарны дүрсүүдийн адил тухайн хүний нийгмийн гарал угсаа, зэрэг дэвийг харуулж буй бололтой. (Ж.Баярсайхан. Чингис хаан музейн сэтгүүл. 2021. Тал. 13).

Уг дурсгал нь Монголын эзэнт гүрний үед Хүннүгийн үеэс хаадын шүтээн болгож, төр ёсны илэрхийлэл болсон тэнгэрийн үзэл, нар сарыг шүтэн дээдлэх уламжлал уламжлагдах нь мөн л зөвхөн хаад, язгууртны түвшинд байсныг илэрхийлнэ. Төрийн сүр хүч, улсын орших үндэстэй нягт холбогдож үзэх үзэл хүчтэй дэлгэрч байсныг профессор Ш.Бира "*дээр ганц тэнгэр байдаг шиг, доор газарт ганц Чингис хаан байх учиртай бөгөөд дэлхий нийтдээ Чингис хаан, түүнийг залгамжлагчдын засаг төрт нэгдэн захирагдах ёстой гэсэн Тэнгэризм үзлийг хатуу баримтлан уухуулж, аль болохоор хэрэгжүүлж байсан*" хэмээн үзжээ. Тэнгэризм үзэл төрийн үзлийн тулгуур болон оршиж байсан ард түмэн монголын нүүдэлчдээс өөр бараг байхгүй гэж ойлгож болно. Энэ нь амьдралын хэв маяг, түүхэн уламжлал, байгаль ертөнцтэй байнга харилцдаг нүүдэлчдэд л бий. Эхэн үедээ өөрсдийн амьдралын нууцлаг зүйлсийг тэнгэртэй холбон үзэж байсныг гэрчилэн хадны зураг зэргээс улбаалан төр улс байгуулснаас хойш хаад, язгууртныг тэнгэрийн хүч, илгээлт гэж үзэж эхэлсэн. Нүүдэлчдийг хувь хүнээс төрийн үзэл санаа болгосон ертөнцийг үзэх үзэл санаа нь *тэнгэризм* байсан гэж ойлгож болно. Хаан хэдий хүчирхэг байна тэр бол тэнгэрийн сүр сүлд гэж үзэж нар, саранд мөргөж, тахилга үйлдэж байсан уламжлал өнөөг хүртэл монголчуудын дунд бий. Монголчууд шинэ жил эхлэх бүрт өглөөд наранд мөргөж тэр жилийнхээ аз хийморийг даатгадаг. Энэ даатгал нь нарны хүч өөрт нь илүү их сайн сайхныг авч ирдэг гэж үздэгтэй холбоотой.

Монголын эзэнт гүрний үед Монгол хаадын өрнө дорнын хаадуудад илгээсэн захидалд "*наран ургахаас наран шингэх*" хэмээн өөрийн улсын сүр хүч, оршин буйг илэрхийлж бичдэг байсан нь нараар өөрийн оршихуйн үндсийг харж буйн шинж болно. Монголын эзэнт гүрний үеийн нэгэн сонирхолтой зүйл нь нар, сарыг зөвхөн дээдлэх бус галыг мөн эрхэмлэн туг сүлднийхээ дээр залдаг байсан нь тэдний санаа бодлыг тэнгэрт хүргэх гол зүйл гэж үзсэнтэй холбоотой. Галыг ариусгах хүчтэй, мандан бадарсан гал гэх мэтээр өгүүлдэг. Тиймээс Монголын төрийн сүр сүлд нь нар сар гал гурвын бүрдлээс үүсэж буйг илэрхийлсэн туг, сүлд хэрэглэж байсан тухай судлаачид бичсэн бий. Хожмын XVII зуунаас эхлээд хэрэглэгдэж ирсэн туг сүлд нь орой дээрээ галыг сүрлэг байдлаар дүрсэлсэн байдаг.

Үүний учир Монголын эзэнт улсын хаан төрийн бэлгэдлүүд болох туг сүлд, гэрэгэ зэрэгт нар, сарны дүрсийг тусгайлан сийлж, нар, сарнаас үүдсэн их эзэн хааны эрх мэдлийг шууд илэрхийлдэг байжээ. Монголын эзэнт гүрний бүрэлдэхүүний улсуудын нэг Зүчийн улсын тугaнд Бат хааны овгийн тамга, ишийн орой дээр алтан шаргал өнгөтэй дугариг нар, Юань улсын тугaнд улаавтар өнгөөр гурван алман саран тамга мэт дүрс, ишийн орой дээр алман сар, дугариг нар, Ил хаант улсын тугийн тугaнд алтлаг суурин дээр улаавтар дөрвөлжин дүрст тамга, Цагадайн улсын туган дээр алтлаг дөрвөлжин дүрст тамга, ишийн оройд алтан шаргал өнгөтэй дугариг нар тус тус дүрсэлжээ.

Монголын эзэнт улсын үед Монгол нутагт зорчсон элч жуулчдын тэмдэглэлд хаад язгууртнуудын нар сарны шүтлэгтэй холбоотой мэдээ баримтыг цөөнгүй тэмдэглэн үлдээжээ. Тухайлбал, Плано Карпини

"*Тэд аливаа ажил үйлс эхлэхдээ заавал сарын шинийн нэгэнд юм уу эсвэл тэргэл сартай үед эхлэх бөгөөд сарыг Их эзэн хэмээн шүтэж сөгдөн мөргөх болой. Сар, нарнаас гэрлээ авдаг болохоор тэд нарыг сарны эх хэмээн нэрлэх ажгуу. Мөн Марко Пологийн тэмдэглэснээр Бумтын ноён буюу их армийн жанжны гэрэгэ нь хормойг нь арслангийн толгой, оройг нь нар, сар сийлж чимсэн 300 сагги жинтэй цул шижир алт байсан бол Ил хаант улсын хаад "Уургын улаагаар яваа элч нарт орой дээрээ саран сийлбэртэй зууван гэрэгэ олгож, буцаж ирэхэд нь мөн л хурааж авдаг болжухуй*" хэмээн Рашид-ад-Дин тэмдэглэжээ.

Монголын эзэнт улсын үеийн эдгээр нар сартай холбогдох шүтлэг, монгол хаадын *Тэнгэризм*-ын үзэл санаа нь шинээр үүсэн бий болоогүй, эсвэл гадны соёл иргэншлээс авсан зүйл бус харин нүүдэлчин монголчуудын олон мянган жилийн турш уламжлан ирсэн үзэл санааны залгамж, уламжлал байсан нь тодорхой юм.

Харин эзэнт гүрний дараах цаг үед Монгол төрийн үзэл санааны илрэлээ үл орхиж байсныг дараах байдлаар илэрхийлж байв. Дээр наран саран хоёр, доор хаан, ван хоёр хэмээн тэмдэглэсэн нь нар, сарыг хаан, ноёнтой харьцуулан дунд нь төр оршино гэсэн үзэл санаа юм.

XVII зууны эцэст Монголын бурхны шашны төлөөлөгч, Өндөр гэгээн Занабазарын зохиосон Соёмбо үсэгт нар сарны дүрсийг оройд нь залсан байна. Монголын төрийн задралын үед эв нэгдлийг эрхэмлэх үүднээс үсгийн эхний үсгийн оройд дээрх нар, сарыг дүрсэлсэн Зураг №8.

Үүнээс цааш нар сарны шүтлэг, бэлгэдлийн үзэл санаа тасралтгүй үргэлжилж 1686 онд Анхдугаар богд Өндөр гэгээн Занабазар Соёмбо үсгийг зохиохдоо тухайн бичгийн эхлэлийн тэмдэг болох бэлгэдэлт "соёмбо" тэмдгийн оройд уламжлалт нар, сарны дүрсээ залсан нь түүхийн хүнд хэцүү цаг үеийг туулан гарч, наран-сарны ивээл хүчээр монгол үндэстэн дахин сэргэхийн их бэлгэдлийг агуулжээ.

Соёмбо үсгийн цагаан толгой, Чингис хаан Үндэсний музей

1911 онд Манж Чин улсын эрхшээлээс ангижирч, монголчууд тусгаар тогтнолоо дахин сэргээн мандуулсан билээ. Богд хаант Монгол Улс төрийн далбаан дээрээ оройдоо наран, саран бэлгэдэлтэй соёмбо үсэг бүхий тугийг залж, Манжийн үеийн төрийн хувцас хэрэглэлийн дэг жаягийг өөрчилж, төрийн хувцсанд үндэсний уламжлалт бэлгэдлүүдийг тусгажээ. Энэ нь Монголчууд төрийн тусгаар тогтнолын билэгдэлээ нар, сар бүхий соёмботой үсэгтэй билэгдлээр сольсон нь тэнгэрийн хүчээр оршихуйн нэгэн санаа гэж үзүүштэй юм.

Харин 1921 оны ардын хувьсгалын дараа монголчуудын дунд мөнх тэнгэрийн шүтлэг, үндэс угсаа, төр ёсны гүн гүнзгий үзэл санаа хэвээр хадгалагдаж байсныг 1924 онд баталсан анхны үндсэн хуулиас харж болно. Хэдийгээр энэхүү үндсэн хуулийн гол үзэл санаа нь Монголд хаант засаглалыг устгах, оронд нь бүгд найрамдах засаглалыг тунхаглаж, октябрын хувьсгалын үзэл санааг монголд хэрэгжүүлж, коминтерны удирдлага дор ЗХУ-ын үндсэн хуулийг хэрэгжүүлэх байсан ч Д.Бодоо, Б.Цэрэндорж, Н.Магсаржав, Ж.Цэвээн тэргүүтэй тухайн цагийн төрийн зүтгэлтнүүд тусгаар тогтнолын бэлгэ тэмдэг болсон соёмбо үсгийг улсынхаа туг, далбаанд орхигдуулалгүй оруулсан юм. Энэ нь өмнө төрийн тухай үзэл санааг хэвээр хадгалах гэсэн санаа болно. Өөрөөр хэлбэл социализмын үзэл санаа хүчтэй дэлгэрч байсан ч нар, сар шүтээнтэй билэгдэлийн төрийн гол билэгдэл болгож үлдээж ядсан явдал юм.

Харин 1940 онд БНМАУ-ын хоёрдугаар үндсэн хуулийг шинээр батлахдаа улсын сүлднээс соёмбо үсгийг авч, таван хошуу болгон өөрчилж, таван хошуу мал, түүний дунд Монгол улсын хангай, тал, говь нутаг дээр нарны зүг уурга барин давхиж байгаа морьтой хүнийг дүрсэлжээ. Харин улсын туг далбаанд шар өнгийн соёмбо тэмдэг, таван хошуу тэмдэгтэйгээр баталжээ. Нарыг улс орны хөгжлийн гол зүйл хэмээн үзсэн нь монголчуудын нарыг шүтэж дээдэлсэн үзэл ямар нэгэн байдлаар үлдснийг харуулна.

1960 онд Улсын сүлдэндээ соёмбо үсгийг буцаан залж, сүлдний магнайд тариан түрүүний хоёр үзүүрийн хооронд дундаа алтан соёмбо үсэг бүхий таван хошуу болгон өөрчилсөн юм.

1990 оны ардчилсан хувьсгалын дараа 1992 оны 01 сарын 13-нд Бүгд Найрамдах Монгол Ард улсын Ардын Их хурлаар анхны ардчилсан үндсэн хууль батлагджээ. Ингэхдээ нүүдэлчин монголчуудын олон мянган жилийн турш уламжлан дагаж ирсэн нар, сарны шүтлэг, Өндөр гэгээн Занабазарын зохиосон тусгаар тогтнолын бэлэг тэмдэг бүхий Соёмбо үсгийг төрийн сүлд, далбаанд тусгаж өгчээ.

1992 оны үндсэн хуулиар батлагдсан төрийн сүлд

Ийнхүү хаад язгууртнууд нь төрт улсын бэлгэдэл, эрх мэдэл, сүр хүчийн илэрхийлэл болгон олон мянган жилийн турш тасралтгүй уламжлан тахин шүтэж, ирсэн Хүннүгийн үеийн нар, сарны алтан дүрс, саяхан Хориг уулын Монголын эзэнт улсын язгууртны булшнаас илрүүлсэн нар, сарны алт, мөнгөн дүрсүүд нь хожмоо цөвүүн цагийг гэтэлгэн Сарьдагийн хийдэд бясалган суусан Өндөр гэгээн Занабазарын бүтээсэн соёмбын оройд залагдаж, өдгөө Монгол төрийн сүлд, далбаанд мөнхөрч, Монголчуудын мөнх тэнгэрийн шүтлэг, үндэс угсаа, төр ёсны гүн гүнзгий үзэл санаа, утга төгөлдөр залгамж холбоог илэрхийлэн өнөөг хүртэл оршсоор байна.

Монголын төрт улсын түүхийн эхлэл Хүннү гүрнээс эхлэн нар, сар шүтэх явдал нь хүний үйл хэргээс бус төрийн үйл хэрэг болон тогтож, хаад язгууртныг тэнгэрийн хөвгүүн хэмээн үзэх үзэл болсноор олон зууны турш тасралтгүй монголчуудын төрийн оршихуйн үндэс, тусгаар тогтнолын билэгдэл болжээ. Монголын эзэнт гүрний үеийн монголын энх амгалан (PAX MONGOLICA) ч мөн наран ургахаас наран шингэх газар нутгийг илэрхийлж байсан нь "сүр хүч"-ний билэгдэлийг агуулж эхэлсэн байна.

Ийнхүү тэнгэризм-ийн гол төлөөлөл болсон нар, сарны шүтлэг, түүгээр дамжуулан үзэх ертөнцийг үзэх үзлийн агуулга нь Монголчуудын хувьд бүтэн хоёр мянган жилийн турш үзэл суртал, байлдан дагуулал, аян дайн, мандал, бууралыг туулж өнөөг хүртэл гол төрийн сүлдний билэгдэл болж үлдсэн нь гайхамшигтай юм.

Chinggis Khaan, 14. Jahrhundert, Malerei und Tusche auf Seide, 59,4 × 47 cm, Sammlung des National Palace Museum, Taipeh

CHINGGIS KHAAN

Saruul Nasanbuyan

Die Mongolen des 13. Jahrhunderts waren keine barbarische, wilde Nation, die gerade erst entstanden war und plötzlich an Stärke gewann. Sie waren ein Volk mit einer nomadischen Kultur und einer jahrtausendealten Geschichte, mit alten Traditionen des zentralasiatischen Hochlandes und der Steppen, das seinen eigenen Staat gründete, aufstieg, unterging und wieder aufstieg. Der große Anführer, der die Mongolen dieser Zeit vereinte, war Chinggis Khaan.

Chinggis Khaans Vater Yesukhei war das Oberhaupt des Borjigon-Clans, einer Adelsfamilie aus der Heroenlinie. Als er die Tatarenprovinz angriff und den Tataren Temujin Uge gefangen nahm, wurde ihm ein Sohn geboren, den er nach dem heldenhaften General des Feindes Temujin nannte. Sein Sohn Temujin heiratete später Börte, die Tochter von Dai Setsen aus der ungarischen Provinz, und sie hatten die Söhne Jochi, Chagatai, Ögedei und Tolui.

Das *Erdeniyin Tukh*, um 1660 von Prinz Sagang Sechen von Ordos geschrieben, und andere historische Quellen berichten, dass im Jahr 1206, als Temujin die mongolischen und türkischen Stämme zum Großen Mongolischen Reich vereinigte und den Thron bestieg, eine fünffarbige Lerche einflog und „Chinggis Chinggis" rief und ihm damit seinen Titel gab. In den Aufzeichnungen von Zhu Hu aus der Song-Dynastie heißt es: „Chinggis bedeutet ‚vom Himmel geboren'."

In Bezug auf seine intellektuelle und persönliche Entwicklung befürwortete Chinggis Khaan im 13. Jahrhundert Demokratie, Gleichheit und kulturelle Vielfalt und verfolgte eine Politik der Toleranz und Förderung anderer Religionen, wobei er dem Grundsatz folgte, dass „ein Sohn das Recht hat, die Religion seines Vaters auszuüben." Er hatte großen Respekt vor seiner leiblichen Mutter, und selbst nachdem er zum Großkhaan des Mongolischen Reiches aufgestiegen war, fürchtete er sie noch immer und setzte ihre Lehren in die Praxis um. Dies beeinflusste seine Haltung gegenüber Frauen stark und später, nachdem er viele Nationen erobert hatte, verbot er streng den Verkauf und die Versklavung von Frauen. Und obwohl die mongolischen Truppen ein riesiges Gebiet und ein vielsprachiges Volk erobert hatten, zwangen sie ihnen weder die mongolische Sprache, Kultur noch Religion auf. Die Ideen und Richtlinien Chinggis Khaans wurden lange Zeit nur mündlich überliefert und erst später in historischen Quellen wie *Golden Key* und *Crystal Quest* aufgezeichnet, die heute als *Die Weisheitslehren von Chinggis Khaan* bekannt sind. Eine der Lehren des Chinggis Khaan besagt:

„Jeder bewundert ein gutes Pferd
und ein attraktives Gesicht.
Doch zu viel Gier danach
führt zum Verlust von Namen und Gesicht."
Das ist die Bedeutung von Selbstdisziplin.

Als Chinggis zum Khaan des Mongolischen Großreichs gekrönt wurde, erließ er im Großen Khural ein Dekret zur Umsetzung des Gesetzes der *Großen Staatsführung*. Ausländische Gelehrte, die das mongolische Recht studiert haben, sind zu dem Schluss gekommen, dass die *Große Staatsführung* kein Gesetz war, das das gesamte Leben der mongolischen Nomadenstämme und der nomadischen Viehzucht regeln sollte. Vielmehr sollte es die Beziehungen zwischen den einzelnen Stämmen und Provinzen des Mongolenreichs regeln, ihre einzigartigen Bräuche festigen und legalisieren und die Beziehungen zwischen ihnen stärken.

Über das gesellschaftliche Leben der Mongolen im 13. Jahrhundert heißt es in der *Geheimen Geschichte der Mongolei:* „Der Sternenhimmel war voller Krieg, die Länder waren zu beschäftigt, um in ihren Betten zu schlafen, da sie kämpften und fesselten." Diese Worte beziehen sich nicht nur auf die Mongolen jener Zeit, sondern auch auf die Realität des Weltlebens im Allgemeinen. Damals unterdrückten die Starken die Schwachen und zwangen ihnen ihre eigenen Interessen, Religion, Gesetze und Kultur auf und beherrschten andere in der einen oder anderen Form – offen oder insgeheim. Die „heroischen und mächtigen" Mongolen des 13. Jahrhunderts werden im Westen oft fälschlicherweise als wild und rücksichtslos beschrieben.

Der japanische Forscher Kobayashi Takashiro argumentiert, dass niemand bestreiten kann, dass Chinggis Khaans außergewöhnliches Talent und seine militärstrategischen Fähigkeiten die Hauptgründe für seine erfolgreiche Eroberung der Welt waren. Außerdem sei der Eroberer, der über die weiten Landstriche Asiens und Europas hinwegfegte und die mittelalterliche Welt erschütterte, aus Sicht der Besiegten ein gnadenloser, grausamer und blutrünstiger Dämon gewesen. Aus der Perspektive des Triumphators jedoch galt er als barmherzig. Wenn man die Handlungen historischer Persönlichkeiten beurteilen will, ist es am besten, sich die damalige Zeit vorzustellen und sich in diese Umgebung zu versetzen. Dies wird uns helfen, die Bemühungen von Chinggis Khaan richtig zu verstehen.

In den Reisetagebüchern von Piano Carpini und anderen, die damals die Mongolei besuchten, heißt es: „Es gibt unter ihnen niemals Streit, Verletzung oder Mord [...].“, „[...] die Männer gieren nicht nach Reichtum; keiner ist eifersüchtig auf den anderen; im Prinzip gibt es so etwas wie Betrug nicht. Keiner schimpft oder kritisiert den anderen, stattdessen helfen und unterstützen sie sich gegenseitig, wo es angebracht ist.“ „Die Mädchen sind rein, niemand wird die schändlichen Taten anderer erwähnen oder sich anhören [...], es scheint, als ob es zwischen ihnen sehr selten oder gar nicht zu Streitigkeiten kommt.“ „Selbst wenn ein Mongole sehr betrunken ist, lässt er das nicht durch Worte oder Schlägereien aus.“ Daraus lässt sich schließen, dass die Mongolen des Mittelalters „für ihre Feinde wie Löwen und Tiger, für ihre Brüder, Liebhaber und Freunde jedoch wie zahme Schafe“ waren.

Warum waren Chinggis Khaan und seine Nachfolger so feindselig und befanden sich ständig im Krieg mit anderen Nationen? Diese Frage interessiert die Leute sehr. Die benachbarten Siedlungsländer wollten nie, dass die Nomaden eine einheitliche Streitmacht bildeten, und verfolgten daher stets die Politik, sie unter sich aufzuteilen. Sie versuchten, die Mächtigen zu unterstützen, sie daran zu hindern, andere zu unterdrücken, und andere zu stärken. Historische Quellen weisen beispielsweise darauf hin, dass die Chinesen in der antiken Literatur sich selbst nicht nur als Mittelpunkt der Welt und andere als barbarische Sklaven betrachteten, sondern auch die Kultur nomadischer Völker mit riesigen Territorien völlig ignorierten.

Ambaghai Khaan von Khamag, ein bedeutender Vorfahre von Chinggis Khaan, wurde von den Tataren unter dem Vorwand, eine Verwandtschaft und ein Bündnis zu begründen, in die Goldene Horde gelockt und gefangen genommen und getötet. Dies war ein Akt, der seinen Bemühungen, alle Mongolen zu vereinen und einen stärkeren Staat zu errichten, zuwiderlief. Daher waren die mächtigen benachbarten Dynastien der Mongolen daran interessiert, sie zu erobern und zu versklaven, wenn sie es sich leisten konnten, und sie, falls sie es sich nicht leisten konnten, unter sich aufzuteilen und sie in ständigen Konflikten zu halten.

Die Invasion von Chinggis Khaan in Europa war ein gerechter Krieg. Er schickte seinen Gesandten, um mit dem Schah von Choresm ein Handelsbündnis zu schließen, aber die andere Seite ermordete den Gesandten auf ungesetzliche Weise, was ein Grund für Rache war. Einige westliche Gelehrte haben in ihren Büchern die Taten und das Erbe von Chinggis Khaan, dem Begründer des Großen Mongolenreichs, hervorgehoben, doch der größte Teil der Welt weiß immer noch nicht viel über ihn.

Seit der Gründung des Mongolenreichs wurde ein Straßennetz durch das riesige Land errichtet, das das erste vollständig geschützte und sichere internationale Straßennetz darstellte und dadurch ein günstiges Umfeld für Handel, Wissen und kulturellen Austausch schuf. Gelehrte haben untersucht und erforscht, dass Hulegu Khaan aus dem Il-Khaanat Immobilien in der Yuan-Dynastie und Khubilai Khaan Immobilien in Persien besaß und dass beide die Gewinne aus ihren jeweiligen Besitztümern in andere Länder transferierten. Dies ist ein Hinweis auf weitverbreitete internationale wirtschaftliche Beziehungen schon zu dieser Zeit.

Das von Chinggis Khaan gegründete Mongolenreich hatte einen großen Einfluss auf die Entwicklung der Weltwissenschaft. *Die Sammlung der Chroniken*, ein Werk des UNESCO-Weltdokumentenerbes, wurde unter Schirmherrschaft von Il Khaan im 14. Jahrhundert von Rashid ad-Din gemeinsam mit vielen Gelehrten erstellt und ist die erste Literatur, die die ganze damals bekannte Weltgeschichte umfasste.

Darüber hinaus errichtete das Il-Khaanat ein astronomisches Zentrum für Nasir ad-Din Tusi, und auch das Yuan-Reich errichtete auf Befehl von Khubilai Khaan ein astronomisches Zentrum, das damals als Zentrum der Wissenschaften für Gelehrte aus aller Welt diente. Darüber hinaus haben die Mongolen bedeutende Beiträge zur Entwicklung vieler Bereiche geleistet, darunter Weltliteratur, Medizin, Landwirtschaft, Ernährungswissenschaften und Kartografie. Einige Forscher haben betont, dass die großen geografischen Entdeckungen späterer Tage in Wirklichkeit das Ergebnis der Attraktivität der traumhaften Handelsstädte im Osten waren, die die mongolische Yuan-Dynastie reich gemacht hatten.

So konnte das größte Reich des eurasischen Kontinents, das von den Mongolen unter der Führung von Chinggis Khaan gegründet wurde, über Jahrhunderte Stabilität und eine „Pax Mongolica“ errichten.

ЧИНГИС ХААН

Саруулын Насанбуян

XIII зууны үеийн монголчууд нь шинэхэн бүрэлдэж, гэнэт хүчирхэгжин гарч ирсэн зэрлэг бүдүүлэг үндэстэн байгаагүй юм. Тэд төв Азийн өндөрлөг, тал нутгийн өнө эртний уламжлалтай нүүдлийн соёл, төрт улсаа байгуулан мандаж, бууран доройтож, дахин сэргэх зэргээ замнасан хэдэн мянган жилийн түүхийн хөрс суурьтай ард түмэн байв. Энэ үеийн монголчуудыг нэгтгэж чадсан агуу их удирдагч бол Чингис хаан юм.

Чингис хааны эцэг Есүхэй баатар талын язгууртны сурвалжлалт удмын боржигон овгийн хиад ясны ахлагч байв. Тэр Татар аймгийн довтолж Татарын Тэмүжин Үгэ-г барьж ирэх үед түүний хөвгүүн төрсөн учир дайсны баатар жанжны нэрээр Тэмүжин нэр өгчээ. Тэр Хонгариад аймгийн Дай сэцэний охин Бөртэг гэргийгээ болгож, Зүчи, Цагаадай, Өгэдэй, Толуй хөвгүүдийг төрүүлжээ.

Эрдэнийн товч болон бусад түүхийн сурвалжид 1206 онд Тэмүжин монгол, түрэг гарлын овог аймгуудыг нэгтгэн Их Монгол улсыг байгуулан хаан ширээнд залрах үед таван өнгөт болжмор нисэн ирж, "Чингис Чингис" хэмээн донгодсоноор "Чингис" цолыг өгсөн гэж тэмдэглэсэн байдаг. Сүн улсын Жу Хүгийн бичсэн тэмдэглэлд "Чингис гэдэг нь "Тэнгэрээс заясан" гэсэн утгатай гэжээ.

Чингис хаан оюун санаа, бие хүний төлөвшлийн хувьд тэртээх XIII зууны үед ардчилсан ёс, тэгш шударга байдал, соёлын олон янз байдлыг хүлээн зөвшөөрч, "Хүү нь эцгийнхээ шашныг шүтэх эрхтэй" гэсэн зарчмыг баримтлан бусдын шашныг хүлцэх, ивээлдээ авах бодлогыг бодитой хэрэгжүүлж байв. Тэрээр өөрийн төрсөн эхийг их хүндэтгэн, Их Монгол улсын их хаан сууринд заларсан хойноо ч эхээсээ их эмээдэг, үг сургаалыг нь амьдралд хэрэгжүүлдэг байжээ. Энэ нь түүний эмэгтэйчүүдэд хандах байр сууръд асар их нөлөөлж, хожим нь олон улс үндэстнийг байлдан дагуулсан хойноо эмэгтэйчүүдийг зарж худалдаалах, боолчлох ёсыг эрс хориглосон байдаг. Хэдийгээр асар өргөн уудам нутаг, олон хэлийн ард түмнийг эзлэн авсан ч тэдэнд монгол хэл, соёл, шашин шүтлэгийг тулгадаггүй байв. Түүний эдгээр үзэл санаа, хэрэгжүүлсэн бодлогууд нь удаан хугацаанд аман уламжлалаар дамжигдсан хожим "Алтан товч", "Болор эрих" тэргүүтэн түүхийн сурвалж бичгүүдээр дамжигдан тэмдэглэгдсэн нь өдгөө "Чингисийн билиг сургаалууд" гэж нэрлэгдэх болсон байна.

Чингис хааны нэгэн билиг сургаалд:

"Агтын сайн, хацартны гоо-д
Хэн ч дурладаг
Гэвч үүнд шунажташуурч явбаас
Нэрээ барж, нүүрээ гээмүй" гэсэн нь өөрийгөө захирах, эзэмдэхийг чухлыг заасан байдаг.

Чингис хаан Их Монгол улсын хаанаар өргөмжлөгдөхдөө их хуралдай дээр "Их засаг" хуулийг даган мөрдөх зарлиг буулгасан юм. Монголын хуулийг судалсан гадаадын эрдэмтэн судлаачид Их засаг хуулийг нүүдлийн мал аж ахуйгаар голлосон Монгол нүүдэлчин овгуудын амьдралыг бүхэлд нь зохицуулсан хууль биш. Монгол улсын бүрэлдэхүүн овог, аймгуудын хоорондох харилцааг зохицуулах, өөр өөрийн онцлогтой ёс заншлуудыг нийлүүлэн хуульчилж, хоорондох харилцааг батжуулах зорилготой байсан гэж дүгнэжээ.

XIII зууны үеийн монголчуудын нийгмийн амьдралын нөхцөл байдлын талаар *Монголын нууц товчоон* сурвалжид "Одтой тэнгэр орчиж, олон улс байлдаж, орондоо унтах завгүй, олзолдон тулалдаж байлаа" гэж өгүүлсэн байдаг.

Энэ нь зөвхөн тухайн цагийн монголчуудын тухай биш, ерөөс дэлхий нийтийн амьдралын бодит үнэн нүүр царайг тодотгон бичжээ. Тэр үед хэн хүчтэй нь хүчгүйгээ түрэмгийлэн өөрийн эрх ашиг, шүтлэг бишрэл, хууль ёс, соёлыг тулгадаг, өөрийнхөөс бусдыг ил, далд аль нэг хэлбэрээр дорд үзэх үзэл давамгайлж байв.

XIII зууны үеийн монголчуудын "баатарлаг, хүчирхэг" байдлыг баруунь оронд догшин хэрцгий гэсэн эндүү ташаа ойлголтоор тодорхойлох нь нэлээд байдаг.

Японы судлаач Кобаяши Такаширо Чингисийн олноос цолгарсан авьяас чадвар, сахиус шиг байлдах арга нь дэлхийг эзэлсэн үндсэн шалтгаан болсон гэдгийг хэн ч няцааж чадахгүй, мөн Ази Европын их хуурай газрыг дамнуулж, дундад зууны дэлхийг донсолгосон байлдан дагуулагчийн зан чанар нь ялагдагсдын дүгнэлтээр бол өчүүхэн ч гэсэн нигүүлсэнгүй сэтгэлгүй харгис хэрцгий, цусанд унасан буг чөтгөр шиг байхад, ялагсдын байр сууринаас авч хэлбэл, ... нигүүлсэнгүй сэтгэлтэй гэж үнэлэгдэх юм гэж тэмдэглээд түүхэн хүмүүсийн үйл ажиллагааг үнэлье гэвэл тухайн цаг үеийг төсөөлж, өөрийгөө тэр орчин тойронд аваачих нь зүйтэй юм гэж тодорхойлжээ. Энэ нь Чингис хааны үйл хэргийг зөвөөр ойлгоход дөхөм болох юм.

Тухайн үед монгол нутгаар аялсан Плано Карпини болон бусад хүмүүсийн тэмдэглэлд "Тэдний дунд хэрүүл тэмцэл хийх, нэгийгээ шархдуулах, амь хохироох зүйл хэзээ ч гардаггүй...", "...Эрчүүд нь баян тансагт дурладаггүй; нэг нь нөгөөдөө атаархдаггүй; үндсэндээ зарга зальхай гээч зүйл байдаггүй. Хэн нь ч нөгөөгөө загнаж зандардаггүй. Үүний оронд тусалж, тухайн нөхцөл байдалд нь тааццуулан сайн сайхан талаас нь дэмжинэ", "Охид бүсгүйчүүд нь цэвэр ариун, хэн нь ч өрөөл бусдын ичгүүртэй үйл үйлдлийн талаар дурдахгүй, сонсохгүй; ...Тэдний дунд хэрүүл маргаан гарах нь маш ховор, ер нь огт гардаггүй юм шиг байгаа юм. Хэдий бүр дарсанд их согтовч, үүнийгээ үг хэл, зодоон цохионоор илэрхийлдэггүй" гэсэн байдаг. Үүнээс үзэхэд Дундад зууны монголчууд "атаатан дайсанд арслан бар мэт боловч ах дүү, амраг садан, анд нөхдөдөө номхон хонь мэт урсгал дөлгөөн, зөв сайхан" харилцаатай байжээ.

Чингис хаан болон угсаа залгамжилсан хаад юуны учир улс үндэстэнтэй дайсагнасан, байнгын дайн байлдаантай байсан бэ? гэдэг асуулт хүмүүсийн сонирхлыг их татдаг. Хөрш зэргэлдээ суурин улс орнууд нь нүүдэлчдийг нэг нэгдмэл хүчтэй байлгахыг хэзээ ч хүсдэггүй байсан тул ямагт өөр хоорондн нь талцуулан хагаралдуулах бодлогыг хэрэгжүүлсэн юм. Тэд арай хүчирхэг нэгийг нь тэтгэж, тэднээр бусдыг нь даруулж, хүчирхэгжих боломж сэхээг олгохгүй байхыг эрмэлзэж байв. Тухайлбал, эртний Хятадын ном суртал тэд өөрсдийгөө ертөнцийн төв, харин бусдыг зэрлэг бүдүүлэг боолууд гэж үзэж байсан төдийгүй асар өргөн уудам нутаг дэвсгэр бүхий нүүдэлчдийн соёлыг огтхон ч хүлээн зөвшөөрдөггүй байсныг түүхийн сурвалжид тэмдэглэжээ.

Чингис хааны дээдэс Хамаг Монголын Амбагай хааныг Татарууд ураг барилдан найрамдал байгуулах нэрээр хуурч иргүүлэн баривчлаад Алтан улсад хүргэж хороолгосон нь түүнийг бүх монголчуудыг нэгтгэж, хүчирхэг улс байгуулахыг эсэргүүцсэн хэрэг байв. Ийнхүү монголчуудын хөрш зэргэлдээ хүчирхэг гүрнүүд нь тэднийг хүч хүрвэл эзлэн авч боолчлох, хүч эс хүрвээс өөр хоорондн нь хагаралдуулан байнгын хэрүүл тэмцэлтэй байлгах сонирхолтой байсан юм.

Чингис хаан Европыг дайлаар мордсон нь шударга дайн байсан юм. Тэр Хорезмын шахтай найрамдлын арилжаа худалдааг байгуулахаар өөрийн элчийг явуулсныг нөгөө талынхан хууль бусаар амийг нь хороосноор өшөө авах шалтгаан болсон юм.

Өнөөгийн дэлхийн дахинд Их Монгол улсыг байгуулсан Чингис хааны бүтээсэн үйл хэрэг, өв соёл асар их байдгийг баруунй зарим судлаачид анзаарч, ном бүтээлдээ онцлон тэмдэглэдэг болсон ч ихэнх зонхи нь өнөөг хүртэл төдий л сайн мэдэхгүй хэвээр байна.

Монголын эзэнт гүрэн байгуулагдсан цагаасаа эхлээд асар өргөн уудам нутгийг дамнасан өртөө замын системийг байгуулсан нь хамгийн анхны бүрэн хамгаалагдсан, аюулгүй олон улсын зам тээврийн сүлжээ байсан төдийгүй худалдаа арилжаа, мэдлэг ухаан, соёлын солилцоо цэцэглэн хөгжих нэн таатай нөхцөлийг бүрдүүлжээ. Ил хаант улсын Хүлэгү хаан Юань улсад үл хөдлөх хөрөнгөтэй, Хубилай хаан Перст мөн үл хөдлөх хөрөнгөтэй, тус тусын өмч хөрөнгөнөөс олсон ашиг шимийг харилцан нэг нь нөгөөгийнхөө улс руу хүргүүлдэг байсан талаар судлаачид судалгааны бүтээлдээ бичсэн байдаг. Энэ нь харь улсад үл хөдлөх хөрөнгө эзэмшиж ашиг шимийг нь хүртэж байсан олон улсын үл хөдлөх хөрөнгийн харилцааны тухай мэдээ баримт юм.

Чингис хааны байгуулсан Монголын эзэнт гүрэн нь дэлхийн шинжлэх ухааны хөгжилд асар ихээр нөлөөлжээ. Ил хааны ивээн тэтгэлгээр Рашид ад-Дин тэргүүтэн олон мэргэд хамтран бүтээсэн "Судрын чуулган" бүтээл нь хамгийн анхны дэлхийн түүхийг багтаасан зохиол юм. Түүнчлэн Ил хаанаас Насир ад-дин Тусид зориулж одон орон судлалын төв, Юань улсад Хубилай хааны зарлигаар мөн одон орон судлалын төв байгуулсан зэрэг нь тухайн үеийн дэлхий нийтийн эрдэмтэн мэргэд хуран чуулсан эрдмийн өргөө болж байв. Үүнээс гадна монголчууд дэлхийн утга зохиол, анагаах ухаан, хөдөө аж ахуй, нийтийн хоол хүнс, газрын зураг гэх зэрэг олон салбарын хөгжилд дорвитой хувь нэмрийг оруулсан. Хожмын хүн төрөлхтний газар зүйн их нээлтүүд нь ч үнэндээ дорно зүгт орших үлгэрийн мэт асар баян тансаг Монголын Юань улсад очиж худалдаа арилжаа хийвэл баяжих болно гэсэн хүсэл мөрөөдлийн үр байсныг зарим судлаачид онцлон тэмдэглэх болжээ.

Ийнхүү Чингис хаан тэргүүтэй монголчуудын үүсгэн байгуулж, он удаан жил тогтвортой оршин тогтнуулсан эх газрын хамгийн том Эзэнт гүрэн нь тухай үед дэлхий ертөнцөд "Энх тайван-Pax mongolica"-г тогтоож чадсан юм.

TENGRISMUS UND SEIN EINFLUSS AUF DIE ZEITGENÖSSISCHE KUNST IN DER MONGOLEI

Saranbolor Gan-Ochir

Es ist schwierig, den Begriff des Himmels in einer strengen Formel zu definieren. Aber unter den Mongolen existiert er noch heute. Diese Ansicht wurde von Generation zu Generation durch alltägliche Rituale und Praktiken weitergegeben. Selbst heute verstehen moderne Mongolen diese Handlungen unbewusst als Teil einer traditionellen mongolischen Kultur, ohne klar sagen zu können, ob dies eine Idee des Himmels ist. Junge Menschen, die das von ihren Eltern lernen, bringen es später ihren Kindern bei. Auch heute noch bieten mongolische Familien jeden Morgen einen Teil ihres Tees und ihrer Milch dem Himmel an. Wenn sie Alkohol trinken, geben sie jedes Jahr dem Himmel und der Erde ein Trinkopfer. Genauso verehren sie ihre lokalen Berge und üben dort andere Rituale aus. Bei all diesen Handlungen geht es darum, die Natur und den Himmel zu lieben und zu respektieren.

Seit den 1990er Jahren haben einige Forscher und Philosophen in der Mongolei den Tengrismus wieder thematisiert und in der Öffentlichkeit bekannt gemacht. Seitdem hat diese Vorstellung einen starken Einfluss auf viele gesellschaftliche Gruppen ausgeübt, insbesondere im Bereich Kunst und Kultur.

Die Tatsache, dass die Mongolen den Himmel seit der Antike verehrten, geht aus historischen Quellen und der Bedeutung der Rituale hervor, die die Mongolen bis heute weitergegeben haben. Schon im 3. Jahrhundert v. Chr. verehrten die proto-mongolischen Herrscher, die Xiongnu, den Himmel. In den *Aufzeichnungen des großen Historikers* der chinesischen Han-Dynastie, Sima Qian, heißt es, dass die Chanyu der Xiongnu tagsüber zur Sonne und nachts zum Mond beteten, was darauf hindeutet, dass die Mongolen schon vor 2 300 Jahren Anhänger des Tengri waren. *Die geheime Geschichte der Mongolen* beginnt mit Börte Chono (Börte der Wolf), der aus der himmlischen Linie von Chinggis Khaan geboren wurde. Seine Frau ist Khoa Maral (Khoa aus der Familie der Dammhirsche), die über das Meer und den Ozean kam. Nach der Weisheit der alten Mongolen zeigen Wölfe und Hirsche das männliche und weibliche Geschlecht an und gelten auch als Symbol für Himmel und Erde.

Während der Zeit des großen mongolischen Reiches entwickelte sich das Konzept des „ewigen Himmels“, und die Vorstellung vom Himmel wurde noch stärker als in früheren Perioden. Die Nomaden Zentralasiens verehrten den Himmel als „ewig“ und formten diese Ansicht zu einem neuen spirituellen Konzept. Auch unter den heutigen Mongolen besteht noch immer ein tiefer Respekt vor dem „ewigen blauen Himmel“. Dieses Konzept hat im Laufe der Zeit neue philosophische Perspektiven hervorgebracht.

Der Begriff „Ewigkeit“ bezieht sich auf die Zeit, ein komplexes und bedeutsames Konzept in den Naturwissenschaften, der Physik und der Philosophie. Zeit ist nicht greifbar und erfordert tiefes Nachdenken des Menschen. Sie kann nicht unmittelbar wahrgenommen werden. Beispielsweise kann die Zeit auf unzählige Arten gemessen werden, indem man die subtilen Zusammenhänge, Übergänge und Veränderungen von Sonne, Mond, Sternen und verwandten Phänomenen sowie den Wechsel der Jahreszeiten beobachtet. Der Grund, weshalb der Himmel als „ewig“ gilt, liegt darin, dass er für immer weiterexistiert, was seine Überlegenheit und schlussendliche Natur symbolisiert.

Die Mongolen haben durch ihre Weisheit, ihre einzigartige Lebensweise und Beobachtungserfahrung ein tiefes Verständnis für die Natur entwickelt und so eine tiefe Verbindung zu ihr aufgebaut. Sie erkennen die Vitalität und Kraft der Natur an und empfinden Ehrfurcht und Bewunderung vor ihr. Diejenigen, die den Himmel anbeten, bemühen sich, das Gleichgewicht der natürlichen Umwelt zu bewahren und verantwortungsvoll mit ihr umzugehen. Mit dem Respekt vor der Natur ging auch das Verbot einher, der Erde Schaden zuzufügen. Die Mongolen schützen ihre Umwelt schon seit Langem, indem sie die Verschmutzung von Wasserquellen vermeiden, den Boden nicht stören und keine Bäume entwurzeln.

Seit der Zeit der Xiongnu stellten die Mongolen, die den Himmel verehrten, in ihren prachtvollen Kunstwerken oft Sonne und Mond als Symbole ihrer Verehrung dar. Das Wappen der Mongolen mit Bildern von Sonne, Mond und Feuer stammt von den Xiongnu und diese Symbole sind in der Nationalflagge, dem Wappen und anderen nationalen Emblemen der Mongolei erhalten geblieben.

Viele zeitgenössische mongolische Künstlerinnen und Künstler integrieren in ihre Werke Motive aus der Natur wie Sonne, Mond, Berge und Wasser sowie Bilder von wilden Tieren wie Wölfen und Hirschen, was ihre tiefe Beziehung zur Natur widerspiegelt. Das zeigt, dass das Konzept des Himmels bei ihnen auch heute lebendig gehalten wird. Dieser Standpunkt wird zwar hochgehalten, ist jedoch durch die Modernisierung und soziokulturelle Veränderungen infrage gestellt worden. In den letzten dreißig Jahren ist die Balance von Mutter Natur rapide in Schieflage geraten. Die Künstler haben darauf reagiert und sich gegen diese Entwicklung positioniert. In den Jahren 2013 bis 2016 untersuchte die Forscherin Annu Wilenius die zeitgenössische Kunst der Mongolei, darunter Land Art und ortsspezifische Kunstprojekte, die in natürliche Umgebungen integriert waren. In ihrem Buch *Bare House* schreibt sie: „Kohle, Kupfer und Uran werden aus dem verehrten Boden der Mongolei gegraben." Sie schildert eindrücklich, wie zeitgenössische Künstlerinnen und Künstler die Umweltauswirkungen der zunehmenden Bergbauaktivitäten thematisieren und kritisieren. Zeitgenössische mongolische Künstler beschäftigen sich auch mit den Veränderungen der Natur, den einzigartigen Formationen der Landschaften im Laufe der Jahre, Jahreszeiten, Monate und Tage sowie mit den Energien von Tieren und Pflanzen. Sie nutzen ihre Sinne, um Kunstwerke zu schaffen, die die weiten Graslandschaften, Flüsse und Seen einfangen.

Die Mongolen leben in extremen Klimazonen und führen das ganze Jahr über einen nomadischen Lebensstil. Seit der Antike schaffen sie in der Natur Steinskulpturen, klassische Ausdrucksformen der Spiritualität. Zeitgenössische Künstlerinnen und Künstler integrieren diese Elemente des nomadischen Lebens wie die fünf Haustierarten, das Wetter, räumliche Vorstellungskraft sowie Geschichte und Kultur in ihre Kunstwerke und Installationen.

Schon seit 2013 gibt es die zeitgenössische Kunstbewegung *Mensch – Natur – Liebe – Freiheit*. Mitglieder sind die Künstler Dorjderem Davaa, Munkhbolor Ganbold und Davaajargal Tschaschicher. Sie setzen Performance, Sound, Installation, Videokunst und Fotografie ein, um Themen wie „Himmel – Erde – Zeit" zu erkunden.

Im Jahr 2020 organisierte die Bewegung eine Ausstellung mit dem Titel *Himmel – Erde – Zeit*. „Himmel" steht für den Weltraum, das Reich der Vorfahren und den unberührten Himmel, „Erde" verkörpert die Tradition, unsere Nabelschnurverbindung mit Mutter Natur zu ehren, und „Zeit" bezeichnet das Konzept der unaufhörlichen Rotation, der Rituale, Bewegungen, Klänge usw., die alle durch die facettenreiche Sprache der Kunst zum Ausdruck kommen. Die Gruppe nannte ihre Performancekunst *Himmel*, ihren modernen Tanz *Erde* und ihre Klangperformance *Zeit* und entführte die Zuschauer in eine spirituelle Welt und nahm sie mit auf eine meditative Reise, die ein Gefühl himmlischer Verbundenheit zum Ausdruck brachte.

Beispiele für andere vom Tengrismus beeinflusste Werke sind:

„Während Jahre, Monate, Minuten und Sekunden vergehen, verändern sich die Natur und die Erde. Über Millionen von Jahren erschaffen spezifische Strukturen und Formen Menschen, Tiere, Quellen, Flüsse, Berge, Gewässer und alle Arten. Durch ihre Gefühle und Intuition bewegen sie sich an neue Orte und befinden sich in dieser ständigen Bewegung."[1]

„Wasser, Berge, Wälder: Die Natur ist lebendig. Seit jeher glauben die Mongolen an die Existenz von Elfen und Feen; sie bekunden diese durch ihre Anbetung, Liebe und ihren Respekt. Ich stellte mir den Herrn unseres Land-Art-Ortes als Phönix vor und manifestierte es. An unserem Aufenthaltsort gab es verschiedene Vogelarten. Jeden Morgen wachte ich auf, indem ich ihr Zwitschern hörte."[2]

„Die Menschheit hat nach Freiheiten aller Art gesucht und sie schließlich auch gefunden. Sie kann nicht erkennen, dass ihre Freiheit von der Natur abhängt. – Je mehr Freiheit und Entwicklung der Mensch genießt, desto weniger Freiheit bleibt der Natur, um vor jeglicher Art von Schaden zu bewahren. Folglich mangelt es uns an Wasser-, Luft- und Nahrungsquellen sowie Orten zum Leben. Wir schützen unsere Freiheiten, während wir die Freiheit der Natur aufgeben." – Dorjderem Davaa.

Um Aktionskunst zu schaffen, wurde ein kleines mobiles Ger, eine Jurte, aus Holz errichtet und in gelbes Tuch gehüllt.

„Generell drehen sich die Performances, die ich erschaffe, um meine eigenen Ideen und zielen auf ein Gleichgewicht zwischen Mensch, Natur und Ökologie. Wir sind für unser Überleben auf die Natur angewiesen. Doch wie verbringen wir unsere Zeit in der Natur? Wie gehen wir mit ihr um? Die Konzentration der Menschen oder die Besiedlung der Natur hat uns Grenzen gesetzt und rasche Veränderungen herbeigeführt. Dieses Ungleichgewicht unterstreicht den Diskussionsbedarf. In meiner Arbeit möchte ich mich mit dem Aufbrechen dieser Grenzen befassen und in unsere inneren Gefühle eintauchen.

Unsere Verbindung, Kommunikation, unser Respekt und unsere Liebe zur Natur hängen alle mit der Seele zusammen. Daher habe ich Materialien wie Wasser, Milch, Steine usw. im Haus platziert und meine Ideen durch die Interaktion mit der Feuchtigkeit des Sandes zum Ausdruck gebracht. Ich wähle den Mittelpunkt einer mongolischen Ger, die Feuerstelle, und mache eine Performance. Die Konstruktion einer mongolischen Ger kann überall und in jedem Raum eingesetzt werden, deshalb verwende ich ‚Hausbau' als Methode. Aber ich ziehe es vor, mich mit der Natur zu verbinden, indem ich Dinge im Freien tue wie zum Beispiel: die frische Luft einzuatmen. Unsere traditionelle Symbolik ist ein Seil, das von der Mitte des Rauchlochrings (das Himmelsauge einer mongolischen Ger) hängt. Es hat einen enormen Einfluss auf das Gleichgewicht der Ger. Milch ist ein Opfer und heilig. Mit Wasser ist es genauso, der Mensch ist untrennbar mit Wasser verbunden, es ist in der Natur sehr heilig. Der Mensch ist untrennbar mit Wasser verbunden. Wasser und Milch konnten sich mit meinem Wunsch, mich auszudrücken, einverstanden erklären." (aus einem Interview mit Enkhbold Togmidshiirev)

Die Vorstellung, im Himmel geboren zu sein, der Sohn des Himmels zu sein und vom Himmel herabzusteigen, ist bei den Mongolen weit verbreitet. Dies zeigt sich an Artefakten wie der Vase mit der Inschrift „Der Chanyu ist der Sohn des Himmels", die in den Ruinen von Longcheng, der Hauptstadt der Xiongnu in der Provinz Arkhangai, entdeckt wurde und in der *Geheimen Geschichte der Mongolen* häufig erwähnt wird. Diese Idee findet sich auch heute noch in den Werken zeitgenössischer Künstlerinnen und Künstler wieder. Manche von ihnen haben das Gefühl, ihre Werke seien von Gott inspiriert oder geleitet, sie seien vom Himmel gerufen worden. Sie interpretieren die Erkenntnisse, die ihnen während des künstlerischen Prozesses zuteil werden, als Botschaften oder Ideen des Himmels. Andere wiederum glauben, dass ihre Arbeit darauf zurückzuführen ist, dass sie Nachkommen göttlicher Wesen sind. Diese Perspektive unterstreicht ihren tiefen Wunsch, Kunst zu schaffen und sich durch ihre Arbeit auszudrücken. Wiederum andere gehen mit einer wissenschaftlichen Einstellung an ihre Arbeit heran und bereichern ihre Kunst durch die Erforschung mongolischer Epen, Kultur und Traditionen, wobei sie wissenschaftliche Untersuchungen mit künstlerischem Schaffen verbinden.

1992 besuchte der deutsche Künstler Harun Wolf Trepte mit einem Freund zum ersten Mal die Mongolei und präsentierte in Ulaanbaatar ein Performancekunst-Programm. Anschließend wurden deutsche und niederländische Künstler in die Mongolei eingeladen. 1994 reisten sie zusammen mit Lehrern und Schülern der modernen Kunstschule *Green Horse* durch Terelj und Gorkhi und initiierten die ersten Land-Art-Projekte. Das *Green Horse* arbeitete im Rahmen des Art-Camp-Programms bis 1997 mit internationalen Künstlern zusammen, danach legte es eine Pause ein. Im Art-Camp-Projekt beschäftigten sich Künstler mit der Schaffung von Werken mit zeitgenössischen Kunstelementen in nomadischen Umgebungen und förderte Selbstfindung, experimentelle Herangehensweisen und kulturellen Austausch.

Seit 2003 organisiert das Blue Sun Contemporary Art Center of Mongolia im Rahmen ihres Art Camps in Zusammenarbeit mit dem Schwedischen Kunstinstitut internationale ortsspezifische und räumliche Kunstprojekte. Diese Projekte veranschaulichen die tiefe Verbindung zwischen Natur und Menschheit durch Kunst und bringen die nomadische Perspektive der Mongolen auf ihre Beziehung zu Mutter Natur, Himmel und Erde zum Ausdruck. Von den nomadischen Kulturen und ihrer Ehrfurcht vor dem Himmel können wir viel über ein Leben im Einklang mit der Natur und über die Wahrung des ökologischen Gleichgewichts lernen.

1 Ausst.-Kat. Mongolia, *Land Art Mongolia*, hrsg. von LAM 360°, Mongolia 2014.
2 Ausst.-Kat. Mongolia, *Land Art Mongolia*, hrsg. von LAM 360°, Mongolia 2017.

Goldene Sonne und Halbmond, 3. Jhdt. v. Chr. bis 2. Jhdt. n. Chr., Fundort: Takhiltiin Khotgor, Mankhan Soum, Provinz Khovd, Mongolei
Алтан нар, алман сар НТӨ III- НТ II, Ховд аймаг, Манхан сум, Тахилтын хотгор

Die heutige Nationalflagge der Mongolei
Монгол Улсын төрийн далбаа

Batkholboo Dugarsuren: *Vergangenheit, Gegenwart, Zukunft* – Installation vor Ort (Möbel, Ausrüstung, Motor), 2014, *Land Art Mongolia*
Д.Батхолбоо: *Өнгөрсөн, Одоо, Ирээдүй* инсталяц (тавилга, араа, хөдөлгүүр) 2014. *Лэнд Арт Монголиа*

Badam Dashdondog: *Phoenix*, 2017, Murun, Khentii aimag,
Land Art Mongolia, Foto: Bat-Orgil Battulga
Д.Бадам: *Галт шувуу*, 2017. Мөрөн, Хэнтий аймаг,
Лэнд Арт Монголиа Гэрэл зургийг: Б.Бат-Оргил

Dorjderem D. Situation im Atelier

Enkhbold Togmidshiirev: *Die Wüstenbildung in der Kunst*, 2011, Performance mit einer mongolischen Ger (Jurte) 2011, Süd-Gobi, Foto: Bayarmagnai Erdene-Ochir
Т.Энхболд: *Цөлжилт урлагт*, перформанс, 2011, Өмнийн говьд. Гэрэл зургийг: Э.Баярмагнай

Dorjderem D: *Eine entgegengesetzte Freiheit* (Horn, Filz, Ziegenhaut, Mischtechnik)
Д.Дорждэрэм: *Эсрэг эрх чөлөө* (Эвэр, эсгий, ямааны арьс, миксед медиа)

Enkhbold Togmidshiirev: *Mutter und Kind*, Performance *Mining*, Einzelausstellung, 2014, Fotocredit: 976 Art Gallery
Т.Энхболд: *Эх, хүүхэд* перформанс. *Олборлолт* бие даасан үзэсгэлэн 2014, Гэрэл зураг эзэмшигч: 976 арт галлерэй

ТЭНГЭРИЙН ҮЗЭЛ БА МОНГОЛЫН ОРЧИН ҮЕИЙН УРЛАГ

Ган-Очирын Саранболор

Тэнгэрийн үзлийг бүхэлд нь хатуу томъёолон тодорхойлоход төвөгтэй боловч өнөөдрийг хүртэл Монголчуудын дунд оршсоор байгаа юм. Энэхүү үзэл маш эртнээс нааш үеэс үед өвлөгдөн өдөр тутмын зан үйл, дадал байдлаар дамжигдан явсаар өдийг хүрчээ. Өнөөдөр ч орчин цагийн монголчууд энэ үзэл шингэсэн үйлдлүүдийг Монгол уламжлалт соёл хэмээн ойлгож эцэг эхээсээ сурсан залуус – өөрсдийн үр хүүхдүүддээ заасаар байна. Монгол айл өглөө бүр цай, сүүнийхээ дээжийг тэнгэртээ өргөдөг, архи сархад хүртэхдээ сэржимлэн тэнгэр газартаа өргөдөг, жил бүр нутгийнхаа уул овоог тахидаг гэх мэтчилэнгээр уламжлалт соёл, зан үйл, ёс заншил хэлбэрээр Монголчуудын амьдралд бүрэн шингэжээ. Энэ бүх зан үйл, үйлдлүүдийн цаана орших утга нь байгалиа хайрлан дээдэлж, хүндэтгэж буй хэрэг буюу тэнгэр үзэл юм.

Орчин цагт 1990-д оноос хойш Монголын зарим судлаачид, философичид тэнгэр үзэл хэмээх тодорхой нэр томъёоны дор гаргаж ирэн олон нийтэд сурталчилан ойлгуулах хөдөлгөөн өрнөсөн юм. Энэ цагаас эхлэн нийгмийн олон бүлгүүдэд тэр дундаа урлаг, соёлын салбарт нөлөөгөө хүчтэй үзүүлэх болсон.

Монголчууд эртнээс нааш тэнгэрийн үзлийг эрхэмлэж ирсэн нь түүхэн эх сурвалж болон өнөөдрийг хүртэл Монголчуудад өвлөгдөн ирсэн зан үйлийн цаана буй утга агуулгаас харагддаг. МЭӨ III зууны үед Монголын дээдэс Хүннүчүүд тэнгэр шүтлэгтэй байсан. Сурвалжид Хүннү гүрний шаньюу (хаан) өдөр наранд мөргөж, үдэш саранд залбирдаг гэсэн байдаг нь одоогоос 2300 жилийн өмнө Монголчууд тэнгэр шүтлэгтэй байсныг харуулна.

Монголын нууц товчоонд "Чингис хааны язгуур дээд тэнгэрээс заяат төрсөн Бөртэ чино ажгуу. Гэргий нь Хоа марал ажигай. Тэнгис гэтэлж ирвэй... хэмээн эхэлдэг. Энэ хэсэгт "дээд тэнгэрээс заяат" хэмээн дурджээ. Өвөг Монголчуудын арга билгийн ухаанаар чоно болон согоогоор эр, эм хүйсийг зааж байгаа бөгөөд цаашлаад тэнгэр, газрыг илэрхийлсэн илэрхийлэл хэмээн үздэг байсан.

Их Монгол Улсын (Монголын Эзэнт гүрэн) үед "мөнх тэнгэр" хэмээх ухагдахуун бий болж, тэнгэрийн үзэл урьд өмнөх үеүдээс улам бүр хүчтэй хөгжсөн. Төв азийн нүүдэлчид тэнгэрийг "мөнх" хэмээн шүтэж, хүндэтгэн дээдэлж, улмаар энэхүү үзэл нь оюун санааны шинэ ойлголт болон хэлбэржсэн.

Орчин цагийн Монголчуудын дунд ч Мөнх хөх тэнгэр хэмээн хүндэтгэн үзэх үзэл байсаар байна. Тухайн цаг үед энэ ойлголт нь гүн ухаан, цаг хугацааны талаас харах шинэ хандлага болжээ.

"Мөнх" гэх ойлголт нь цаг хугацааны ойлголт. "Цаг хугацаа" бол байгалийн шинжлэх ухаан, физикийн шинжлэх ухаан болон философийн шинжлэх ухаанд чухал бөгөөд нарийн төвөгтэй ойлголт юм. Цаг хугацаа хүнд мэдрэгдэх, харагдах талаасаа хүний оюун санаанд ажиглалтын явцад их удаж байж тусдаг, шууд мэдрэгддэггүй зүйл билээ. Жишээ нь: Нар, сар, одны тусгал, тэдгээртэй холбогдох үзэгдэл, мөн улирал солигдох зэрэг юмсын нарийн уялдаа холбоо, шилжилт, өөрчлөлт хөдөлгөөнийг ажигласнаар цаг хугацааг сая нэг мэдэрч тодорхойлох боломж бий болдог.

Тэнгэрийг "мөнх" гэхийн учир нь тэнгэр ямагт, цаг үргэлжид оршсоор байх бөгөөд иймийн тулд хамаг бүхнээс хүчтэй, бүхний дээд буюу "түйлын" гэх утгатай.

Монголчууд өөрсдийн ухаан билэг, амьдралын онцгой хэв маяг, ажиглалт туршлагаараа байгалийг таниж түүнтэй нарийн холбоо үүсгэж харилцсан. Байгаль амьтай, мөн хүчтэй гэдгийг ойлгон байгалийг хүндэтгэн бишрч ирсэн биз ээ. Нар сар гэрэл гэгээ гарган амьдарлыг тэтгэж хүн төрөлхтөн, ой мод, өвс ургамал, ан амьтдад амьдрах боломж өгч буйг Монголчууд эртнээс ойлгон ухаарсан байжээ.

Тэнгэр шүтлэгтэн хүн өөрийн амьдарч буй байгаль орчныхоо тэнцвэрийг хадгалах, түүнтэй зөв зүйтэй харилцахыг эрмэлздэг.

Байгалийг хүндэтгэх хүндэтгэлийг дагаад хориг цээр үүссэн бөгөөд байгаль эх дэлхийд хор хөнөөл учруулахгүй байхыг Монголчууд эртнээс нааш эрхэмлэж ирсэн түүхтэй. Гол усыг бохирдуулахгүй байх, хөрс шороог сэндийчихгүй байх, мод булгалахгүй байх гэхчилэнгээр байгалийг хамгаалж ирсэн.

Хүннүгийн үеэсээ тэнгэр шүтлэгтэй байсан Монголчууд өөрсдийн урлагийн бүтээл мэт гайхалтай эдлэл хэрэглэгдэхүүнүүддээ шүтлэгээ илтгэх нар, сарыг түгээмэл дүрслэсэн байдаг. Монголчуудын нар, сар, галын дүрстэй сүлд Хүннүгээс эхтэй бөгөөд Хүннүгийн сүлд Монгол улсын төрийн далбаа, Монгол улсын төрийн сүлд, соёмбонд хадгалагдан уламжлагджээ.

Монголын контемпорари артистууд ч бүтээлдээ нар, сар, уул, ус байгалийн субьект, байгальтай харилцах харилцаа болон чоно, буга зэрэг ан амьтны дүр, дүрслэлийг оруулах, мал амьтны арьс, яс, үс зэргийг ашиглах, байгалийн үзэгдлийн болон амьтдын дуу чимээг бүтээлдээ түгээмэл шингээдэг нь одоо ч бидний дунд тэнгэр үзэл оршсоор буйг харуулж байгаа хэрэг юм.

Энэ үзлийг дээдлэн ирсэн боловч орчин үежилт, нийгэм соёлын өөрчлөлт Монголчуудыг өөрчлөгдөхөд хүргэсэн юм. Сүүлийн 30 гаруй жилийн хугацаанд хурдтайгаар байгаль эхийг сүйтгэн тэнцвэрт байдлыг алдагдуулж байна. Энэ байдлын эсрэг уран бүтээлчид дуу хоолойгоо хүргэж байна.

2013–2016 онд Annu Wilenius гэх судлаач Монголд орчин үеийн урлагийн судалгааг хийхдээ тэр дундаа лэнд арт, байгаль дээр хийх орон зайн урлагийн төсөл судалгаандаа суурилан бичсэн "Bare House" номондоо: Нэгэн үед дээдлэгддэг байсан Монголын хөрс шороог сэндийлэн, нүүрс, зэс болон ураныг ухан гаргаж байна. Уул уурхайн салбарын үйл ажиллагаа эрчимтэй болж байгаа нь байгалийн тэнцвэрт байдалд нөлөөлж байгаа уг асуудалд орчин үеийн уран бүтээлчид дуу хоолойгоо хүргэж байгааг онцлон дурджээ.

Монголын уран бүтээлчид жил, улирал, сар, өдөр хоногоор байгаль дэлхийн хувирал, өвөрмөц тогтоц, бүтэц бүхэн нь хэдэн мянган сая өвс ургамал, гол горхи, нуур усыг бий болгон аливаа амьтан өөрийн совин мэдрэмжээр нүүн шилжиж байдаг хөдөлгөөнийг ажиглан бүтээлүүддээ тусгажээ.

Монголчууд байгалийн эрс тэс уур амьсгал, дөрвөн улиралын дунд нүүдэллэн амьдарч ирсэн бөгөөд оюун санааны сонгодог илэрхийлэл болсон байгалийн орон зай дахь чулуун барималуудыг нэн эртний цаг үеэс бүтээж байсан.

Орчин цагийн контемпорари артистууд инсцтоляци бүтээхдээ нүүдэлчин ахуй амьдрал, таван хошуу мал, цаг агаар, орон зайн төсөөлөл дахь өөрийн мэдрэмж, мөн түүх соёл зэрэг олон мэдээллийг шингээж бүтээлээ хийж байна.

2013 оноос хойш *Хүн Байгаль Хайр Эрх Чөлөө* орчин үеийн урлагийн хөдөлгөөний уран бүтээлчид перформанс, дуу авиа, инстоляци, видео арт, гэрэл зургийн төрлөөр бүтээлээ туурвиж эхэлсэн.

2020 онд тус хөдөлгөөнийхөн *Тэнгэр – Газар – Цаг хугацаа* нэртэй үзэсгэлэн, үйл ажиллагааг зохион байгуулж байсан.

"Тэнгэр" үзэл буюу огторгуй орон зай, өвөг дээдэс ба онго тэнгэрийн орон, "Газар" буюу эх байгал дэлхийтэйгээ хүйн холбоог дээдлэн ирсэн уламжлал, "Цаг хугацаа" буюу зогсолтгүй эргэх хүрдэн ойлголтуудыг бясалган зан үйл, хөдөлгөөн, дуу авиан гэх мэт орчин үеийн урлагийн олон талт хэллэгээр илэрхийлж байсан юм.

Үйлдлийн урлагаа "Тэнгэр", орчин үеийн бүжгээ "Газар", дуу авиан перформансаа "Цаг хугацаа" хэмээн нэрлэж энэ бүтээлээрээ үзэгчийг оюун сэтгэлгээний орон зайд аваачин бясалгал мэт аялалд хөтлөсөн нь мөн л тэнгэр үзлийг мэдрүүлэх гэсэн илэрхийлэл байлаа.

Тэнгэр үзлийн нөлөө тусгалаа олсон бүтээлүүдийн жишээ:

"Жил, сар, минут, секунд урсан өнгөрч байгаль, дэлхий ертөнц өөрчлөгдсөөр байна. Олон сая жилийн туршид тодорхой бүтэц, хэлбэрүүд хүн, амьтан, булаг шанд, гол мөрөн, уул, ус, бүх зүйлийг бий болгосон билээ. Монголчууд өөрсдийн мэдрэмж, зөн совингоороо энэхүү байнгын хөдөлгөөн дунд шинэ газар руу нүүдэл хийдэг." (Лэнд Арт Монголиа 2014 LAM 360° каталогоос)

"Уул, ус, ой мод: байгаль амьд. Монголчууд эрт дээр үеэс лус савдаг, анахай, шидтэн байдаг гэдэгт итгэсээр ирсэн. Тэднийг хүндэтгэн үзэж, сүсэглэж тэдний оршихуйг тунхаглаж ирсэн. Бидний Лэнд Арт хийсэн газрын эзнийг би галт шувуугаар төсөөлж, түүнийгээ харуулсан. Бидний байрлаж байсан газарт олон төрлийн шувуу байсан. Өглөө бүр би шувуудын жиргээг сонсож сэрдэг байлаа." (Лэнд Арт Монголиа LAM 360° каталогоос)

"Хүн төрөлхтөн бүх төрлийн эрх чөлөөг эрэлхийлсээр ирсэн бөгөөд эцэст нь түүнийгээ олж авдаг. Эрх чөлөө нь байгалиасаа хамааралтай гэдгийг тэд ухаарч чаддаггүй. Хүн төрөлхтөн хэдий чинээ их эрх чөлөө, хөгжилд хүрнэ, төдий чинээ байгальд аливаа хор хөнөөлөөс ангид байх эрх чөлөө багасна. Үүний үр дүнд бид ус, агаар, хоол хүнс, амьдрах газаргүй болж байна. Бид байгалийн эрх чөлөөг орхиж, эрх чөлөөгөө хамгаалдаг." Д.Дорждэрэм.

"Ер нь миний хийж буй перформанс үйлдэл бол миний өөрийн гаргасан үзэл сэтгэлгээний бичиглэл байдаг юм. Ингэхдээ хүн, байгаль, экологийн тэнцвэрт байдал руу хандлаг. Бид амьдрахын тулд байгалиас бүх баялагаа авч байгаа билээ? Гэвч бид байгальдаа ямар байдалтай, ямар араншинтай, яаж хандаж амьдралынхаа цаг хугацааг өнгөрүүлж байна вэ. Хүмүүсийн төвлөрөл, нэг ёсондоо суурьшил нь хязгаарлагдмал байдлыг үүсгэж, хурдацтай өөрчлөлтүүдтэй нүүр тулсан. Энэ нь тэнцвэр буюу баланс гэх асуудлыг хөндөх шалтгаан болсон. Тиймээс би перформансаараа тухайн хязгаараас гарах тухай, дотогшоо байдаг сэтгэлийн тухай өгүүлэхийг хүссэн.

Бидний байгальтай холбогдох, харилцах, хүндэтгэх, хайрлах энэ бүхэн сэтгэлтэй холбоотой. Тиймээс би өөрийгөө жаахан шахамдуулж, ус, сүү, чулуу гэх мэт материалуудыг гэрийн дотор элсний чийгтэй харилцаж өөрийн үзэл санааг илэрхийлсэн.

Би гэрийн төв цэг, гал голомтыг сонгож перформанс үйлдэл хийдэг. Ер нь ямар ч газар, ямар ч орон зайд гэр конструкцаа ашиглах боломжтой. Гэхдээ гадаад орон зайд үйлдлээ хийхэд шууд агаар амьсгалах гэх мэтээр байгальтайгаа холбогдох нь илүү байдаг. Чулууг чагтганаас уядаг нь бидний уламжлалт бэлэгдэл зүй. Чагтага бол гэрийн тэнцвэрт байдалд асар их нөлөөтэй зүйл юм. Сүү нь өргөлийн шинж чанартай, ариун зүйл. Ус ч мөн адил, хүн гэдэг устай салшгүй холбоотой, мөн чанарын хувьд маш ариун. Хүн гэдэг устай салшгүй холбоотой. Ус, сүү хоёр бол миний илэрхийлэх гэсэн сэтгэлтэй холбогдож чадсан юм." (Уран бүтээлч Т.Энхболдын ярилцлагаас)

Мөн тэнгэр заяат, тэнгэрийн хүү, тэнгэрээс гаралтай гэх үзэл санаа Монголчуудын дунд байсан нь Архангай аймгийн нутагт орших Хүннүгийн нийслэл Луут хотын туурьнаас олдсон "Тэнгэрийн хүү шаньюй" гэсэн бичиг бүхий ваар болон *Монголын нууц товчоо*-нд олонтаа дурдагдсанаас харагддаг. Энэ үзэл санаа контемпорари артистуудын ажилд ч тусгалаа олсоор байдаг.

Зарим уран бүтээлчдийн хувьд тэнгэрийн таалаар буюу дээрээс өгсөн мэдрэмж дуудлагаар бүтээлээ хийсэн гэж үзэх нь ч бий. Тухайлбал зарим газар, орон зайд өөрийн мэдрэмжээр үйл хөдлөлийн урлаг, инстоляци хийх, бүтээл төрөх агшинд өөрт нь орж ирсэн мэдээллийг онгод тэнгэрийн дуудлага байсан, тэнгэрийн санаа байсан зэргээр тайлбарладаг.

Харин зарим нь өөрөө тэнгэр заяат хүний үр хойчсын нэг тул энэхүү үйл бүтээлээ хийсэн гэж өөрсдийгөө мэдэрдэг. Энэ үзэл нь өөрийн уран бүтээл хийх дээд хүсэл эрмэлзлийг илтгэхийн хамт, өөрийн би үзлийг уран бүтээлээрээ дамжуулан гаргаж байгаа хэрэг юм.

Харин нөгөө хэсэг нь энэхүү үзлийг шинжлэх ухаанчаар судалж танин мэдсэний үр дүнд бүтээлдээ тусгасан хэмээн үздэг. Контемпорари артистуудын нэг дүр нь судлаач хандлагатай байдаг. Жишээ нь Монголын тууль, соёл, уламжлалыг судлан шинжлэх явцдаа олж мэдсэн таньсан зүйлсээрээ уран бүтээлээ баяжуулж судалгаа, бүтээл хоёрыг хослуулж байна.

1992 онд анх Германы уран бүтээлч Харун Вольф Трепте найзын хамт Монголд зочлон ирж үйлдлийн урлагийн хөтөлбөрөө Улаанбаатар хотноо танилцуулж, "Ногоон морь" нийгэмлэгийн бүтээлчидтэй танилцан харилцан ойлголцож, хамтран ажиллах болсон.

Улмаар Герман, Голландын уран бүтээлчдийг Монголд урин 1994 онд *Ногоон морь* модерн арт сургуулийн багш, оюутнуудтай хамтран Тэрэлж, Горхийн орчим газраар аялан анхны лэнд арт хөтөлбөрийг хэрэгжүүлж эхэлсэн түүхтэй.

"Арт кэмп" хөтөлбөрөөр олон улсын уран бүтээлчидтэй 1997 он хүртэл хамтран ажиллаж байгаад түр завсарласан юм. "Арт кэмп" төсөл нь уран бүтээлчид нүүдэллэн, байгаль газар орчин, нүүдэлчдийн ахуй амьдрал, нутаг орontой танилцан өөрийгөө нээх, сорилт туршилт, солилцоог бий болгон контемпорари урлагийн элементүүдээр бүтээлээ газар, орон зайд туурвидаг байсан.

2003 оноос эхлэн Монголын "Хөх нар" орчин үеийн урлагийн төв Шведийн урлагийн институттэй хамтран "Арт кэмп" олон улсын газар, орон зайн урлагийн төслийг дахин зохион байгуулж эхэлсэн бөгөөд тус онд Төв аймгийн Өндөр улаан уулын аманд зохион байгуулсан түүхтэй.

Тэд байгаль болон хүн төрөлхтөний нандин холбоосыг бүтээлээрээ дамжуулан тайлбарлаж олон нийтэд хүргэсэн юм. Нүүдэлчин Монголчуудын байгаль эх, тэнгэр, газартай харьцах харьцааг өөрсдийн сэтгэлгээгээр илэрхийлж байлаа.

Бид байгаль дэлхийтэйгээ хэрхэн шүтэлцэн амьдрах, байгаль орчны тэнцвэрт байдлыг хэрхэн хадгалах тухай нүүдлийн соёл хийгээд тэнгэр үзлээс суралцаж болох юм.

ZUR HISTORISCHEN BEDEUTUNG DER MONGOLISCHEN FELSZEICHNUNGEN UND PETROGLYPHEN

Umbirbek Bikhumar

Unsere Nomaden haben einen großen Beitrag zur Entstehung der menschlichen Zivilisation geleistet. Die Artefakte, die man gefunden hat, zeigen, dass unsere Vorfahren uns die Bräuche, die Religion, die Staatstraditionen und das wertvolle Erbe vieler türkischer und mongolischer Stämme hinterlassen haben. Ihre Geschichte und Kultur sowie die archäologischen Funde haben nicht nur geholfen, die Geheimnisse der früheren Gesellschaften zu entschlüsseln, sondern auch bewiesen, dass diese ein hochzivilisiertes Volk waren. Noch im 20. Jahrhundert wurden die Nomaden als dunkle, rohe, kulturzerstörende und grausame Barbaren dargestellt. Das 21. Jahrhundert zeigt jedoch, dass die Nomaden eine der mächtigsten Zivilisationen entwickelt hatten, die die Kultur weltweit beeinflusst hat.

Neueste Forschungen haben festgestellt, dass die Mongolei seit dem Altertum ununterbrochen besiedelt und damit eines der Ursprungszentren der Menschheit war. Unsere Vorfahren lebten bereits vor 800 000 Jahren in der Mongolei und haben Relikte aus verschiedenen Epochen hinterlassen. Darüber hinaus sind in der Mongolei Spuren, Skelette und Eier von ausgestorbenen Dinosauriern erhalten geblieben, was umso mehr davon zeugt, dass die Mongolei ein Zentrum des Ursprungs des Lebens auf unserem Planeten war. Mongolische Wissenschaftler haben Kategorien für die Erforschung historischer und kultureller Denkmäler und Stätten entwickelt. Im Einzelnen sind sie in folgende Kategorien unterteilt: Grabsteine, Hirschsteine, Steinstatuen, Menschensteine, Felszeichnungen, Gräber, Schreine, Schnitzereien und Siegel. Die Artefakte aus der Bronzezeit wurden als Hemtse-Kultur, Mönkhkhairkhan-Kultur, Tsengel-förmige Opferstruktur, korbförmiges Grab und Hemtse-Menschenstein klassifiziert und sind das Ergebnis akribischer Arbeit von Forschern und Wissenschaftlern.

Die Felsmalereien der Mongolei haben sich über einen langen Zeitraum entwickelt und sind zu einem wertvollen historisch-wissenschaftlichen und archäologischen Erbe geworden, das die künstlerischen und spirituellen Errungenschaften der damaligen Menschen zum Ausdruck bringt. Felsmalereien sind eine unersetzliche Quelle für die Erforschung der prähistorischen Geschichte und überliefern wertvolle Informationen über Mentalität, Träume, Weltanschauungen, Religionen, Bräuche und Lebensweisen der damaligen Menschen. Da einige Informationen nicht aus anderen archäologischen Funden gewonnen werden können, sind die Felsmalereien eine wichtige Quelle für die historische und kulturelle Forschung.

Petroglyphen und Felsmalereien sind Brücken, die Mentalitäten und Werte zwischen Menschen vieler Generationen verbinden. Die Motive und die Bedeutung von Felsmalereien mögen in einigen Fällen offensichtlich sein, aber meistens sind sie verborgen und das Lesen und Erklären der Berichte erfordert akribische Arbeit und gründliche Detailforschung.

Felsmalereien gehören weltweit zu den beliebtesten archäologischen Funden, aber die Mongolei ist nicht nur besonders reich an Felsmalereien, es ist auch bemerkenswert, dass diese über das ganze Land verteilt sind. Die dargestellten Tätigkeiten und Lebensräume, die Motive und die Techniken sowie die Inhalte der Felsmalereien in der gesamten Mongolei haben gemeinsame Merkmale, die beweisen, dass Menschen seit Jahrhunderten kontinuierlich dort gelebt haben.

Archäologen, die die Felsmalereien in der Mongolei untersucht haben, datieren die Petroglyphen, die in der Khoit Tsenkher Höhle, in Ishgen Tolgoi, Chandmani Khar Uzuur, Rashaan Had, Tsagaan Salaa, Baga Oigor und Aral Tolgoi gefunden wurden, in die Altsteinzeit. Dabei hat man festgestellt, dass sich in der Mongolei die Kunst der Felsmalerei während des Paläolithikums unabhängig entwickelt, hat zu einem Zeitraum, in dem sich auch in Westeuropa, Frankreich, Spanien und Portugal zum ersten Mal Felsmalereien nachweisen lassen.

Das größte mongolische Felsbild im Altai misst 235 × 180 cm, das kleinste 1 × 1,5 cm. Auf den Felsen wurden Bilder zu vielfältigen Themen hinterlassen. Es gibt 10 000 Motive und 60 000 bis 70 000 eingeritzte Bilder, die sich über ein Gebiet von 15 Kilometern Länge und 600 Metern Breite finden. Die ältesten Malereien stammen aus dem Paläolithikum (40 000–15 000 Jahre v. Chr.), dem Mesolithikum (15 000–8 000 Jahre v. Chr.), dem Neolithikum (8 000–3 000 Jahre v. Chr.), dem Paläolithikum (5 000–3 000 Jahre v. Chr.), der Bronzezeit (3 000–1 000 Jahre v. Chr.), der frühen Eisenzeit (1 000–700 v. Chr.) und aus der Zeit der antiken Staaten der Hunnen, Türken und Mongolen. Felszeichnungen aus der Khemtseg-Periode (2 600–2 200 v. Chr.) sind am häufigsten vertreten.

Mit Blick auf die Methoden, mit der die Felsmalereien der Mongolei geschaffen wurden, teilen Wissenschaftler diese in die folgenden vier Haupttypen ein:

1. Malerei mit rotem Pigment
2. Felsritzungen
3. feine Strichmalerei mit scharfen Punkten
4. schwarze Tuschemalerei

Felsmalereien werden im Allgemeinen in die Kategorien Figuren, Bilder, Themen und Kompositionen eingeteilt:

1. Tiere
2. alltägliche Verrichtungen (menschliche Tätigkeiten)
3. Bestattungsrituale
4. Zeichen und Siegel von Clans
5. vage Beschreibungen

Die thematische Klassifizierung von Petroglyphen ist wichtig für die Klärung und Feststellung der täglichen Routinen von Menschen des Altertums und ihrer Beschäftigungen. Im mongolischen Altai-Gebirge verweisen viele interessante Figuren und Bildgegenstände auf die folgenden Themen: Himmelsanbetung, darunter Sonnen- und Mondsymbole, auf Wanderschaft, Leben und Tod, Willenskraft und landwirtschaftliche Aktivitäten.

Die Denkmäler und Stätten in Tsagaan Salaa, Baga Oygor, Shiveet Khairkhan und die Felszeichnungen von Aral Tolgoi wurden 2011 in die Weltkulturerbeliste der UNESCO aufgenommen.

Fruchtbarkeitsritual:

Mongolische Felsmalereien stellen häufig Themen der Fruchtbarkeit dar. In mongolischen Felsmalereien im Altai finden sich Malereien und Muster, die den Fortpflanzungsprozess von Tieren und Menschen zeigen. Darstellungen des menschlichen Geschlechtsverkehrs werden in der Literatur manchmal als ‚erotisch' bezeichnet. In den großen Felsmalereien des mongolischen Altai, an den Orten Tsagaan Salaa, Baga Oygor, Shiveet Khairkhan, Bilout und Khoyd Kheltsoot werden sexuelle Handlungen von Menschen sehr realistisch gezeigt. Sie werden sowohl einzeln als auch in Gruppen dargestellt. Damit sollten die familiären Beziehungen innerhalb eines Stammes oder die Verbindung zwischen Stämmen gezeigt werden. Die Petroglyphen zeigen aber auch Paare bei sexuellen Handlungen inmitten verschiedener Tiere, was eine Verbindung zwischen Mensch und Tier herzustellen scheint. Dadurch wird eine Einheit der Menschen mit der Mutter Natur erklärt, wie sie auch in Totem-Kulten zum Ausdruck kommt, in denen die Menschen als Nachfahren der Tiere betrachtet werden.

Wunschbaum:

Bäume sind in den Felsmalereien in der Mongolei sehr selten zu finden, aber Forscher haben kürzlich nachweisen können, dass entsprechende Petroglyphen existieren. Während es in den Steppenregionen der Mongolei wenige Baumdarstellungen gibt, finden sich in den bergigen Regionen des Altai-Gebirges, in Tsagaan Salaa, Baga Oygor, Shiveet Khairkhan und im Norden von Kheltsoot häufiger Bilder von Bäumen. Forscher haben viele davon in den Regionen Tsagaan Salaa und Baga Oigor des mongolischen Altai gefunden. In der Region Shiveet Khairkhan wurden auch einige Darstellungen von Bäumen als Fortsetzung und Aufpfropfung auf Kuhhörnern gefunden.

Bei der Untersuchung solcher Bilder in den Felsmalereien von Tsagaan Salaa und Baga Oigor „... betrachten wir eine Reihe von elf Ochsen, die etwas tragen, das wie ein ‚Baum' eines einzigartigen ‚Idols' aussieht. Der ‚Künstler' zeichnete zwei lange und schmale ‚Bäume' mit vielen Zweigen, wovon einige aussehen, als ob sich ‚Vögel' mit ausgebreiteten Flügeln darauf niedergelassen hätten, was ein Hinweis darauf sein könnte, dass dieser jungfräuliche ‚Idol-Baum' mit der höchsten (Himmels-)Gottheit in Verbindung steht. Manche der ‚Bäume' scheinen sogar im Austausch miteinander zu stehen, was eine ethnologische Perspektive nahelegt."

Über die eingeritzten Bäume der Shiveet-Khairkhan-Petroglyphen sagt D. Tseveendorj: „... die Abbildung dieses Stiers ist insofern einzigartig, als er nicht nur groß ist, sondern seine Hörner an den Enden zu einem Ring verbunden sind (ein Symbol für Sonne oder Mond) und an dessen Spitze der Umriss eines Baums zu erkennen ist." Dabei handelt es sich, wie erläutert wird, nicht um das vielarmige baumförmige Geweih eines Hirsches, das üblicherweise mit zwei Ästen dargestellt wird, sondern um den in Mythen auftauchenden „Baum des Lebens" und den „Baum des Himmels", die beide bei Völkern auf der ganzen Welt weitverbreitet sind. Eine der besonders typischen Felskunstdarstellungen des mongolischen Altai zeigt einen ‚Totem-Baum', der auf dem Rücken von Ochsen getragen wird. Unter den alten Nomaden gab es einen Kult der Baumverehrung, und diese Tradition lebt unvermindert fort.

Bestattung:

In der Felsmalerei gibt es eine interessante Darstellung eines Bestattungsrituals, das ein sich drehendes Lebensrad symbolisiert. Themen im Zusammenhang mit Bestattungsbräuchen sind in der mongolischen Felsmalerei recht häufig. Besonders in den Felsmalereien des mongolischen Altai-Gebirges finden sich viele Darstellungen von Bestattungsritualen, was wahrscheinlich auf eine Praxis hinweist, in der unsere Vorfahren ihre Verstorbenen auf einem Berg mit Blick auf einen Fluss beisetzten. Wissenschaftler gehen davon aus, dass Felszeichnungen mit horizontal und kreuzförmig angelegten Figuren auf den Rücken von Ochsen oder auch kreuzförmig in einen Zaun eingeritzte Strukturen Verstorbene darstellen. Offenbar werden in den Felsritzungen aber auch rein symbolische Bestattungsbräuche dargestellt.

Hornkult:

Die mongolischen Felsbilder im Altai geben noch viele Rätsel auf. Ich bin zuversichtlich, dass unsere Forschungen weitergehen werden, wenn wir diese Funde in Zukunft besser zu deuten lernen. In den mongolischen Felsmalereien gibt es viele interessante Kompositionen, die mit der Hornverehrung zusammenhängen. Zum Beispiel werden Sonne und Mond durch die Darstellung auf den

Hörnern von Kühen oder auch anderer Tiere präsentiert, um die Macht dieser Himmelskörper zu symbolisieren. Das Aufpfropfen eines Wunschbaumes auf das Horn einer Kuh, die Verzierung der Hörner einer Kuh oder eines Hirsches und die Anfertigung schöner Schnitzereien scheinen untrennbar mit dem Totem-Kult der alten Nomaden verbunden zu sein. Dadurch können wir die Kultur der Nomaden anhand ihrer Kuh- und Hirschtotems untersuchen. Die Felsmalereien von Tsagaan Salaa-Baga Oigor stellen gegeneinander kämpfende Krieger dar, wobei am Kopf einer Person zwei Arten von Hörnern (Hirschgeweihen) befestigt sind. Daraus lässt sich schließen, dass die Nomaden seit der Bronzezeit Hirsche bzw. Hirschgeweihe verehrten. Mit anderen Worten, es beweist, dass die Menschen in der Mongolei seit der Bronzezeit mit der Verehrung von Hirschen und Geweihen lebten.

Schamanen:
Die Felsmalereien des mongolischen Altai beinhalten eine große Zahl kunstvoll eingeritzter Bilder von Schamanen, die ein wichtiges Hilfsmittel für die Untersuchung der Frühgeschichte des Schamanismus sind. Es scheint, dass Schamanen in Felsmalereien in vielen Stilen und mit vielen verschiedenen Methoden dargestellt wurden. Besonders seit der Jungsteinzeit hat der Schamanismus einen starken Einfluss auf die Menschen mit der Entstehung von „Udgan-Schamanen" und „Zaarin-Schamanen", deren Aufgabe es ist, Himmel und Erde zu verbinden. Schamanen betrachteten natürliche und soziale Phänomene und Prozesse als gut und schlecht und auch die Entwicklung der Welt als eine Kombination aus positiven und negativen Aspekten, also als eine Kombination aus Gegensätzen. Sie stellten das negative Böse als Schwarz dar, das für Dunkelheit steht, und das positive Gute als Licht, das für Weiß steht. Auf dieser Grundlage wurden die Schamanen der Vergangenheit in zwei Gruppen eingeteilt: schwarze Schamanen und weiße Schamanen.

МОНГОЛЫН ХАДНЫ ЗУРГИЙН ТҮҮХИЙН АЧ ХОЛБОГДЛЫН ТУХАЙ

Умирбек Бихумар

Хүн төрөлхтний соёл иргэншлийг бүтээлцэхэд нүүдэлчид бидний оруулсан хувь нэмэр үлэмж арвин. Тэр дундаа бидний өвөг дээдэс Түрэг, Монгол угсааны олон овог аймгуудын зан заншил, шашин шүтлэг, төрт ёсны уламжлал, угсаа гарлын нандин хэлхээтэй байсан нь бидэнд өвлүүлэн үлдээсэн түмэн дурсгалаас илэрхий харагдана. Тэдний бүтээсэн түүх, соёл, археологийн олдвор нь эртний нийгмийн нууцыг тайлж зогсохгүй, тэдний өндөр соёлт ард түмэн байсныг гэрчлэх хөтлөшгүй баримт юм. XX зуунд нүүдэлчдийг харанхуй бүдүүлэг, соёлыг устгагч, харгис хэрцгий мэтээр ухуулан сурталчилдаг байлаа. Харин XXI зуун нүүдэлчдийн өв соёл дэлхийн соёлд нөлөөлсөн хамгийн хүчтэй соёл иргэншил байсныг илтгэн харуулсаар л байна.

Монгол нутагт эрт дээр үеэс хүн тасралтгүй амьдарч ирсэн, хүн төрөлхтний үүсэл гарлын нэгэн голомт болохыг судлаачид тогтоосон байна. Монгол оронд 800.000 мянган жилээс нааш бидний өвөг амьдарч ирсэн бөгөөд түүхийн олон нугачаанд түмэн дурсгалыг бүтээжээ. Түүгээр ч үл барам Монгол нутагт устаж үгүй болсон "үлэг гүрвэл"-ийн мөр, араг яс, өндөг хадгалагдан үлдсэн нь Монгол нутаг амьд ертөнцийн үүслийн гол цөм нь байсныг давхар гэрчилнэ. Монгол эрдэмтэд түүх соёлын дурсгалыг судлахдаа ангилал бий болгов. Тодруулбал, Хиригсүүр, буган хөшөө, хөшөө чулуу, хүн чулуу, хадны зураг, булш, тахилга, тайлга, тамга тэмдэг зэргээр төрөлжүүлсэн байна. Хүрлийн үеийг дотор нь "Хэмцэгийн соёл", "Мөнххайрханы соёл", "Цэнгэл хэлбэрийн тахилгын байгууламж", "Сагсай хэлбэрийн булш", "Хэмцэгийн хүн чулуу" гэх зэргээр соёл болгоны задаргааг хийсэн нь судлаачдын нөр их хөдөлмөрийн үр шим билээ.

Хадны зураг нь эртний хүмүүсийн оюун сэтгэлгээний хөгжлийг даган түүхэн урт удаан хугацааны явцад хөгжин хувьсаж, тэдний урлаг ба оюун санааны хөгжлийг илэрхийлсэн түүх-соёл, археологийн үнэт дурсгал болно. Бичиг үсэг үүсэхээс өмнөх үеийн түүхийг судлахад хадны зураг нөхөж баршгүй чухал сурвалж болж, эртний хүмүүсийн сэтгэлгээ, хүсэл мөрөөдөл, ертөнцийг үзэх үзэл, шашин шүтлэг, зан үйл, аж ахуйн талаарх үнэтэй мэдээллийг агуулдаг юм. Археологийн бусад төрлийн дурсгалаас хараахан олж авч чадахааргүй зарим мэдээллийг хадны зургаас авч болдогийн хувьд түүх-соёлын судалгааны онцгой чухал ач холбогдолтой дурсгал ажээ.

Энэхүү дурсгал нь харьцангуй урт настай хад чулуу, цохионд урлан бүтээсний хувьд он жилийн уртад дүр төрх, хэлбэр байдлаа алдалгүй ирж бидний өвөг дээдсийн оюун санааг дамжуулан өртөөлж ирсэн үнэт өв, нэгэн ёсны оюун санааны гүүр юм. Хадны зургийн дүр дүрслэл, утга агуулга зарим тохиолдолд илэрхий мэт байх боловч дийлэнхдээ нууцлагдмал шинжтэй байх бөгөөд тайлан унших, нээн тодруулах ажил судлаачдаас нарийн нямбай ажилбар, нөр их хөдөлмөр шаарддаг билээ.

Хадны зураг дэлхийн даяар түгээмэл тархсан археологийн дурсгалын нэг боловч Монгол орон хадны зургийн дурсгалын хамгийн баялаг бүс нутгийн нэг болох төдийгүй тус орны бүх нутагт өргөн тархсан нь онцлон тэмдэглүүштэй үзэгдэл юм.

Эртний хүмүүсийн эрхэлж байсан аж ахуй, амьдарч ирсэн хүрээ, газар нутгийн онцлогоос хамааран Монгол орны хадны зургийн хэв загвар, зохиомж, агуулга нь нийтлэг нэгэн шинжтэй байдаг нь эрт дээр үеэс Монгол нутагт тасралтгүй хүн амьдарч ирсэнийг гэрчлэх нэгэн баталгаа болдогт оршино.

Монгол орны хадны зургийг судалсан эрдэмтэд Хойт Цэнхэрийн агуй, Ишгэн толгой, Чандмань хар үзүүр, Хар үзүүр, Рашаан хад, Цагаан салаа, Бага Ойгор, Арал толгой зэрэг газраас олдсон хадны зургийг палеолитийн үед холбон үзэж, дэлхийд алдартай Франц, Испани, Португали зэрэг Баруун Европын төдийгүй дэлхий дахины хадны зураг анх үүсч хөгжсөн орнуудтай нэгэн цагт буюу дээд палеолитын үед Монгол оронд хадны зургийн урлаг бие даан үүсчээ гэсэн дүгнэлтэнд хүрсэн байдаг.

Монгол Алтайн хадны зургийн хамгийн том хэмжээтэй зураг 235 x 180 см бол хамгийн жижиг дүрслэл 1 x 1,5 см байна. Сэдэв зохиомжийн хувьд баялаг. Тархацын хувьд уртаашаа 15 км, өргөөшөө 600 м талбайд тархсан нийт 10.000 зохиомж, 60.000-70.000 тоо ширхэг зураг сийлсэн газрууд бий. Хамгийн эртний зураг дээд палеолитын үеэс эхэлж (НТӨ 40.000–15.000 жил), мезолит (НТӨ 15.000-8000 жил), неолит (НТӨ 8000–3000 жил), энолит (НТӨ 5000–3000 жил), хүрэл (НТӨ 3000–1000 жил), төмрийн түрүү үе (НТӨ 1000-VII зуун), эртний улсууд, Хүннү, Түрэг, Монголын үед холбогдоно. Хамгийн олон тоогоор дүрслэгдсэн нь "Хэмцэг"-ийн (НТӨ 2600–2200 жил) үеийн хадны зураг болно.

Монгол дахь хадны зургийн дурсгалыг дүрсэлсэн арга барилын хувьд судлаачид дараах үндсэн 4 төрөлд хуваан үздэг байна. Үүнд:

1. Улаан зосоор зурсан зураг
2. Хадыг хонхойлгон цоолборлож сийлсэн сийлмэл зураг
3. Хурц үзүүртэй багажаар зурсан нарийн зураасан зураг
4. Хар бэхээр зурсан зураг зэрэг болно.

Хадны зургийг дүр, дүрслэл, сэдэв, зохиомжийн хувьд дараах байдлаар ангилах явдал түгээмэл байна. Эдгээр нь:

1. Ан амьтдын сэдэвт
2. Аж ахуйн сэдэвт (хүний үйл ажиллагаатай холбоотой зургууд),
3. Шүтлэг бишрэл, оршуулгын зан үйлийн сэдэвт,
4. Тамга тэмдэг,
5. Тодорхой бус дүрслэлүүд зэрэг болно. Хадны зургийн төрөл зүйлээр нь сэдэвчлэн ангилах нь эртний хүмүүсийн үлдээсэн хадны зургийн утга санаа, эрхэлж байсан аж ахуйн талаар сэргээн тодруулахад чухал ач холбогдолтой.

Монгол Алтайн хадны зурагт тэнгэр шүтлэг, нар сарны бэлгэдэл, нүүдэл суудал, үхэл амьдрал, хүсэл зориг, аж ахуйн сэдэвт онц сонирхолтой дүр, зохиомжууд их байна.

Энэхүү үнэт дурсгалууд Цагаан салаа-Бага Ойгор, Шивээт хайрхан, Арал толгойн хадны зургийг ЮНЕСКО-ийн "Дэлхийн соёлын өв"-д 2011 онд бүртгүүлж чадсан билээ.

Энгэр зөрүүлэх ёс: Монголын хадны зурагт үржилийг бэлгэдсэн дүрслэл нэлээд дүрслэгдсэн байдаг. Ан амьтан, малаас гадны хүний өсөн үржихүйг харуулсан зураг, зохиомж Монгол Алтайн хадны зурагт бий. Хүн хоорондын хурцал үйлдэж байгаа дүрслэлийг зарим ном зохиолд "эротик" дүрслэл хэмээн тэмдэглэжээ. Монгол Алтайн Цагаан салаа, Бага ойгор, Шивээт хайрхан, Билүүт, Хойд Хөлцөөт зэрэг хадны зургийн томхон дурсгалуудад хүмүүсийн энгэр зөрүүлэхийг нэлээд бодит байдлаар сийлж урласан байдаг. Ингэхдээ хэсэг бүлгээрээ, дангаараа зурагдсан байна. Энэ нь нэг омгийн гэр бүлийн харилцааг, эсвэл овог хоорондын холбоог харуулах гэсэн санаа байжээ. Хадны зурагт хурцал үйлдэж байгаа хосыг олон ан амьтаны дунд дүрсэлсэн байдаг нь эртний нүүдэлчдийн заншилтай холбоотой бололтой. Тэд ан амьтны дунд төрөх, хурцал үйлдэхийг байгаль эхтэй холбон тайлбарлахаас гадна, өөрсдийгөө ан амьтанаас үүсэлтэй гэж үзэх "тотем" шүтлэгтэй холбоотой юм.

Хүслийн мод: Монгол орны хадны зурагт модыг сийлж урласан нь тун ховор байдаг боловч сүүлийн жилүүдэд хийгдсэн хадны зургийн судалгаанаас нэлээд хэдэн газрын хаднаа модны дүрслэл сийлж урласныг судлаачид тогтоогоод байна. Монгол орны тал хээрийн бүсэд модны дүрслэл цөөн байхад Монгол Алтайн уулархаг бүс Цагаан салаа, Бага Ойгор, Шивээт Хайрхан, Хойд Хөлцөөтийн хадны зурагт модыг дүрсэлсэн байна. Судлаачид Монгол Алтайн Цагаан салаа-Бага Ойгорын хадны зургаас нэлээд хэдийг олж илрүүлсэн бол үхрийн эвэрт нь залгаж мод ургуулсан тохиолдол Шивээт Хайрханы зургаас олдсоныг дурджээ.

Цагаан салаа, Бага Ойгорын хадны зураг дахь иим дүрслэлүүдийг судлаад "... Бид өвөрмөц "шүтээн"-ний "мод" бололтой зүйлийг ачсан арван нэгэн үхрийн зургийг сонгон авч үзэж байна. Тэрээр олон мөчиртэй урт нарийн хоёр "мод"-ыг дээш нь зэрэгцүүлэн гозойлгосоны заримынх нь үзүүрийг далавчаа дэлгэн дэвсэн "шувуу" шиг дүрсээр төгсгөсөн, бүй нь энэхүү онгон "шүтээн"-ий мод дээд тэнгэр эрхэстэй холбоотой болохыг илэрхийлсэн байж болох юм. Мөн зарим хоёр "мод"-ыг солбиулан дүрсэлсэн байна гэж утга санааг нь угсаатны зүйн талаасаа ч холбон тайлбарлажээ.

Шивээт Хайрханы хадны зурагт урласан модны тухай Д.Цэвээндорж "...Уг үхрийн (бух)-ын зураг нь том хэмжээтэйгээс гадна, түүний эврийг үзүүрээр нь нийлүүлэн цагариг хэлбэртэй (нар юмуу сарны бэлгэ тэмдэг) дүрслээд дээр нь ургаа модыг тоймлон зурсан байгаагаараа онцлог юм. Энэ нь ихэнх тохиолдолд хоёр салаатайгаар зурагддаг бугын олон салаа мөчиртэй мод хэлбэрийн эвэр биш, харин дэлхийн ард түмнүүдийн дунд багагүй дэлгэрсэн домгуудад гардаг "амьдралын мод", "тэнгэрийн мод" байж болно хэмээн тайлбарлажээ. Монгол Алтайн хэв шинжит хадны зургийн дүрслэлийн нэг бол үхрийн нуруунд ачиж явдаг "шүтээний" мод юм. Эртний нүүдэлчдийн дунд модыг шүтэх шүтлэг байсан бөгөөд одоо ч тэр уламжлал тасраагүй үргэлжилсээр байна.

Оршуулга: Хадны зурагт нэгэн сонирхолтой дүрслэл байдаг нь үхэл, амьдралыг бэлгэдсэн оршуулгын зан үйлийг харуулсан зураг юм. Монголын хадны зургийн сэдэв зохиомжинд оршуулгын заншилтай холбоотой сэдэв нэлээдгүй тохиолддог. Ялангуяа Монгол Алтайн хадны зурагт оршуулгын зан үйл үйлдэж байгаа зураг олноороо байдаг нь эртний өвөг дээдсийн хүн нас барахад уул дээрлүүлж, ус түшүүлдэг ёстой холбоотой болов уу. Хүнийг оршуулж байгаа дүрслэл ихэвчлэн хүрлийн үеийн хадны зурагт байдаг. Хадны зурагт хэвтээ, хөндлөн зурагдсан, үхэр нуруу ачсан зураг нь дээр хашлага дотор хөндлөн сийлсэн хүний дүрслэл зэргийг эрдэмтэд нас барсан хүнийг илэрхийлсэн гэж үздэг. Түүнчлэн зарим сэдэв зохиомж оршуулгын заншилтай болох нь тодорхой харагддаг билээ.

Эвэр шүтлэг: Монгол Алтайн хадны зурагт нууц код нь тайлагдаагүй маш олон зохиомж байна. Үүнийг цаашид тайлан уншихад бидний энэхүү судалгаа үргэлжлэнэ гэдэгт итгэлтэй байна. Монголын хадны зурагт "эвэр шүтлэг"-тэй холбоотой онц сонирхолтой зохиомжууд их байна. Тухайлбал, үхрийн "эвэр"-ийг төлөөлүүлэн "нар, сар"-ыг дүрслэх, мөн ямарваа амьтны эвэрт нэмж дүрс сийлж өөрсдийн бэлгэдлийг илэрхийлэх явдал Монгол алтайн хадны зурагт түгээмэл тааралдаж байна. Хүслийн модыг үхрийн эвэрт залган ургуулах, үхэр, бугын эврийг чимэглэх, гоёмсогоор сийлж урлах нь эртний нүүдэлчдийн "тотем" шүтлэгт салшгүй холбоотой бололтой. Түүгээр дамжуулан бид үхэр, буга тотемтэй нүүдэлчдийн соёлыг судлаж болохоор байна. Цагаан салаа-Бага Ойгорын хадны зурагт өөр хоорондоо тэмцэлдэж байгаа дайчдыг дүрслэхдээ хоёр янзын "эвэр"/бугын эвэр/ -ийг хүний тэргүүнд залгуулж дүрсэлжээ. Үүнээс бид буга шүтлэгтэй, эсвэл бугын эвэр шүтлэгтэй нүүдэлчид хүрлийн үеэс үүсч төлөвшсөн гэж таамаг дэвшүүлж болохоор байна. Өөрөөр хэлбэл Монгол нутагт хүрлийн үеэс "буга", "бугын эвэр" шүтлэгт ард түмэн амьдарч байсныг гэрчилнэ.

Бөө: Монгол Алтайн хадны зурагт нарийн зураасан зургаар сийлсэн бөө нарын дүрс маш ихээр олддог нь бөө мөргөлийн анх үүссэн цаг үеийн түүхийг судлахад чухал хэрэглэгдэхүүн болдог байна. Хадны зурагт бөө нарыг олон хэв маяг, арга барилаар бүтээж ирсэн бололтой. Ялангуяа неолитын үеэс хүмүүсийн дунд бөө мөргөл хүчтэй нөлөөлж эхэлсэн нь тэнгэр газрыг холбогч "удган", "заарин" бөө нар бий болсон явдал юм. Бөө хүмүүс байгаль нийгмийн үзэгдэл, үйл явцуудыг муу сайн хоёр үйлс, үзэгдэл, ертөнцийн зүг чигийг эерэг, сөрөг хоёр тал буюу өөрөөр хэлбэл, эсрэг тэсрэгийн нэгдэлд авч үздэгийн дээр сөрөг муug сүүдэрлэж хараар, эерэг сайныг гэрэл гэж цагаанаар төлөөлүүлдэг байжээ. Үүнээс улбаалж эртний бөө нарыг дотор нь хар зүгийн бөө, цагаан зүгийн бөө хэмээн хоёр хуваан үздэг байжээ.

Öndör Gegeen Zanabazar, *White Tara*, 17. Jahrhundert, Bronze, Gold, Sammlung des Fine Art Zanabazar Museum

VERNEIGEN WIR UNS VOR DEM HOHEN HEILIGEN ZANABAZAR

Baigalmaa Purevsukh

Der heilige Zanabazar war der erste Khalkh Javzandamba[1] und wurde Öndör Gegeen, Hoher Heiliger, genannt. Im 17. und 18. Jahrhundert hatte er großen Einfluss auf die sozialen, politischen und religiösen Angelegenheiten der Mongolei. Er wurde an einem glückverheißenden Tag im Jahr 1635 als Sohn der Mutter Khandjamts, die in ihrem Wissen und ihren Taten die perfekte Verkörperung einer mongolischen Königin war, im Jahr des Holzschweins in Gombodorjis Haus an einem Ort namens Essan-ysi in der heutigen Provinz Uverkhangai geboren. Als sich die Feen versammelten, wurde Gombodorj als Sohn einer Mutter aus der Familie von Khandzhamts geboren, die mit dem Wissen und den Taten einer mongolischen Königin ausgestattet war. Von Kindheit an war er ein brillanter Junge und es wird gesagt, dass er erstaunliche Magie an den Tag legte, beispielsweise indem er spontan die indische Sprache Azhar sowie Tibetisch lernte. In der Folge spezialisierte er sich auf verschiedene Arten buddhistischer Philosophie, Poesie und Kulturwissenschaften, eine besondere Begabung hatte er jedoch in der Kunst. Der Bildhauer, Maler, Architekt, Linguist und Philosoph G. Zanabazar (1635–1723) brachte nicht nur die mittelalterliche mongolische Gesellschaft auf eine neue Entwicklungsstufe, sondern leistete auch einen unschätzbaren Beitrag zur Wiederbelebung der geschwächten und stagnierenden Kultur und Kunst, die durch viele Jahre Krieg fast verloren gegangen war.

Aufgrund seiner künstlerischen Bedeutung wird Zanabazar zu Recht als der große Meister der mongolischen Renaissance angesehen. So wurde Zanabazar ein wichtiger Künstler von Weltrang nicht nur der klassischen Kunst der Mongolei, sondern auch des gesamten Ostens. Er verschmolz die Ästhetik, Weltanschauung und Philosophie der Nomaden mit der Kunst des Buddhismus und schuf seine einzigartigen klassischen Werke, die in der Kunstgeschichte der Menschheit einen bedeutenden Platz der Stille einnehmen. Zanabazar etablierte nicht nur die mongolische Schule von Gottheitsdarstellungen, sondern verfeinerte das schon weitverbreitete nationale Handwerk des künstlerischen Bronzegusses. Er bezog die einfachen Methoden der Darstellung nomadischer Menschen mit ihren Ritualen und Hoffnungen in seine Werke ein, ohne die etablierte Ordnung der Gottheitsdarstellung zu brechen. Die wichtigsten von ihm geschaffenen mongolischen Götterdarstellungen sind *Ochir Dari*, die fünf Statuen von *Yazgour*, die *Weiße Tara* (Göttin) und die *Grüne Tara*. Durch die geschickte Kombination der 32 Yinguns[2] und der 80 Merkmale eines Gottesbildes mit den klassischen Proportionen des menschlichen Körpers, ist er zu einem echten Vorbild für das menschliche Verlangen nach Schönheit in der Mongolei geworden. In Bronze gegossen und vergoldet, sind es die Glätte der Haut, die angedeuteten dünnen Seidengewänder und die exquisite Handwerkskunst, die das Können in seinen Werken widerspiegeln. Sie sind sämtlich erstaunlich und von einem Charme durchdrungen, der die Sinne jedes Betrachters anregen wird. Wenn man die Werke des großen Heiligen betrachtet, wird deutlich, dass er ein großer Meister der Handwerkskunst war, der die Technik beherrschte, die Robustheit und Stabilität mit zartem Ausdruck in Einklang zu bringen. Beispiellos in seinem Werk sind die *Götterbilder der fünf Wurzeln* (Frevel, Sünde, Gifte) und die der Tugenden der Überwindung der „fünf Wurzeln" wie Wut, Unwissenheit, Dunkelheit, Gier, Geiz und Eifersucht (sic!), die die Wurzeln aller Sünde in der menschlichen Seele sind. In den Augen der Betrachter entsteht unweigerlich ein warmes Bild – ein Bild von Menschen mit einem sauberen, schlanken, gesunden Körper, mit bescheidener Haltung, Sprache, Geist und Wissen, ausgedrückt in eleganten Fingergesten. Die fünf Statuetten ruhen auf diamantenen Sitzen, auf großen runden, mit Mandeln bedeckten Sockeln und meditieren von der realen Welt abgeschnitten. Sie sind einander sehr ähnlich, unterscheiden sich jedoch stark in der Gestik ihrer Arme, die von den Ellenbogen ausgeht. Anhand der Gesichtsausdrücke und Augen der einzelnen Charaktere kann man den Rhythmus des Raumes spüren, in dem Meditation und Gedanken konzentriert sind. Diese Porträtskulpturen sind 72 × 46 cm groß, in Bronze gegossen und vergoldet. Die Gesamtpräsentation mit Halsketten, Armbändern, Fußkettchen und Sockeln ist exquisit gefertigt und die Muster und Materialien ihrer dünnen Seidenkleidung sind exquisit und detailliert dargestellt. Der Stirnschmuck der fünf Götterfiguren von Yazgûr besteht zu fünf Teilen aus Mandelblütenblättern, und wenn man bedenkt, dass er mit Mustern bedeckt ist, sieht er aus wie ein wunderschöner mongolischer Kronenhut, der ein leuchtendes Symbol für die Schöpfung in der mongolischen Tradition darstellt.

Gegeen Zanabazars Werke, die *Grüne Tara* und die *Weiße Tara* meditieren auf kreisförmigen Sockeln, die mit Lotusblüten bedeckt sind, und Lotusknospen blühen über ihren beiden Schultern. In diesen Werken können wir die große Kraft der Frau und Mutter, die Wärme ihres Mitgefühls, der Liebe und Zuneigung, die Stärke der Seele spüren, die alle Lebewesen vor der Gefahr böser Geister retten wird. Wir sehen ihre Flexibilität, vollkommene Schönheit und Wärme. Die Schönheit einer Frau. Ich nehme sie aus tiefstem Herzen an. Jetzt ist der Hohe Heilige Zanabazar unnachahmlich, schön und perfekt. Diese Werke erfreuen, sind von unschätzbarem Wert und erleuchten weiterhin die Augen und den Geist der Betrachter aus aller Welt.

1 Oberhaupt der Gelug-Linie des tibetischen Buddhismus in der Mongolei.
2 Im Buddhismus auch Bodhisattva genannt, ist ein Yingun/Guanyin eine erleuchtete Person, die als zukünftiger Buddha auf der Erde bleibt, um anderen zu helfen.

ӨНДӨР ГЭГЭЭН ЗАНАБАЗАРТ МЭХИЙН ЁСОЛЪЁ

Пүрэвсүхийн Байгалмаа

XYII-XYIII зууны Монголын нийгэм, улс төр, шашны үйлсэд ихээхэн нөлөөтэй оролцож, урлагийн хөгжилд онцгой үүрэг гүйцэтгэсэн хүн бол Халхын Анхдугаар Жавзандамба буюу Өндөр гэгээн хэмээн олноо өргөгдсөн Занабазар юм. Тэрээр Богд эзэн Чингис хааны алтан ургийн язгуур сурвалжтан Автай сайн хааны хүү Түшээт хаан Гомбодоржийн гэрт 1635 оны модон гахай жил одоогийн Өвөрхангай аймгийн Есөн зүйл хэмээх газар намар өвлийн завсар дагинас хурах учрал бүрдсэн сайн өдөр монгол хатдын эрдэм, үйлс төгс бүрдсэн Ханджамц эхээс мэндэлсэн. Тэрээр багаасаа эрдэм ухаан төгс төгөлдөр хүү байсан бөгөөд Энэтхэгийн азрын хэл, Төвөд хэлийг аяндаа сурсан зэрэг гайхамшигтай ид шидийг үзүүлсэн гэдэг. Улмаар буддын гүн ухаан, яруу найраг, соёл шинжлэх ухааны хэд хэдэн төрөл дээр мэргэшсэний дотроос түүний авьяас билэг урлахуй ухаанд илүү тодорсон байдаг.

Уран барималч, зураач, архитектурч, хэл шинжээч, гүн ухаантан Г.Занабазар (1935–1723) олон жилийн дайн тулааны хөлд нэрвэгдэн сульдаж, зогсонги байдалд орсон дундад зууны монголын нийгмийг хөгжлийн шинэ шатанд гаргасан төдийгүй соёл урлагийг сэргэн мандахад үнэлж баршгүй хувь нэмэр оруулсан хүн юм. Уран сайхны энэ ач холбогдлоор нь түүнийг Монголын сэргэн мандалтын их мастер хэмээн зүй ёсоор үнэлэн дүгнэдэг. Үүнээс үзэхэд Занабазар бол зөвхөн Монголын төдийгүй Дорно дахины сонгодог урлагийн нэрт төлөөлөгч болох нь тодорхой юм. Тэрээр нүүдэлчдийн гоо зүй, ертөнцийг үзэх үзэл, гүн ухааныг бурхан шашны урлахуй ухаанд шингээн уусгаж өөрийн дахин давтагдашгүй сонгодог бүтээлүүдээ туурвин үлдээсэн нь дэлхийн хүн төрөлхтний урлагийн түүхэнд нэгээхэн тод мөрөө үлдээн чимээгүйхэн оршин байна.

Занабазар бурхан дүрслэлийн тогтсон дэгийг эвдэхгүйгээр, харин нүүдэлчин ард түмний дүр дүрслэлийн энгийн арга хэлбэрийг зан үйл, хүсэл тэмүүлэлтэй нь хамтатган шингээсэн, бурхан дүрслэлийн монгол сургууль төдийгүй үндэсний уран сайхны хүрэл цутгамлын суурь урлагийг үндэслэн байгуулж чадсан юм. Түүний бүтээсэн монголын гол шүтээн болсон Очир дарь, Язгуурын таван шүтээн, Цагаан дарь эх, Ногоон дарь эх зэрэг амарлингуй бурхад нь хүнчлэн амьдруулсан бодит дүр юм. Бүтээлээ урлахдаа бурхан дүрслэлийн 32 билгүүн, 80 шинжийг хүний биеийн сонгодог харьцаатай чадварлаг хослуулснаараа хүн төрөлхтний гоо сайхны хүсэл тэмүүллийн жинхэнэ монгол үлгэр загвар болсон байна.

Хүрлээр цутгаж алтаар бүрсэн түүний бүтээлүүдийн арьсны толигор булбарай байдал, нимгэн торгон өмсгөл хувцас, урлаачийн ур чадварын үлгэр болсон уран чамин хийцийн шинж чанар нь ямар ч үзэгчийн сэтгэл, мэдрэмжийг хөглөх увдисыг шингээсэн байдаг гайхалтай.

Өндөр гэгээний бүтээлүүдийн дүр дүрслэлүүдийг ажиглаж байхад ерөнхийгөөс нарийн ажиллагаа, нарийнаас ерөнхийд шилжих, хаанаас нь харсан цул, даацтай байх шинжүүдийг тэнцвэржүүлж чаддаг арга ухааныг маш чадварлаг эзэмшсэн урлахуйн ухааны аугаа мастер болох нь илт байдаг. Тухайлбал, хүний сэтгэлд байдаг нүгэл хилэнцийн эх үндэс гэгдэх уур хилэн, мунхаг харанхуй, шунал тачаал, харам сэтгэл, атаа жөтөө зэрэг “таван хор”-ыг тэвчиж ялах сэтгэлийн ариун ёсыг “Язгуурын таван шүтээн” бүтээлдээ шингээсэн байдаг. Энэхүү бүтээлүүдийг харахад нь бие, хэл, сэтгэл, эрдэм үйлс, арван хуруу тэгш цогцолсон, цэвэрхэн гоолиг, эрүүл чийрэг бие бялдартай, төлөв даруухан идэрмэг хүмүүсийн нүдэнд дулаахан дүр өөрийн эрхгүй тодорно.

Бадам цэцэг өвч бүрхсэн том дугуй суурин дээр очир суудлаар сууж бодит ертөнцөөс тасран ангижирч, бясалгалын дүрээр оршин буй язгуурын таван шүтээн нь хоорондоо маш адилхан боловч гарынхаа тохойноос урагш хөдөлгөөнөөр эрс ялгаатай байдаг. Дүрүүдийн нүүрний хувирал, нүдний харцнаас бясалгал хийгээд бодол санаагаа төвлөрүүлсэн орон зайн хэмнэлийг мэдэрч болно.

Эдгээр хөрөг баримлууд нь 72см x 46см хэмжээтэй, хүрлээр цутгаж алтаар шарж, чимэг зүүлт, бугуйвч, шагайвч болон суурины иж бүрэн чимэглэлийг уран тансаг, нандин бүтээж, тэдгээрийн нимгэн торгомсог хувцасны хээ угалз, материаллаг шинжийг маш нарийн төгс гаргасан нь үнэхээр гайхамшигтай. Язгуурын таван шүтээний духны чимэглэл нь бадам цэцгийн дэлбээгээр таван хэсэг суурилж, дор бүрнээ хээ угалзаар битүү чимэглэсэн байдлыг харахад монгол тоорцог хэлбэрийн гоёмсог титэм малгай шиг харагддаг нь уламжлал дээрээ суурилан бүтээж ирсний тодорхой жишээ гэлтэй.

Г.Занабазарын *Ногоон дарь эх*, *Цагаан дарь эх* бүтээлүүд нь бадам цэцэг өвч бүрхсэн дугуй суурин дээр эрхэмсэг төрхтэйгөөр бясалган сууж, хоёр мөрнөөс дээш бадамлянхуа цэцэг нахиалан дэлбээлсэн нь тэдний үзэсгэлэн гоог бүр ч их тодотгож байдаг. Эдгээр бүтээлүүдээс бид эмэгтэй хүн, эх хүний дотроосоо гэрэлтэх сэтгэлийн их хүч, энэрэн нигүүлсэх, хайрлах, энхрийлэх сэтгэлийн элч дулаан, амьтай бүхнийг муу сэтгэлийн аюулаас авран хамгаалах сэтгэлийн хүч тэнхээ, бүсгүй хүний үзэсгэлэн бүрдсэн уян налархай, төгс гоо бие, дулаан мэдрэмжийг бие болоод сэтгэлээсээ хүлээн авдаг билээ.

Эдүгээ Өндөр гэгээн Занабазарын дахин давтагдашгүй, үзэсгэлэн төгс, хосгүй үнэт сор бүтээлүүд дэлхийн өнцөг булан бүрээс зорин ирдэг үзэгчдийн мэлмий, оюуныг баясган сэтгэлийг гэгээрүүлсээр эрхэмсэг оршсоор байна.

FRAUENINITIATIVEN FÜR NACHHALTIGKEIT IN DER MONGOLISCHEN GESELLSCHAFT

EIN PORTRÄT DER NGO ECO MOMMY AUS DEM KHUVSGUL-AIMAG

Bolor Sharavsambuu und Karsten Wittke

Die Mongolei – Sehnsuchtsland und Reiseland unendlicher, unberührter Weiten und nomadischer Lebensweise – ist auf der Ebene konkreter nachhaltiger kommunaler Partnerschaftsarbeit weniger prosaisch-romantisch, sondern zeigt die Herausforderungen einer post-nomadischen Gesellschaft in einem radikalen Umbruch, die gerade in den infrastrukturellen Bereichen nachhaltiger kommunaler Zusammenarbeit offensichtlich werden. Seit 2011 haben die Städte Baruth/Mark im ländlichen Raum Brandenburgs und Murun, 800 Kilometer nördlich der Hauptstadt Ulaanbaatar im Khuvsgul Aimag eine sehr aktiv gelebte Partnerschaft, die durch das persönliche Engagement der beiden Bürgermeister Peter Ilk und Byamba Khaltar initiiert wurde. 2015 wurde die Städtepartnerschaft, die bis dahin auf persönlich freundschaftlicher Ebene stattfand, durch Förderprogramme der Servicestelle für Kommunen in der Einen Welt[1] auf infrastruktureller Ebene im Rahmen nachhaltiger Stadtentwicklung und kommunaler Partnerschaft erweitert und verstetigt.

Dieser Beitrag ist ein subjektiver Zwischenstand nach den langjährigen Erfahrungen deutsch-mongolischer Projekte der beiden Partnerstädte Baruth/Mark und Murun sowie Tagungen und Workshops in der Hauptstadt Ulaanbaatar, die ab 2019 durch eine intensive Zusammenarbeit mit der mongolischen Projektkoordinatorin Frau Bolor Sharavsambuu begleitet wurden. Durch Bolor Sharavsambuus Engagement zu Themen der Nachhaltigkeit und kontinuierliche Netzwerkarbeit in der Mongolei entwickelte sich ein spezieller Fokus auf die Bedeutung von Fraueninitiativen. Bolor Sharavsambuu hat diese Kontakte angestoßen, gepflegt und im Falle der NGO Eco Mommy auch aktiv gecoacht und unterstützt. Die vergangenen vier Jahre waren geprägt durch Projekte und Workshops in der Mongolei zur Etablierung einer nachhaltigen Entwicklung und Partizipation, eines Abfallmanagements, von Wertstoffkreisläufen und nachhaltiger Stadtplanung. In dieser Zeit ist mir als Projektleiter von der deutschen Seite aus das intensive Engagement gerade von Frauen in der Zivilgesellschaft aufgefallen, das durch die Zusammenarbeit mit der NGO Eco Mommy aus dem Khuvsgul Aimag in Theorie und Praxis bestätigt worden ist.

2020 lernten Bolor und ich die Initiative der NGO Eco Mommy bei den Workshops zu nachhaltiger Stadtentwicklung im Baruth/Muruner Schulungszentrum für Nachhaltigkeit, Ökologie und berufliche Weiterbildung kennen. In Zeiten von Corona fanden Hybrid-Workshops statt – Bolor war in Murun vor Ort und ich dann zugeschaltet. Die Frauen stellten sich Bolor vor und wollten sich in unsere kommunale Projektarbeit mit einbringen – ein Netzwerk von damals etwa 4 000 Frauen. Das große Thema, neben Wasser/Abwasser und hochwertiger Bildung, war und ist die Müllproblematik in der gesamten Mongolei. Im Jahr 2021 haben Bolor und ich, auch ermutigt durch ein engagiertes ziviles Bündnis verschiedenster Akteursgruppen in Murun, den NAKOPA-Förderantrag[2] bei der SKEW mit einem explizit partizipativen Projektansatz gestellt. Damit begann auch die aktive Zusammenarbeit mit der NGO Eco Mommy.

Welche Art von Gesellschaft und Natur werden wir unseren Kindern hinterlassen?
NGO Eco Mommy, Ts. Ulziijargal

2018 gründete Ulziijargal Tserenpurev nach der Geburt ihres Kindes auf Facebook die Gruppe Eco Mommy, um sich mit anderen Frauen über private und soziale Probleme, Erziehung und gesunde Ernährung auszutauschen. Diese soziale Gruppe hatte innerhalb kurzer Zeit etwa 4 000 aktive Mitglieder und hat sich dann 2021 als NGO Eco Mommy formal organisiert. Die NGO mit Hauptsitz in Murun hat 7 Vorstandsmitglieder und ist in 23 Dörfern in der Provinz vertreten. Die Reichweite der Aktivitäten ist enorm, denn die 4 000 Frauen erreichen ca. 45 000 Mütter und deren gesamte Familien, sodass diese Grassroots-Bewegung im ländlichen Raum ein großes Wirkungspotenzial entfaltet. Die Botschaft ist klar und einfach: positive Nachrichten und Handlungsweisen in der Gesellschaft im Sinne eines nachhaltigen und umweltfreundlichen Zusammenlebens zu vermitteln, um „eine glückliche Familie" zu schaffen. Das Profil: reguläre, enge und unterstützende Zusammenarbeit, Unabhängigkeit von der Politik, eine demokratische, flexible und offene Organisation, Finanzierung aus eigenen Mitteln und keine wirtschaftlichen Abhängigkeiten.

Im Coronajahr 2021 hatte die Kommune Baruth/Mark den Mut und durch die Kepolstelle[3] die Ressourcen, mit dem Globalen Süden ein Projekt zu starten. Auf Basis der langjährigen engen Kontakte zur Muruner Verwaltung und den weiteren Akteursgruppen konnte der Antrag für das Projekt „Nachhaltiges Abfallmanagement von Hausmüll in Murun“ bei der SKEW vorgestellt werden. Im Zentrum stand ein neuartiger und engagierter Projektansatz: Partizipation. Das heißt konkret, die Akteure zeigen Eigenverantwortlichkeit und Initiative und sind in jeder Phase des Projektes involviert und gestalten mit. Coronabedingt herrschte in der Mongolei auf allen Ebenen eine Wirtschaftskrise, die Lebenshaltungskosten sind seitdem enorm gestiegen und die Schere zwischen Arm und Reich ist weiter auseinandergegangen. Hier konnte das Projekt den Frauen Chancen aufzeigen, durch Nachhaltigkeit zusätzliches Einkommen zu erwirtschaften und Arbeitsplätze zu schaffen. Zudem sollten die Fördermittel im Land und vor Ort eingesetzt werden. Ziel war die Sensibilisierung der Bevölkerung für das Projekt – wie erreicht man eine große Breitenwirkung in der Zivilgesellschaft? Über die Frauen – denn diese haben ein persönliches Anliegen und verwalten nicht ein Förderprojekt. Zusammen mit der staatlichen Berufsschule Murun und der ersten Grundschule Delgermoron waren sehr engagierte Partner zusammengekommen – und mit der kommunalen Verwaltung Muruns als Projektträger rechtlich der staatliche Rahmen gesetzt. In diesem Team wurde das gesamte Projekt geplant und in enger Abstimmung mit der SKEW für die Projektlaufzeit 2021 bis 2023 bewilligt und umgesetzt. Ziel der NGO Eco Mommy ist es, ein moralisch-ethischer Kompass für nachhaltiges Handeln zu sein und eine bessere Zukunft in der Mongolei zu gestalten. Die Frauen waren einfach allgegenwärtig und haben das Projekt als große Chance gesehen, etwas zu bewirken.

Auszüge aus einem Gespräch von B. Sharavsambuu und Ts. Ulziijargal
(Mongolische Notizen, 2023)

Bolor: Was bedeutet das Wort „gemeinsam“ in den Projekten? Mütter und Frauen stehen vor vielen Problemen, die nicht allein gelöst werden können – Kindererziehung, Gesundheit, Naturschutz und Ungleichheit der Geschlechter in der Gesellschaft!

Ulzii: Die Teilnahme von Frauen an der Gesellschaft ist ein sehr wichtiges Thema. Die Beteiligung von Frauen an Politik und Entscheidungsfindung ist relativ gering. Die Frauen sind hochgebildet, aber aufgrund der Lebensumstände im ländlichen Raum nehmen sie nur selten gleichberechtigt am gesellschaftlichen Leben teil. Daher ist das Ziel der NGO Eco Mommy, Aufklärungsarbeit und Wissensvermittlung zu leisten durch Online- und Präsenzschulungen zu Themen wie: umweltfreundlicher und minimalistischer Lebensstil im Sinne der Vorfahren, gesunde und sichere Lebensmittel und Umweltschutz einschließlich der Reduzierung von Müll.

Bolor: Wie bringt sich die NGO in das Abfallwirtschaftsprojekt aktiv ein?

Ulzii: Wie kann man Abfall reduzieren? Den irrationalen Konsum reduzieren, Abfall organischer Art aussortieren und Wertkreisläufe aufbauen. Nur gab es in der ganzen Provinz keine Mülltonnen zur Wertstofftrennung und keine Recyclingstelle. Während des Projektes lernen die Menschen das Abfallsortieren, bauen eigene Sammelcontainer, damit die Rohstoffe nicht mehr vergraben oder verbrannt werden.

Aktiv beteiligten sich die Frauen der NGO an der breitenwirksamen Öffentlichkeitsarbeit für das Projekt, den Sammelaktionen zu Wertstoffen, der Aktivierung der Wertstoffpilotinnen und -piloten für die Sammelstellen und nähten etwa 10 000 Baumwolltragetaschen für den bewussten Einkauf. Dadurch konnte die Nähwerkstatt eröffnet werden, die inzwischen die ganze Provinz mit Tragetaschen versorgt. Darüber hinaus stellt die NGO das Projekt in anderen Dörfern und auch in der Hauptstadt Ulaanbaatar vor und gibt Anregungen und Impulse zur Eigeninitiative.

Dieses Engagement ist sehr reflektiert und in Verbindung mit Perspektive und Lebensumständen der Frauen auch hoch wirkungsorientiert – weshalb es dann auch sowohl in der Berufsschule als auch der Grundschule begeistert weitergeführt wurde. Die dreißig Wertstoffsammelstellen wurden von jungen Leuten in der berufsschulischen Ausbildung der Metallwerkstatt selbst gebaut, die Grundschule hat engagiert eine Broschüre zu Abfallwirtschaft erstellt; die 5 000 Exemplare konnten verteilt werden. Es hat sich ein ECO CLUB in der Grundschule gegründet und an der Mülldeponie entstand eine betreute Wertstoffsammelstelle mit einer festangestellten Frau, die dort mit ihrer ganzen Familie arbeitet.

Durch das positive Beispiel der Frauen von Eco Mommy, welche inzwischen auch in der Nähwerkstatt, im Lebensmittelanbau, in der Milchverarbeitung und in Bäckereien als motivierende Akteurinnen tätig sind, hat sich der Fokus der kommunalen Partnerschaftsarbeit auf die Stärkung und Zusammenarbeit mit Fraueninitiativen verlegt – um die Teilhabe von Frauen in der mongolischen Gesellschaft zu fördern und das Engagement dieser Initiativen für eine nachhaltige Mongolei zu stärken.

Wie könnte denn die Zukunft einer frauenorientierten Nachhaltigkeitsagenda in der Mongolei aussehen?
Ein Dialog zwischen Karsten Wittke und Bolor Sharavsambuu
(April 2024)

Karsten: Sind Initiativen wie zum Beispiel die NGO Eco Mommy eine neue Bewegung in der Mongolei und wie schätzt du eine zukünftige Perspektive ein?

Bolor: Ich habe inzwischen in verschiedenen Projekten in Murun und Ulaanbaatar mit unterschiedlichen Verwaltungen und auch mit vielen NGOs, die hauptsächlich von Frauen geleitet und organisiert werden, zusammengearbeitet. Ich kann mir vorstellen, dass die Themen zur Nachhaltigkeit auch wichtiges Potenzial in den Wahlen sein werden und es ist gut möglich, dass dort die Frauenorganisationen wie zum Beispiel Eco Mommy eine politische Macht darstellen.

Karsten: Wie hoch ist der Grad von Selbstorganisation, wie sind die Initiativen untereinander vernetzt, gibt es überregionale Zusammenarbeit? Und wie schätzt du den Einfluss auf die zukünftige Politik der Mongolei ein?

Bolor: Ich konnte inzwischen feststellen, dass es viele von Frauen geführte NGOs und Initiativen in den Städten und in ländlichen Räumen gibt. Immerhin, Frauen machen in etwa die Hälfte unserer Gesellschaft aus. Trotzdem sind sie vor allem im ländlichen Raum in Führungspositionen in Politik, Wirtschaft, Wissenschaft und weiteren Bereichen der Gesellschaft immer noch nicht gleichberechtigt vertreten. Die Gründe dafür sind eine langjährige altmodisch geprägte Gesellschaftshaltung und die damit verbundenen rechtlichen Rahmenbedingungen, schlechte Vernetzung, niedrige Bildung, kaum Unterstützung von den Regierungsorganisationen sowie manchmal schlechte Organisation.

Gendergerechtigkeit und die Teilhabe von Frauen ist ein wichtiger Schwerpunkt in der Mongolei geworden. Nach meiner Erfahrung müssen die Frauen von den politischen Organisationen und Aktivistinnen in Gewerkschaften und Zivilgesellschaft im ländlichen Raum regelmäßig durch verschiedene Trainings und Workshops beraten werden. Denn in der aktuellen wirtschaftlichen Krisensituation sind vor allem die Frauen von einer Verschlechterung ihrer sozialen und ökonomischen Situation bedroht. Gerade deswegen sollten sich meiner Meinung nach diese verschiedenen NGOs und Initiativen untereinander vernetzen, überregional zusammenarbeiten und sich gegenseitig unterstützen. Dann haben die Frauen stärkeren Einfluss auf die zukünftige Politik in der Mongolei.

Obwohl in der öffentlichen Diskussion und in den NGOs heutzutage oft über Nachhaltigkeit gesprochen wird, denken und handeln wir nicht wirklich immer nachhaltig. Der Begriff Nachhaltigkeit bedeutet für mich bessere Bildung, enge Zusammenarbeit, gegenseitige Unterstützung und gemeinsames Handeln. Die Maßnahmen, die wir bis jetzt erreicht haben, müssen konsequent weitergeführt werden, damit wir wirklich nachhaltig handeln können.

Karsten: Wie schätzt du, Bolor, denn die Wirkungsmacht von Frauen zu nachhaltigen Themen in der Mongolei aktuell ein?

Bolor: Wenn man das Potenzial und die Wirkungsmacht von Frauen zu Themen der Nachhaltigkeit für die Mongolei als Chance versteht, haben wir durch viele verschiedene Projekte wie die Verbesserung des häuslichen Abfallmanagements in Murun erfolgreiche Schritte gemacht, damit einige Akteure zusammenarbeiten konnten. Die Wirkungen sind da, z. B. viele neue Ideen, was den Umweltschutz betrifft. Daher ist meine Einschätzung der zukünftigen Perspektive für Nachhaltigkeit in der Mongolei auf jeden Fall positiv.

Wir sind noch in der Lernphase. Um noch erfolgreichere Entwicklungen zu erreichen, brauchen wir mehr Austauschmöglichkeiten, gute Workshops und Weiterbildung, mehr Training und vielfältige Zusammenarbeit. Kurz zusammengefasst – bis jetzt haben wir gute Arbeit geleistet und in Zukunft sollen mehr Aktivitäten organisiert werden, die es den NGOs ermöglichen, sich gegenseitig kennenzulernen und zu vernetzen.

1 Servicestelle Kommunen in der Einen Welt, Engagement Global, Bundesministerium für wirtschaftliche Zusammenarbeit (SKEW).
2 NAKOPA-Förderantrag, Nachhaltige Kommunale Partnerschaften, ein Förderprogramm der SKEW für deutsche Kommunen mit einer Partnerkommune im Globalen Süden.
3 Koordination kommunaler Entwicklungspolitik in der kommunalen Verwaltung.

БАЙГАЛЬД ЭЭЛТЭЙ ХҮҮХЭД
ECO FRIENDLY
ХОГ ХАЯГДЛЫГ ЭХ ҮҮСВЭР ДЭЭР НЬ
БУУРУУЛЖ, АНГИЛАН ЯЛГАЖ ХЭВШЬЕ
KARAOKE
МӨРӨН СУМЫН ЗАСАГ

МОНГОЛЫН НИЙГМИЙН ТОГТВОРТОЙ

БАЙДАЛД ЗОРИУЛСАН ЭМЭГТЭЙЧҮҮДИЙН САНААЧЛАГА ХӨВСГӨЛ АЙМГИЙН ЭКО МАМИ ТББ-ЫН ХӨРӨГ

Шаравсамбуугийн Болор ба Карстен Уиттке

Монгол – хүслийг татсан аяллын бариа болсон дэлгэр, уудам тал, унаган байгальтай, нүүдлийн ахуй амьдралтай нутаг – нь хотын найрамдалт хамтын ажиллагааны төвшинд энгийн гэхээс илүү романтик боловч, пост-нүүдлийн нийгэмд гарч буй эрс өөрчлөлтөөс үүдэж буй асуудлууд, ялангуяа хотын тогтвортой хөгжлийг хангах дэд бүтцийн салбарын хүрээнд тод илэрч байна. 2011 оноос хойш Бранденбург муж улсын Барут\Марк хот болон Улаанбаатар хотоос хойд зүгт 800км зайд орших Хөвсгөл аймгийн төв Мөрөн хотууд нь Барут хотын захирагч Петр Илк, Мөрөн хотын засаг дарга Б.Халтар нарын санаачилгаар түншлэлийн харилцаа, хамтын ажиллагааг амжилттай хөгжүүлж байгаа юм. Улмаар 2015 оноос хувь хүний, нөхөрсөг түвшнөөс өргөжин дэд бүтцийг хөгжүүлэх түвшин, тогтвортой орон нутгийн хамтын ажиллагааны түншлэл болж өрнөсөн. Түс тогтвортой орон нутгийн түншлэлийн хөтөлбөрийг Нэг дэлхий Орон Нутагт Үйлчлэх Агентлагийн санхүүжилтээр хэрэгжүүлсэн[1].

Энэхүү бичвэрийг олон жилийн турш үргэлжилж буй Герман-Монголын хамтын ажиллагаа, Барут\Марк ба Мөрөн хот хоорондын түншлэлийн хөтөлбөр болон нийслэл Улаанбаатар хотод зохион байгуулагдсан цуврал хурал, дугуй ширээний уулзалтын тайланд үндэслэн мөн 2019 оноос Монгол талын төслийн зохицуулалтыг хариуцаж буй Ш.Болортой хамтран хийсэн юм. Тогтвортой байдлыг хангах тухай асуудал болон Монголын дотоод түншлэлийн чиглэлээр ажилласаар Ш.Болор эмэгтэйчүүдийн санаачилгын ач холбогдолд онцгой анхаарал хандуулахад хүргэсэн. Тэрээр хүмүүсийн бүртгэлийг санаачлан, үргэлжлүүлэн хөтөлж, Эко Моми ТББ-ын хувьд гишүүдийг чиглүүлэн, дэмжин ажилласан. Өнгөрсөн дөрвөн жилийн турш Монголд хэрэгжсэн төсөл хөтөлбөрийг тодорхойлох юм бол тогтвортой хөгжлийн боловсрол, оролцоо, хог хаягдлын менежмент, дахивар боловсруулалт ба тогтвортой хот төлөвлөлтийн чиглэлээр дагнажээ. Энэ хугацаанд төслийг Герман талаас нь зохицуулж буй менежерийн хувьд миний ажигласан зүйл бол эмэгтэйчүүдийн нийгмийн оролцоо, ялангуяа иргэний нийгмийн оролцооны идэвх юм. Үүний онол болон практикийн нэг баталгаа бол Хөвсгөл аймгийн Эко Моми ТББ-тай хийгдсэн түншлэл билээ.

2020 онд Ш.Болор бид хоёр хотын тогтвортой хөгжлийн тухай Барут \ Мөрөн хотын тогтвортой байдал, экологи, мэргэжил сургалтын төвд зохион байгуулсан сургалтын үеэр Эко Моми ТББ-ын санаачилгын тухай олж мэдсэн юм. цар тахлын үеэр сургалт нь цахим болон, танхимийн хосолсон хувилбараар зохион байгуулагдсан. Тэр үед Ш.Болор Мөрөн хотод байж би цахимаар холбогдсон юм. Сургалтад ирсэн эмэгтэйчүүд өөрсдийгөө танилцуулан манай орон нутгийн төсөлд оролцох хүсэлтээ илэрхийлсэн билээ – 4000 орчим эмэгтэйчүүд холбогдсон байдаг. Ус \ ариун цэвэр, боловсролын чанарын асуудлаас гадна Монгол даяар тулгамдаж байгаа асуудал бол хог хаягдал. 2021 онд Мөрөн хотын иргэний байгууллагуудын идэвхи зүтгэлд урамшин Ш.Болорын хамт бид NAKOPA-SKEW санхүүжилтийн хөтөлбөрт[2] цэвэр оролцооны төслийг хүргүүлсэн нь Эко Моми ТББ-тай хамтран ажиллах гараа байлаа.

Бид үр хүүхдэдээ ямар нийгэм, байгалийг үлдээх вэ?
Эко Моми ТББ, Ц.Өлзийжаргал

Ц.Өлзийжаргал нь 2018 онд хүүхэд төрүүлснийхээ дараа Эко Моми нүүр хуудасны группийг нийгмийн асуудал, хүүхдийн асаргаа, эрүүл хооллолтын талаар бусад эмэгтэйчүүдтэй санал бодлоо солилцох зорилгоор үүсгэн байгуулсан. Богино хугацааны дотор тус групп нь 4000 идэвхтэй гишүүдтэй болж 2021 онд албан ёсоор ТББ болсон. Тус байгууллага нь Мөрөн хотод байрлах ба ТУЗ-ийн 7 гишүүнтэй, 23 суманд төлөөлөгчтэй. Үйл ажиллагаа нь өргөн цар хүрээг хамардаг, 4000 эмэгтэй 45 000 орчим эхчүүд болон тэдний гэр бүлд хүрч ажилладаг нь энэхүү өвсний үндэс хөдөлгөөн орон нутгийн хэмжээнд далайцтай нөлөөлөх боломж байгааг илтгэнэ. Тэдний дамжуулах мэдээлэл энгийн, үүнд: “жаргалтай гэр бүлийг” бүтээхийн тулгуур экологийн тогтвортой, байгальд ээлтэй харилцан оршихуйг хангах зэрэг мэссэж болон үйлдлийг нийгэмд түгээх. Профайл нь: тогтмол, ойрын, дэмжих түншлэл, улс төрөөс ангид, ардчилсан, нээлттэй, эдийн засгийн хараат бус, өөрийн сурвалжаас санхүүжилттэй байгууллага.

2021 онд цар тахалтай жил Барут \ Марк хот нь хот хөгжлийн бодлогын хүрээнд захиргааны зардлаар Глобал Саут төслийг зоригтойгоор эхлүүлсэн.[3] Олон жилийн турш Мөрөн хотын захиргаатай нягт холбоотой ажиллаж байсан дээр үндэслэн SKEW-д хүргүүлсэн “Мөрөн хотын өрхийн хаягдлын тогтвортой менежмент” төслийг оролцоо гэсэн шинэлэг өнцгөөс шийдвэрлэхээр буюу оролцогч нь эзэмшигч, санаачлагч байж төслийн бүх шатанд оролцон, зохих боловсруулалтыг хийж гүйцэтгэх юм. Корона вирусээс болж Монгол оронд эдийн засгийн хямрал бүх түвшинд нүүрлэж, амьдралын өртөг эрс өсч, баян ядуугийн ялгаа их болсон. Төслийн хэрэгжилт нь эмэгтэйчүүдэд нэмэлт орлого олох боломжийг нээж, тогтвортой байдлаар дамжуулан ажлын байр бий болгох боломжийг харуулсан. Үүнээс гадна санхүүжилтийг зөвхөн дотооддоо болон орон нутагт зарцуулна. Төслийн зорилго бол иргэний нийгэмд олон нийтийн ойлголтыг нэмэгдүүлж, өргөн цар хүрээ бүхий нөлөөллийг хэрхэн үзүүлэх вэ? Энэ нөлөөллийг эмэгтэйчүүдээр дамжуулахад оршино. Тэд төслийн хэрэгжилтэд санаа тавих бөгөөд санхүүжилтийг захиран зарцуулахгүй. Мөрөн хот дахь МСҮТ болон Дэлгэрмөрөн сумын бага сургуультай хамтран идэвхтэй түншүүдийг нэгдүүлж, Мөрөн хотын захиргаа санхүүжүүлэгч нь болж төслийн хуулийн эрх зүйн нөхцөл бүрдсэн. Төслийн баг нь төслийн хэрэгжилтийн ажлын төлөвлөгөөг боловсруулж, SKEW-ийн нарийн зохицуулалтаар тус хөтөлбөрийг 2021–2023 оны хугацаанд хэрэгжүүлсэн. Эко Моми ТББ-ын оролцоо бол Монголын гэрэлт ирээдүйг бий болгох ёс зүйн луужин болсон юм. Эмэгтэйчүүд энэ төслийг өөрчлөлт хийх боломж гэж харсан.

Болор, Өлзий хоёрын ярилцлагын хэсгээс
(Монгол дахь тэмдэглэл, 2023)

Болор: Энэ төслийн хувьд “хамтдаа” гэсэн үгийн утга юу вэ? Эхчүүд, эмэгтэйчүүдийн хувьд ганцаараа шийдэх боломжгүй тулгамдсан асуудал олон бий – хүүхдээ өсгөх, эрүүл мэнд, байгаль орчин ба нийгэм дахь хүйсийн тэнцвэргүй байдал!

Өлзий: Нийгмийн амьдралд эмэгтэй хүний оролцоо маш чухал. Улс төр, шийдвэр гаргах түвшинд эмэгтэйчүүдийн оролцоо харьцангуй бага байна. Эмэгтэйчүүд нь өндөр боловсролтой, тэгш эрхтэй боловч хөдөө орон нутагт амьдарч байгаа бол нийгмийн амьдралд оролцох нь бага байна. Эко Моми ТББ нь дараах сэдвүүдээр олон нийтийн ойлголтыг дээшлүүлэх зорилго бүхий цахим болон танхимын сургалтыг зохион байгуулдаг. Үүнд: байгаль орчинд ээлтэй амьдрах, өвөг дээдсийн жишгээр амьдралын минималист хэлбэрийг дагах, эрүүл аюулгүй хооллолт ба хог хаягдлыг багасган байгаль орчноо хамгаалах г.м.

Болор: ТББ нь хог хаягдлын менежментийн төсөлд хэр идэвхтэй оролцож байна вэ?

Өлзийй: Хог, хаягдлыг хэрхэн багасгаж болох вэ? Шаардлагагүй хэрэглээг багасгаж, органик хаягдлыг ялган, үнэлгээний зохицуулалтыг бий болгох хэрэгтэй. Гэвч аймгийн хэмжээнд хог, хагдлыг ялгах сав байхгүй, дахивар хог боловсруулах төв байхгүй байсан. Төслийн хэрэгжилтийн явцад иргэд хог хаягдлыг ангилж сурсан бөгөөд, тухий эдийг цуглуулах савнуудыг байрлуулж, устгалд оруулах, хөрсөнд булах асуудлыг зогсоосон.

ТББ-ын эмэгтэйчүүд олон нийтэд чиглэгдсэн ажилд идэвхтэй ороолцон, дахивар хаягдлыг цуглуулах, дахивар хаягдлыг цуглуулах цэгүүдийг эхлүүлэн, 10 000 орчим даавуун уутыг, хариуцлагатай худалдан авалтад зориулан хийсэн. Энэ санаачилгын үр дүнд оёдлын цех байгууллагадан нийт аймгийн хэрэгцээнд даавуун уут нийлүүлж байна. Үүнээс гадна тус ТББ нь энэ төслийг бусад сумд болон Улаанбаатар хотод танилцуулж өргөжүүлэх санаачилгыг өрдөж байна.

Энэхүү хөтөлбөр нь маш их тусгалаа олсон мөн эмэгтэйчүүдийн амьдрах орчин нөхцөлтэй холбоотой байсан тул нөлөөлөл ихтэй байсан. Иймээс МСҮТ болон бага сургуулийн идэвхтэй хамтын ажлаар үргэлжилсэн, тухайлбал МСҮТ-ийн суралцагчид дахивар хогийн 30 цэгийг байгуулсан бол бага сургуулиас хог хаягдлын менежментийн тухай тараах материалыг 5000 хувь хэвлэн тараасан. Бага сургуульд ЭКО КЛУБ байгуулагдаж дахивар хогны талаар сургалтыг зохион байгуулж, хогийн цэгт дахивар хогны савнуудыг байрлуулан орон тооны ажилтан гэр бүлийн хамт байрлаж ажиллах болсон.

Эко Моми нарын үлгэр жишээ манлайллын үр дүн үйл ажиллагаа нь оёдлын урлан, хүнсний боловсруулалт, сүү боловсруулалт, нарийн боовны цех байгуулж өргөжсөн. Хотын захиргааны оролцоо нь эмэгтэйчүүдийн оролцоог нэмэгдүүлэх, санаачилгыг дэмжих, чадавхыг бэхжүүлэх чиглэлд шилжсэн – ингэснээр Монголын тогтвортой хөгжлийг хангахад, нийгмийн хөгжилд эмэгтэйчүүдийн оролцоог дэмжих хөшүүргэ болсон.

Эмэгтэйчүүд төвтэй ирээдүйн Монголын тогтвортой байдлын хөтөлбөр ямар байх вэ?
Карстен Уиттке, Ш.Болор хоёрын ярилцлага
(2024 оны 4-р сар)

Карстен: Эко Моми ТББ шиг санаачилгууд нь Монголд гарч буй шинэ хөдөлгөөн үү, цаашид яах бол?

Болор: Би Мөрөнд, Улаанбаатарт эмэгтэйчүүдийн удирдлага дор ажиллаж байсан улсын болон ТББ-ын олон янзын төсөл дээр ажилласан. Тогтвортой байдлын асуудал бол сонгуульд чухал эрэмбэлэгддэг тул Эко Моми шиг эхчүүд улс төрийн хүчин болох боломжтой юм.

Карстен: Захиран зарцуулах эрхтэй болох боломж ямар вэ? Энэ төрлийн санаачилгуудын хоорондын хамтын ажиллагаа бүсийн хүрээнд хийгдсэн үү? Монголын улс төрийн ирээдүйд үзүүлэх нөлөөллийг хэрхэн дүгнэх вэ?

Болор: Миний ажигласнаар эмэгтэйчүүдийн удирдан ажиллуулж буй ТББ болон төсөл хөтөлбөр хотуудаар болон орон нутгаар олон байна. Манай нийгмийн тал хувийг эмэгтэйчүүд эзэлдэг. Гэсэн хэдий ч улс төр, бизнес, шинжлэх ухааны салбарт, мөн орон нутагт бол бусад салбаруудад ч эмэгтэйчүүдийн төлөөлөл тэнцвэргүй байдаг. Үүний шалтгаан бол удаан хугацааны турш оршиж байсан хуучинсаг хандлага, хууль эрх зүйн орчин, хамтын ажиллагаа бага, боловсролын доогуур түвшин, улсын байгууллагын дэмжлэг дутмаг мөн зохион байгуулалт дутагдалтай байдал юм.

Жендерийн тэгш байдал, эмэгтэйчүүдийн оролцоо бол Монголд анхаарлын төвд орж буй асуудлын нэг. Миний туршлагаас харах юм бол эмэгтэйчүүдэд улс төрийн байгууллагууд, үйлдвэрчний эвлэлийн активистууд болон иргэний нийгмийнхэн холбгдох сургалтуудыг тогтмол зохион байгуулах шаардлагатай байна. Эдийн засгийн хямралтай байгаа өнөөгийн нөхцөлд ялангуяа эмэгтэйчүүдийн нийгэм, эдийн засгийн байдал хүнд нөхцөлд орсон. Миний бодлоор бол нөхцөл байдал ийм байгаа учраас, ТББ-д, хөтөлбөр санаачилгууд хоорондоо холбоотой байж, бүсийн хэмжээнд түншлэн бие биеэ дэмжих нь чухал байна. Монголыг улс төрийн ирээдүйд эмэгтэйчүүдийн нөлөө илүү хүчтэй болно.

Олон нийт болон иргэний байгууллагууд тогтвортой байдлын тухай байнга ярьж байгаа боловч бид тэр болгон энэ тухай бодож, холбогдох үйлдлийг хийхгүй байна. Би тогтвортой байдал гэдгийг сайн боловсрол, хамтын ажиллагаа, харилцан дэмжлэг ба хамтарсан үйлдэл гэж боддог. Өнөөг хүртэл авч хэрэгжүүлсэн ажлаа бид идэвхтэй үргэлжлүүлж, тогтвортой байдлыг жинхэнэ утгаар нь хэрэгжүүлэх хэрэгтэй.

Карстен: Болор оо, өнөөгийн Монголын тогтвортой байдалд эмэгтэйчүүдийн нөлөөг хэрхэн дүгнэх вэ?

Болор: Эмэгтэйчүүдийн нөлөөллийг Монголын тогтвортой байдлыг хангах боломж гэж харах юм бол бид хэрэгжүүлж ирсэн төсөл хөтөлбөрүүдээр дамжуулан тодорхой алхмуудыг амжилттай хийсэн гэж үзэж байна. Тухайлбал Мөрөн хотын өрхийн хог хаягдлын менежментийг сайжруулах төсөл нь оролцогч талуудыг холбож, түншлэлийг хангасан ажил болсон. Үр дүнд нь тухайлбал байгаль орчин хамгааллын чиглэлээр олон шинэ санаанууд гарсан. Тиймээс, Монголын тогтвортой байдлын ирээдүйг миний зүгээс гарцаагүй эерэг байхаар дүгнэж байна.

Бид суралцах шатандаа байна. Иймээс илүү амжилтад хүрэхийн тулд цаашид ч гэсэн туршлага солилцох, сургалт зохион байгуулах, боловсрол олгох илүү олон талт хамтын ажиллагааг үргэлжлүүлэн өрнүүлэх шаардлагатай байна. Товч дүгнэх юм бол өнөөг хүртэл бид чамлалтгүй ажлыг хийсэн ба ирээдүйд ч гэсэн ТББ-ыг хооронд нь холбон, түншлүүлэх үйл ажиллагааг нэмж зохион байгуулах хэрэгтэй байна.

1 *Нэг Дэлхий Орон Нутагт Үйлчлэх Агентлаг, Энгэйжмент Глобал,* Эдийн Засгийн Хамтын Ажиллагаа ба Хөгжлийн Яам
2 NAKOPA сангийн өргөдлийн маягт, *Тогтвортой Хотын Хамтын Ажиллагаа, Герман хотууд ба Глобал Саут хотуудын түншлэлийг* дэмжих SKEW санхүүжилтийн хөтөлбөр
3 Хотын захиргааны хөгжлийн бодлогын зохицуулалт

KUNST UND KUNSTGEWERBE BEI DEN MONGOLEN

Veronika Ronge

Bislang wurde der mongolischen Kunst keine Eigenständigkeit zugebilligt; man verstand sie allein als Derivat der chinesischen und tibetischen Kunst, ja stempelte sie als „Kolonialkunst“ ab. Trotzdem möchte ich versuchen, hier das Typische in Stil und Inhalt der mongolischen Kunst vorzuführen.

Sämtliche Veröffentlichungen zur Kunst der Mongolei beruhen auf einigen wenigen Standardwerken, die sich noch dazu auf den nördlichen Teil des Landes beschränken und deren Bildmaterial bereits ungezählte Male reproduziert wurde. Untersuchungen an Ort und Stelle waren und sind nur in sehr geringem Maße möglich. Dementsprechend befindet sich die mongolische Kunstgeschichte noch ganz am Anfang.

Es sollen in dieser kurzen Übersicht die angewandte und dekorative Kunst und das Kunstgewerbe der materiellen Kultur, die religiöse, d. h. buddhistische Kunst und die moderne Kunst des 20. Jh. behandelt werden (Literatur zur burjatischen Kunst wird nur anhangsweise erwähnt).

Vorauszuschicken ist, daß wir es zu Beginn des mongolischen Großreiches in der Gebrauchskunst und im Kunsthandwerk vorwiegend mit Nomadenkunst zu tun haben; es wird dabei von der Annahme ausgegangen, daß Viehzüchter, die oralen Kunsttraditionen ausgenommen (Epengesänge, Erzählkunst), wenig kunstschöpferisch tätig seien. Sie sind durch ihre spezialisierte Wirtschaftsform gezwungen, den Hausrat gering zu halten und ihre materielle Kultur den Bedürfnissen einer weitgehend mobilen Lebensweise funktionell und rationell anzupassen. Auch die Kunstmotive verraten einen gewissen „Milieueinfluß“, sind von der nomadischen Umwelt geprägt. Damit einher geht meist eine Geringschätzung aller „Handarbeiter“; folglich waren die Handwerker der Mongolen überwiegend fremdethnischen Ursprungs.

Den eingeschränkten Möglichkeiten entsprechend, manifestierten sich Kunstsinn und Prestigebedürfnis vor allem im Reit- und Zaumzeug, an den Waffen und im Frauenschmuck. Bis zur Verbreitung des Buddhismus beschränkten sich die Mongolen also weitgehend auf Zierkunst, d. h. auf die dekorative Ornamentierung von Gebrauchsgegenständen; die beschreibenden Quellen dazu sind allerdings spärlich. Die spätere, vornehmlich religiöse Kunst beruht jedoch auf direkten Einflüssen aus Tibet, dem Ursprungsland der buddhistischen „Missionare“, und aus den agrikulturellen südlichen Randgebieten der Mongolei sowie aus der chinesischen Hochkultur. Symbole, Motive und Gestaltungsweisen wurden übernommen und existierten sozusagen als „gesunkenes Kulturgut“ in der religiösen und angewandten Kunst der Mongolei weiter. Selbst die Künstler und Handwerker sind entweder Chinesen, Tibeter und Europäer oder aber Mongolen, die sich weitestgehend an deren Kunststilen orientierten und von ihnen anregen ließen. Dieses Schema wurde unverändert bei der Einführung und Weiterentwicklung der modernen Kunst des 20. Jh. beibehalten. Wir können also durchaus von „provinzieller“ Kunst in der Mongolei sprechen, auch wenn sich im Laufe der Zeit typisch mongolische Stilelemente in der Themenwahl wie in der Ausführung herauskristallisierten.

Zu den frühesten Kunstwerken auf mongolischem Gebiet gehören monumentale Steinskulpturen, die mit Grabmälern in Verbindung stehen. Es handelt sich um anthropomorph gestaltete Stelen (Babas) und um Steinpfeiler, die mit einfachen Punkt-, Kreis- und Linearornamenten oder der Darstellung von Wildtieren versehen sind, wie z. B. die eleganten Hirschstelen. Die Frage, ob wir es bei den Verfertigern der Skulpturen bereits mit Mongolen zu tun haben oder vielmehr mit turkstämmigen Völkern, muß allerdings offenbleiben.[1]

Für die Zeit, in der uns die Mongolen dann als geeinte Ethnie entgegentreten, also von der Regierungszeit Dschingis Khans an, können künstlerische Aktivitäten auf zweierlei Ebenen angenommen werden. Es gab eine einheimische Alltags- und Gebrauchskunst, deren Materialien, Ornamentik und Funktion dem nomadischen Milieu angepaßt waren. Diese Volkskunst bzw. das angewandte Kunsthandwerk wurde und wird bis zum heutigen Tag unter Verwendung des vorhandenen Rohmaterials in Heimarbeit ausgeübt.

Man darf sicher annehmen, daß in jeder Nomadenfamilie talentierte Mitglieder lebten, die es im Laufe der Jahre zu meisterhafter Geschicklichkeit brachten, ohne jedoch ihre gesamte Arbeitszeit dem Handwerk zu widmen; sie blieben stets der nomadischen Wirtschafts- und Lebensweise treu, d. h. sie betätigten sich als Teilzeit- oder Nebenerwerbshandwerker, und das auch nur in den wenig arbeitsintensiven Wintermonaten.[2]

So stellten die Mongolen alle nötigen Gerätschaften für den täglichen Gebrauch aus Wolle, Leder, Horn, Filz, Holz, Rinde und dergleichen her. Sie fertigten die Sättel, Bogen und Pfeile, einfaches Mobiliar, Vorratsgefäße, Jurtengitter etc. aus Holz an. Sie walkten nicht nur die großen Filzmatten für die Jurtenbespannung, sondern auch Filzteppiche mit raffiniertem Dekor, Tieren, Bäumen usf. in verschiedenen Farben sowie Sitzmatten und Türvorhänge, die zusätzlich gesteppt, bestickt oder appliziert wurden.[3]

Sie waren gute Gerber und verstanden sich auf das dekorative Prägen und Applizieren von Leder, die Schuhmacherei und die Anfertigung von Sattelzubehör, Zaumzeug und Köcher.

Sie nähten und bestickten ihre Kleider und sonstigen Accessoires aus Textilien wie Taschen für die Trinkschale, Tabaksbeutel, Geldbörsen etc.[4]

Fast alle handwerklichen Produkte, die für den Alltagsgebrauch bestimmt waren, weisen unter Beibehaltung der traditionellen Ornamentik eine einfache kurvolineare oder geometrische Verzierungstechnik auf. So zeigt die noch heute als Jurte Dschingis Khans vorgeführte Jurte (sicher nicht mehr das Original!) eine applizierte Dachkranzverzierung, die seit der Han-Zeit als kosmisches Symbol, nämlich zur Kennzeichnung des Mittelpunktes des Universums im mikrokosmischen Bereich, bekannt war.[5] Dieser sog. „Wolkenkragen" gehörte bis vor kurzem auch zum Dekor der Kostüme der buddhistischen Maskentänzer (tib. čham) und läßt sich in unterschiedlichen Varianten, z. T. als fortlaufendes Musterband auf Gebrauchsgegenständen und als Architekturmalerei wiederfinden.[6] Es wurde bereits der Versuch unternommen, die Ornamente in unterschiedliche Kategorien aufzuteilen wie geometrische, zoomorphe, pflanzliche und solche, die die Naturgewalten repräsentieren.[7] Dabei übersah man aber, daß ein Großteil der Dekorvarianten aus buddhistischen und taoistischen Symbolen hervorgingen. Allein unter den zoomorphen Ornamenten lassen sich typisch mongolische, wie z. B. das Hornmotiv, entdecken (Abb. 6a).

Einer der ersten Gesandten aus dem Westen, der Franziskaner Wilhelm von Rubruk, hatte während seiner Reise zum Hofe Möngke Khans in Karakorum bereits die besondere Dachkranzverzierung der Jurten bemerkt und die aus Filz gefertigten Jurtentüren bzw. Türvorhänge beschrieben, die mit Darstellungen von Weinstöcken, Bäumen, Vögeln und wilden Tieren appliziert waren.[8]

Man sollte allerdings nicht übersehen, daß schon sehr früh mannigfaltigste Einflüsse auf die mongolische Kunst einwirkten. Einmal durch die auf den Eroberungszügen erbeuteten fremdartigen und deshalb besonders faszinierenden Kunstgegenstände und die ebenfalls wie Kriegsbeute mitgeführten Kunsthandwerker, zum anderen durch die Anhänger der verschiedenen Religionen – man denke besonders an auswärtige Händler –, die sich unter der toleranten Schirmherrschaft der Khane an deren Residenzen aufhielten und dort ihrem eigenen Glauben unter Beibehaltung der Zeremonien folgen konnten.[9]

Aus diesem Grunde enthalten die frühen Reiseberichte des 13. Jh. (P. de Carpini, W. v. Rubruk, Marco Polo) nur wenige, meist ungenaue Angaben zur Alltagskunst der Mongolen. Ihre Informationen beschränken sich auf die Erwähnung allein der auffälligsten architektonischen Bauten und Kunstdenkmäler, die wiederum auf das Schaffen fremdethnischer Handwerker zurückgingen (Chinesen, Franzosen, Ungarn, Russen, Perser) und die exklusiv für den Gebrauch am Hofe und zu repräsentativen Zwecken des Adels, besonders in der Stadtbaukunst, gedacht waren. So erweiterten Ögödei und Möngke die auf eine Gründung Dschingis Khans zurückgehende Stadt Karakorum (Abb. 7a). Sie bedienten sich dazu der gefangen Handwerker, die im Gegensatz zu den anderen Gefangenen bevorzugt behandelt wurden, wie aus den Berichten Rubruks zu entnehmen ist.[10] Japanische Archäologen fanden in Olon Süme sogar die Überreste einer Kirche, die im gotischen Stil erbaut worden war (14. Jh.).[11]

Gefangene aus deutschsprachigen Gebieten mußten Gold schürfen und für die Mongolen Waffen herstellen,[12] da letztere sowohl für die Beschaffung von Erzen wie auch der fertigen Metallprodukte neben Tributlieferungen auf Zwangsarbeit angewiesen waren. Carpini erwähnte einen russischen Goldschmied, der am Hofe Güyük Khans arbeitete;[13] Möngke beschäftigte einen Meister Wilhelm Boucher aus Paris.[14] Dieser vielseitige Kunsthandwerker mußte für die Residenz des Khans einen Brunnen anfertigen, dessen Basis von vier liegenden Löwen, die um einen Baum aus Silber lagerten und Getränke spien, gebildet wurde. Um den Baum wanden sich vier Schlangen oder Drachen, die ebenfalls Getränke spien. Das Kunstwerk wurde gekrönt von einem trompetenden Engel: Sooft dieser blies, floß Alkoholisches nach.[15] Die Illustration des Brunnens aus dem Jahre 1735 (Abb. 7b) weicht beträchtlich von der Beschreibung Rubruks ab: Die speienden Löwen wurden weggelassen und der Brunnen vor den Palast plaziert. Eigenartigerweise hat man diese Bebilderung bis auf den heutigen Tag unverändert übernommen und immer wieder reproduziert! Dieses mechanische Wunderwerk stand in der Audienzhalle des Khans in Karakorum, die an sich bereits nach chinesischem Vorbild gebaut worden war.[16] Da das rituelle Trinken eine große Rolle im Hofzeremoniell spielte, kam dem Brunnen eine wichtige Funktion zu.[17]

Meister Boucher hatte von Möngke Khan fünfzig Hilfskräfte für diesen großen Auftrag zur Seite gestellt bekommen; z. T. waren das Leute aus Tibet, China und Turkestan, aber sicher auch viele Mongolen, die sich auf diese Weise eigene Fertigkeiten aneignen sollten. Von den Besuchern aus dem Westen wurden freilich vor allem die europäischen Handwerker, Mönche und Händler erwähnt; es gab aber in Karakorum auch ein nur von Chinesen bewohntes Stadtviertel, dessen Bewohner sämtlich Handwerker waren. Leider beschrieb Rubruk nicht, welche Spezialberufe sie im einzelnen ausübten.[18]

Bemerkenswert sind auch die für Karakorum erwähnten Baustile; so soll Möngkes Palast, der außerhalb der Stadtmauern stand, in rein chinesischem Stil errichtet worden sein, und ein weiterer in der Nähe der Stadt sogar nach persischem Vorbild.[19] Nur die muslimischen und chinesischen Einwohner der Stadt lebten in festen Steinhäusern, die Mongolen blieben dagegen dem ihnen gemäßeren Leben in Jurten treu. Es werden weiterhin zwei Moscheen, eine nestorianische Kirche und etwa zehn buddhistische Tempel in der Stadt erwähnt. Die großen Statuen der Tempel, u. a.

solche des Shakyamuni Buddha und des Maitreya, bestanden offenbar aus Ton. Weitere Beschreibungen zu anderen Bereichen künstlerischen Schaffens, über Malerei etwa, fehlen aus dieser Zeit.[20] Auch von den Erzeugnissen der Grobschmiede hören wir, mit Ausnahme einer kurzen Notiz Marco Polos über einen Ort südlich von Kalgan, wo Harnische angefertigt wurden, nichts.[21] Zusammenfassend läßt sich sagen, daß wir weder durch die Reiseberichte der Europäer noch aufgrund archäologischer Befunde in der Lage sind, viel ausführlichere Aussagen zur Kunst und zum Handwerk der frühen Mongolenzeit zu machen.

Die Situation ändert sich in dem Augenblick, in dem der Kontakt, besonders mit dem tibetischen Buddhismus, hergestellt war. Bereits Dschingis Khan schrieb man erste Fühlungnahme mit dem Gelehrten Sa-skya Pandita, dem Abt des Sa-skya-Klosters im südlichen Tibet, zu; dessen Neffe 'Phags-pa (1239–1280) intensivierte die Beziehungen zu den Mongolen, insbesondere zu Khubilai Khan.[22] Da aber die Tibeter zu dieser Zeit selbst noch vielfach auf fremdethnische Kunsthandwerker aus Indien und Nepal angewiesen waren, um die Nachfrage nach religiösen Paraphernalia zu befriedigen, konnte selbst 'Phags-pa z. B. auf ein Ansuchen Khubilai Khans, ihm doch einen guten Metallhandwerker nach Peking zu schicken, nur den Nepalesen Aniko samt achtzig seiner Schüler vermitteln. Er soll Leiter einer großen Bronzegießerei geworden sein und in der Nähe Pekings begraben liegen.[23] Die Schule der nepalesischen (genauer der Newar-) Handwerkskunst wurde weitergeführt und soll im 18. Jh. eine Erneuerung erfahren haben.[24] Noch heute leben in der mongolischen Tradition die bal-pu darchan weiter (bal-pu = tib. bal po = Nepalesen; darchan = mong. Schmied), die auf das Verfertigen von Schwertern und Herdringen spezialisiert waren.

Auf solcherlei Kontakte dürfte die Übernahme rein buddhistischer Symbole aus Tibet in die Ornamentik der Mongolen zurückzuführen sein: so z. B. der vajra (Donnerkeil), der Löwe, das Mantra Om, die acht Glückszeichen (Rad, Muschel, Schirm, Banner, Lotos, Vase, Fische, Knoten) und das Emblem von Sonne und Mond (Abb. 8).[25] Andererseits hinterließ aber die Fremdherrschaft der Yüan-Dynastie fast keine mongolischen Spuren im künstlerischen Schaffen Chinas. Die chinesischen Künstler produzierten weiterhin ihre eigenen, spezifisch chinesischen Versionen, wenn auch politisch unter „barbarischer" Administration stehend.

Wenn überhaupt, dann hinterließen die Mongolen einen gewissen indirekten Einfluß allein in den tibetisch-buddhistischen Kunstwerken, die von Khubilai Khan offiziell eingeführt worden waren, und in der während der Yüan-Dynastie staatlich geförderten Filzzubereitung. Weder vor noch nach dieser Zeit spielte Filz eine vergleichbar wichtige Rolle im chinesischen Wirtschaftsleben. Khubilai Khan sorgte bereits 1262 für die Einrichtung einer staatlichen Filzmanufaktur, die bis zu 29 000 Arbeiter beschäftigt haben soll; sie mußte ausschließlich den Hof mit Filzteppichen beliefern.

Diese Filzmanufaktur war in verschiedene Unterabteilungen gegliedert, deren Handwerker sich auf besondere Techniken der Musterung, Applikation, Färbung usf. spezialisiert hatten. Vom kleinen, handlichen Nomadenfilz bis zum knapp 200 qm großen Teppich für Ahnenhallen wurde hier alles hergestellt. Auch erfuhren Qualität und Oberflächengestaltung der Filzteppiche während dieser Zeit eine beachtliche Entwicklung: Man unterschied die Teppiche nach Verwendungszweck, Größe, Farbe und auch danach, ob ihre Oberfläche glatt, samtig, geschnitten, flauschig, nadelgearbeitet oder gerändert war.[26]

Aber auch die raffinierte chinesische Kunst und Symbolik muß einen großen Eindruck auf das handwerkliche Schaffen der Mongolen ausgeübt haben. Es ist anzunehmen, daß besonders die mongolische Aristokratie nach dem Zusammenbruch der Yüan-Dynastie nicht mehr auf die liebgewonnenen Luxusgüter chinesischer Herkunft verzichten wollte und konnte, zumindest aber versuchte, durch die Übernahme von Symbolen und Ornamenten den einheimischen Kunstprodukten den Erinnerungsglanz des Vergangenen zu verleihen.

So finden sich, vor allem im äußerst vielgestaltigen mongolischen Frauenschmuck (Kopfputz, Anhänger, Accessoires), aber auch auf Alltagsgegenständen, Möbeln, Teppichen, Filzapplikationen und Stickereien (abgesehen von importierten chinesischen Brokaten), noch heute eine Vielzahl taoistischer Symbole, wie etwa die „Embleme der acht Unsterblichen" – das sind acht taoistische Heilige, darunter zwei Frauen: Fächer, Schwert, Pilgerflasche, Kastagnette, Blumenkorb, Bambus, Flöte, Lotos.

Wesentlich ältere Ornamente aus der chinesischen Tradition stellen das in hunderterlei Variationen abgebildete Zeichen „Shou", das langes Leben verleihen soll, und das Mäanderband – in diversen Abwandlungen –, die gelochte Münze, die Fledermaus, der Drache (Naga, Abb. 6b–d), auch Schmetterling und Phönix dar. Aus der Pflanzenwelt erscheinen häufig die Lotosblüte und das „Pilz" genannte „Jui-Ornament", ebenfalls ein taoistisches Symbol für langes Leben (Abb. 6e). Man verwendet in der mongolischen Kunst solche Ornamente gerne als Begrenzung und Hintergrunddekoration, ja überzieht auch einen Gegenstand oder eine Fläche in sozusagen „Horror-vacui"-Manie gegebenenfalls gänzlich mit Rankenwerk.[27] Mit dem Zusammenbruch der Yüan-Dynastie wurde der Buddhismus in der Mongolei zeitweilig zurückgedrängt. Erst mit der zweiten Welle der Buddhisierung im 16. Jh. durch die Vertreter der Gelugpa-Sekte aus Tibet (der 3. Dalai Lama hatte Altan Khan „bekehrt") begann eine Zeit großer Aktivität, besonders im Kloster- und Tempelbau und in diesem Zusammenhang auch in der Anfertigung von Kleinkunst, Skulpturen aus Metall und Ton, Masken aus Papiermaché, in der Thankamalerei und Freskenkunst, der Stein- und Holzschnitzkunst etc.

Von nun an werden mongolische kunstsinnige Mäzene und mongolische Künstlerpersönlichkeiten z. T. auch namentlich überliefert. Daß aber die Künstler, Baumeister und Handwerker auch dann noch teilweise fremdethnischer Herkunft gewesen sein müßten, spiegelt sich vor allem im Stil der monumentalen Kunst und der Architektur wider.

Da es bislang die gründlichsten Untersuchungen zur mongolischen Kunstgeschichte allein auf den Sektoren der Architektur und modernen nachrevolutionären Kunst gibt, soll im folgenden zunächst kurz die Entwicklung der buddhistischen Kloster- und Tempelformen dargelegt werden.[28] Anfänglich begnügten sich die Mongolen noch mit Zelttempeln und Jurtenklöstern, die ihrer nomadischen Lebensweise am angemessensten schienen. Mit der wachsenden Zahl der Mönche mußten auch die Jurten vergrößert werden, bis man schließlich dazu überging, die Seitenwände aus Holzbrettern zu errichten (Abb. 9a).[29] Von der Tempeljurte blieb nur das kuppelig gewölbte Dach der späteren, typisch mongolischen Bauweise übrig.

Im 17. und 18. Jh. erreichten auf diesem Sektor sinotibetische Einflüsse auch die nördliche Mongolei. Je nach geographischer Nähe bzw. je nach unterschiedlicher Beeinflussung durch bedeutende tibetische Klöster oder durch den chinesischen Kaiserhof finden wir eine Tempelarchitektur vor, die mehr oder weniger genau den tibetischen und/oder chinesischen Vorbildern entspricht. Auch mußten während des 18. Jh. manche Klöster ebenfalls wegen der stetig zunehmenden Insassenzahl letztlich stationär werden[30] – ein architekturgeschichtlich naturgemäß wesentliches Faktum (Abb. 9c).

Zu dieser Zeit übernahm die mongolische Aristokratie unter dem Einfluß der Mandschu-Dynastie immer mehr chinesische Elemente in die Baukunst; besonders gut sichtbar wird dies in der Dachkonstruktion der Tempel und Paläste.

Die in der Grundstruktur überwiegend in mongolischem Stil gehaltenen Tempel weisen meist zwei Gebäude auf, eines mit kreisförmigem, das andere mit rechteckigem Grundriß, die durch einen Gang miteinander verbunden sind. Der Dachraum ist konisch-kuppelig und vom Jurtendach herzuleiten. Er ist mit vergoldeten Zieraten geschmückt (Siegesbanner, Rad der Lehre von zwei Gazellen flankiert etc.). Die Säulen im Tempelinneren sind aus Holz, reich beschnitzt und bemalt, die Wandmalereien in leuchtenden Farben gehalten und gelackt. Die frühesten dieser Tempel stammen aus dem 17. Jh. und stehen z. T. noch.[31]

Die Paläste, Audienzhallen und Residenzen des Adels, der hohen Geistlichkeit und auch die Häuser der chinesischen Handwerker und Händler wurden im chinesischen Stil errichtet, d. h. die Wände aus Ziegelstein oder Holz, die Dächer mit glasierten Ziegeln gedeckt.

Klöster in chinesischem Stil haben oft zwei Stockwerke und mehrgeschossige Dächer mit zipfelig aufgebogenen Enden. Besonders die auf Befehl des chinesischen Kaisers errichteten Klöster weisen reichsten chinesischen Baudekor auf (eines der ältesten Klöster in Erdeni Dzuu wurde bereits im 16. Jh. in chinesischem Stil erbaut, ebenso die Residenz des 8. Bogdo Gegen in Ulan Bator).[32]

Erst im 17. Jh. wächst auch der tibetische Einfluß in der Architektur. Der Grundriß der zwei- bis dreistöckigen Gebäude ist meist quadratisch, die Mauern und Fensterumrandungen verjüngen sich nach oben zu, das Mauerwerk ist immer geweißt und schließt zum flachen Dach mit einem dunkelroten Ornamentband ab[33] (z. B. der Labrang in Erdeni Dzuu). Daneben existieren dreierlei Mischstile, ein sino-mongolischer, ein sino-tibetischer und ein tibeto-mongolischer (Abb. 9a).[34]

Charakteristisch sind die um die mongolischen Klöster und Tempel herum aufgeführten Stupas (mong. Suburgan), deren Form aus Tibet übernommen, aber erst gegen Ende des 16. Jh. in der Mongolei heimisch wurde. Besonders bekannt sind die 108 Stupas der Umfriedungsmauer des Klosters Erdeni Dzuu (Abb. 9b).[35]

Eine weitere typisch mongolische Erscheinung sind die hölzernen Türme, die wir ebenfalls am Eingang zu jedem Tempel- und Klosterkomplex vorfinden (Abb. 9b). Oft zu einem überdachten Pavillon gekrönt und nur über eine Leiter zu erklimmen, dienten sie den Mönchen zur Gebetsankündigung, indem diese von der Höhe mit Muscheltrompeten zur Versammlung bliesen.[36]

Nachdem die Wanderklöster im 18. Jh. aus den oben erwähnten Gründen seßhaft wurden, entwickelten sie sich auch zu Verwaltungszentren des Adels, wie es etwa in Urga der Fall war, und im 19. Jh. dann ganz besonders zu Handelsstätten für Chinesen und Russen (Kiachta, Urga, Uliasutai, Kobdo).

Zu den Bauherren und Meistern, den Künstlern und Handwerkern, die an der Fertigstellung der zahlreichen Klöster mitwirkten, lassen sich nun auch personengebundenere Informationen erhalten. Eine besonders gründliche Untersuchung hierzu liegt erst seit kurzem über Erdeni Dzuu vor (Abb. 9b).[37]

Drei der zahlreichen Tempel dieses Klosters gehören zu den ältesten der Mongolei überhaupt. Das Kloster liegt am Orchon-Fluß, ca. sechs Kilometer von den Ruinen bzw. dem ehemaligen Standort Karakorums entfernt. Es wurde 1586 von Abadai Khan, der sich dem Buddhismus zugewandt hatte, gegründet.

Er verehrte besonders die Bodhisattvas, das sind idealtypische Erlöserfiguren des Mahayana-Buddhismus; sie stellen ihr ganzes Wirken auf die Erlösung sämtlicher Lebewesen ein und verzichten dabei zunächst auf ihre eigene Erlösung – wie z. B. Vajradhara, aber auch Buddha Shakyamuni und der große Heilige Padmasambhava. Dies ist deshalb erwähnenswert, da die ältesten Tempel diesen Gottheiten geweiht sind und deren Statuen enthalten. Die ersten Tempel erbaute man aus den Resten der Ruine Karakorum. Weitere Tempel und Stupas stifteten die Frauen und der Sohn Abadai Khans.

1635 wurde letzterer als erster mongolischer Khutukhtu anerkannt, die erste einer Reihe von acht Inkarnationen; später nannte man ihn auch den Öndür Gegen; er entwickelte einen besonders ausgeprägten Sinn für verschiedene Künste, der sich in hervorragenden Fertigkeiten als Goldschmied, Bronzegießer u. a. mehr äußerte. Er arbeitete unter dem Künstlernamen Zanabazar und starb 1723. Einige der Kunstwerke, die seinen eigenen Händen entstammen, sind in Erdeni Dzuu zu sehen, das inzwischen zu einem Museum umfunktioniert wurde.

Die ältesten Tempel der Klosteranlage enthalten Fresken in sinotibetischem Stil mit deutlich mongolischen Eigenheiten in Ausführung und Thematik. Der zentrale Tempel weist interessante ikonographische Details auf; so ist die Kassettendecke mit Berg- und Waldlandschaften ausgemalt, in deren Grotten und Höhlen Gottheiten sitzen. Meterhohe Tonstatuen des Buddha, des heilenden oder Medizin-Buddha und Amitabha stehen in demselben Tempel sowie vier goldene Taras, die von Öndür Gegen persönlich angefertigt worden sein sollen.[38] Die Angaben über die ersten in Erdeni Dzuu tätigen Handwerker sind spärlich. Der maßgebende Architekt war ein Mongole namens Manžushir, die meisten Künstler und Handwerker waren ebenfalls Mongolen.[39]

In der Biographie des Öndür Gegen ist erwähnt, daß ihm der Dalai Lama, nachdem er von seinem Wunsch, in der Mongolei Klöster zu gründen, erfahren hatte, einen Maler aus Lhasa mitgab. Hier haben wir einen der wenigen direkten Hinweise auf tibetische Einflüsse.[40]

Diesem Bogdo Gegen wurden auch große Fähigkeiten als Architekt nachgesagt; so entwarf er persönlich den Plan des Cogcin-Tempels in Urga.[41] Außerdem war er nicht nur ein guter Goldschmied und Bronzegießer, sondern zusätzlich auch Maler, Kalligraph, Schnitzer und Sachkundiger für Mandalas, d. h. kosmische Diagramme, die als Meditationsvorlage und Meditationshilfe dienen.[42]

Öndür Gegen, der 1. Ĵebcundamba Khutukhtu, soll verheiratet und seine Frau ebenfalls Bildhauerin gewesen sein. Der Ĵebcundamba Khutukhtu fertigte nach dem Tod seiner Gattin 21 Statuen der Göttin Tara und zur Erinnerung an sie, darunter eine als Porträt, an (Abb. 10a).[43]

Öndür Gegen war nicht nur ein begabter Künstler, sondern auch ein historisch orientierter Mann. Er muß sich intensiv mit verschiedenen indischen Kunststilen auseinandergesetzt und besonderen Gefallen am Pala-Stil des 10./11. Jh. gefunden haben, wie die Stücke zeigen, die seiner Hand zugeschrieben werden. Er orientierte sich aber auch an tibetischer und chinesischer Kunst (Abb. 10a u. 10b).[44] Deshalb fällt es schwer, diese Meisterstücke als typisch mongolische Kunstwerke zu bezeichnen. Sie bleiben, zumindest im Rahmen des bisher zugänglich gemachten, leider sehr spärlichen Anschauungsmaterials, ausgesprochene Ausnahmen. Da sich in seinen Arbeiten auch zentral- und osttibetische Einflüsse nachweisen lassen, stellt sich die Frage, ob dieser Mann wirklich selbst der begnadete Künstler war, als der er heute gilt – in seiner Biographie nimmt die Beschreibung seiner künstlerischen Aktivitäten nicht gerade viel Platz ein –, oder ob die ihm zugeschriebenen Werke vielmehr eingeführt bzw. wiederum von chinesischen und tibetischen Meistern angefertigt wurden. Dafür spricht eine kurze Notiz in der Biographie des 2. Bogdo Gegen. Der Kaiser Ch'ien-lung gab diesem 2. Jebeundamba Khutukhtu anläßlich eines Zusammentreffens folgende Geschenke mit in die Mongolei: 25 Wohnungseinrichtungen, 2 Hoftore, 120 Säulen, 2 Türen samt Rahmen, 400 Eisennägel für Zeltbespannungen, 30 Hämmer etc.[45] Diese Gaben deuten darauf hin, daß die Mongolen im 18. Jh. noch oder wieder in hohem Maße von der Einfuhr handwerklicher Produkte bzw. den Arbeiten fremdethnischer Handwerker im eigenen Lande abhingen.

In der Bildhauerei wie in der Thankamalerei, d. h. der Malerei von Rollbildern mit religiösen Inhalten, bevorzugten die Mongolen thematisch besondere buddhistische Gottheiten, die z. T. auch spezifische Schutzgottheiten und Heilige der Gelugpa-Sekte, also der reformierten Schule des tibetischen Buddhismus, sind, so z. B. die Schutzgottheit Mahakala, den Totengott Yama, den Medizin-Buddha, Buddha Shakyamuni, Maitreya (mong. Maidari, der zukünftigte Bodhisattva), Kubera (Reichtumsgott), die acht Bodhisattvas, Chenresi, die grüne Tara und die Schrecken einflößende Lhamo (Abb. 14e, 13a, 10b, 11, 10a). Tsongkhapa als Begründer der Gelugpa-Schule spielte ebenfalls eine große Rolle in der mongolischen Ikonographie (Abb. 13b).[46]

Erwähnenswert sind die häufigen und sehr beliebten Abbildungen von Kriegs- (tib. gra lha) und Berggottheiten, auch die Wiedergabe von Gottheiten, die in der tibetischen buddhistischen Malerei sonst unbekannt sind, beispielsweise eines weiblichen Chenresi mit Kind und Mungo auf dem Schoß.[47] Der Bodhisattva Chenresi (Avalokiteśvara) wird in China (Kuan-yin) und in Japan (Kwannon) vor allem in seiner weiblichen Form dargestellt, so daß die mongolischen Vorbilder bei ihren südöstlichen Nachbarn zu suchen sind (vgl. Abb. 11).

Es fallen in den meisten mongolischen Malereien eine gewisse Flachheit und der Mangel an Perspektive auf (vgl. Abb. 11 u. 12). Dies ist sicher darauf zurückzuführen, daß Pilger und Mönche aus der Mongolei, die sich länger in Tibet aufhielten, sowohl preiswerte Holzblockdrucke auf Papier und Leinwand wie auch Schablonen von Thankas mit in die Heimat zurückbrachten, die dann immer und immer wieder den neuen Arbeiten zugrunde gelegt wurden.[48]

In der Farbgebung begnügte man sich ebenfalls mit einfachen Nuancierungen, es herrscht eine gewisse Monotonie: Grün, Blau, Weiß werden als kräftige Kontrastfarben verwendet. Details, Schattierungen und feinste Miniaturzeichnungen läßt man zugunsten einer – oft allerdings virtuosen – „impressionistischen“ Malweise unberücksichtigt, wie z. B. besonders gut auf den kleinen Kultbildern (tib. cak li) und auf Illustrationen zu Druckwerken zu sehen ist (Abb. 12).[49]

In der Druckblockschnitzerei entwickelten die Mongolen ebenfalls einen eigenständigen Stil;[50] hier fand die individualisierende Porträtdarstellung schon recht früh ihren Platz.[51] Auch in der Schnitzkunst, sei es mit religiöser Thematik, sei es für den Alltagsgebrauch, gingen die Mongolen ihre eigenen Wege. Die Holzskulpturen weisen oft übergroße Kopfproportionen auf, der Rumpf ist ausladend, Hände und Füße zu groß geraten (Abb. 13a, b). Vor allem die Wiedergabe des Lotos mit breiten, eckigen Blättern ist typisch mongolisch.[52] Ähnliches läßt sich auch für die auf Felswände und Steine gravierten Reliefdarstellungen buddhistischer Gottheiten feststellen.[53]

Die Kunsthandwerker, die bis Ende des 19. Jh. meist anonym blieben, müssen wir einmal unter den abhängigen Untertanen (mong. šabinar, arat) der Klöster und Aristokraten, zum anderen – und vor allem, was das gehobene Kunsthandwerk angeht – unter den Mönchen selbst suchen. Zum spezialisierten Handwerken gehören Muße und Seßhaftigkeit. Diese Voraussetzungen bot eigentlich nur das Leben im Kloster. Deshalb gab es unter den begabten und interessierten Mönchen gute Maler, Maskenmacher, Tonmodelleure, Kopisten, Druckstock- und Kunstschnitzer, Drucker, Applikateure, Sticker, Schneider, Färber, aber auch Gießer, Silber- und Goldschmiede, Schreiner etc. In den Klosterwerkstätten herrschte eine gewisse Arbeitsteilung, so daß nur die erfahrensten Meister z. B. die Gesichter der Gottheiten malten, und unter den Schneidern sich einige auf bestimmte Applikationsformen spezialisierten, die sie dann besonders sorgfältig ausführten.[54]

Da es bis heute nicht erlaubt ist, in den Tempeln und Klöstern oder Museen frei zu fotografieren, viele Kunstdenkmäler noch immer der Inventarisierung harren und die Museumsbestände z. T. noch nicht systematisch publiziert und katalogisiert wurden, sind wir auf die wenigen, immer und immer wieder reproduzierten Abbildungen, die uns in der Literatur zur Verfügung stehen, angewiesen, aber auch auf die veröffentlichten Studiensammlungen westlicher Museen. Letztere enthalten einerseits rein ethnographisches Material, andererseits vor allem religiöse und profane Kleinkunst; darunter fallen die bereits erwähnten Miniaturmalereien religiösen Inhaltes, die wegen ihrer leichten Transportabilität in großen Mengen in westliche Museen gelangten, sowie kleine Tontäfelchen (tib. tsa tsa), die gebrannt und ungebrannt in ungezählten Variationen aus dem oben genannten Grund unsere Sammlungen bereichern. Beide Kunstgattungen bilden wiederum die erwähnten, in der Mongolei besonders beliebten Schutz- und andere Gottheiten ab.[55]

Besondere Aufmerksamkeit schenkten die mongolischen Künstler der Anfertigung von Čham-Masken, die anläßlich der religiösen Tänze von Mönchen getragen wurden. Hier entwickelten sie z. T. einen ganz eigenen Stil, vor allem in der von Tibet nicht bekannten Gestaltung von Masken, die feurig lodernde Augenbrauen und furchterregend verzogene Mundwinkel erhielten. Außerdem gingen sie ihre ganz eigenen Wege in der Herstellung von über und über mit Korallen besetzten Masken (Abb. 14a). Ob letztere wirklich beim Tanz getragen wurden, sie wogen bis zu 15 kg, muß fraglich bleiben, zumal keine Darstellungen von Tänzern in Aktion überliefert sind. Wahrscheinlich hingen sie als Masken mit schützender Funktion im Tempel und wurden dort als Schmuckelement verwendet.[56] Die eigentlichen Tanz- oder Gesichtsmasken stellte man aus Stoff her. Dazu modellierte der Künstler in Leim getränkte kleine Stoffstücke über einen Tonkern, der später zerschlagen wurde; nachdem der Stoffüberzug getrocknet war, bemalte er diese leichten Masken, die sich dann vorzüglich beim stundenlangen Tanzen tragen ließen.[57]

Eine weitere Eigenart der mongolischen religiösen Kleinkunst stellen die aus Papiermaché gefertigten Miniaturgottheiten und Lamastatuen dar (Abb. 14b). Diese kleinen Gebilde hatten den Vorteil, nicht nur billig, sondern auch leicht transportabel zu sein. Da man die Figuren wie auch die erwähnten Cak li und Tsa tsa meist in Amulettbehältern aus Metall verwahrte, waren sie gegen Beschädigung geschützt und stellten so eine dem nomadischen Lebensstil angepaßte ideale Kunstform dar. Von den Čham-Tänzern gibt es, und dies wiederum nur in der Mongolei, geschnitzte Darstellungen aus Holz (ca. 20–30 cm hoch). Ob diese einen rituellen Zweck erfüllten oder nur für die westlichen Sammler und Reisenden angefertigt wurden, sozusagen als Souvenir oder Modelle für Museen, ist noch nicht geklärt (Abb. 14e).[58]

Im profanen Kunstbereich repräsentieren die hölzernen, geschnitzten Schachfiguren eine typisch mongolische Schöpfung (Abb. 14c). Die Gestaltungselemente der Figuren wurden ebenfalls dem nomadischen Milieu entnommen.[59]

Einen hohen Grad kunsthandwerklicher Qualität erreichten die Arbeiten der mongolischen Silberschmiede, auch wenn sie überwiegend gar nicht Mongolen, sondern Chinesen waren! Der je nach Stamm und Provinz ganz unterschiedliche Kopfputz der Frauen aus Silber, Korallen und Türkisen, die Châtelaines und Ringe für Frauen, Flint- und Zundertaschen sowie Eßbestecke für Männer, wertvolle, silberverzierte Trinkschalen, Sättel, Amulettkästchen und andere Paraphernalia wurden in einem für die Mongolei ganz charakteristischen Stil gearbeitet, auch wenn die Ornamente und Motive oft aus Tibet oder China übernommen worden waren (s. o.). Die mongolische Eigenheit besteht dabei im Überziehen des Unter- und/oder Hintergrundes mit schwerem, „barock" anmutendem Rankenwerk (Abb. 6).[60] Mit Ausnahme des Frauenkopfputzes (Abb. 14d) ist es oft nicht leicht, die Provenienz eines Stückes genau zu lokalisieren. Eine gewisse Nivellierung des Stiles ergab sich aus dem Leben der Silberschmiede und anderer Handwerker als Wanderhandwerker, die im Laufe ihres Lebens weit im Lande herumkamen, und aus der Situation, daß mongolisches Handwerk immer Auftragshandwerk war. Als Auftraggeber fungierten vor allem die Kirche und der reiche Adel, die auch das benötigte Rohmaterial zur Verfügung stellen mußten. Ein Grund für die Nichtausübung des Berufes des Silberschmiedes durch Mongolen mag darin begründet sein, daß hier, wie auch in Tibet, das Metallschürfen und konsequenterweise das Arbeiten mit Metall als „unrein" galten, da man annahm, daß dadurch die Erdgeister gestört und ihr Zorn provoziert werde. Wahrscheinlicher ist, daß die Kunstschmiede das ihnen von den Kunden anvertraute Metall amalgamierten und deshalb einen schlechten Ruf genossen.[61] Wie bereits erwähnt, ist es schwer, für die Vergangenheit Handwerkerzentren zu lokalisieren. Eine Ausnahme bildet der Ort Dolon-noor, in dem sich manufakturartige Metallwerkstätten befanden, die überwiegend Kupfer- und Bronzearbeiten für das mongolische Umland anfertigten. Hier arbeiteten jedoch wiederum vornehmlich chinesische Spezialisten. Die Art und Organisation der Werkstätten ist mit der der großen Manufaktur Jungho in Peking vergleichbar. Die Statuen aus Dolon-noor wurden sogar bis nach Tibet gehandelt, denn sie waren bekannt für ihre exakten Proportionen und dauerhafte Vergoldung. Anfang dieses Jahrhunderts gehörte die Betriebsamkeit der Stadt allerdings auch schon der Vergangenheit an.[62]

Zusammenfassend läßt sich über die mongolische Kunst bis zur Jahrhundertwende sagen, daß sich die ältere buddhistische Kunst durch ein hohes Qualitätsniveau auszeichnet und z. T. mit bekannten Künstlern namentlich in Verbindung gebracht werden kann. Die meist von anonym gebliebenen Kunsthandwerkern verfertigten Gegenstände und Paraphernalia wie Cak li, Tsa tsa, Thankas etc. muten dagegen eher „naiv" und „provinziell" an, ein Resultat der unpersönlichen Arbeit mit Schablonen und Vorlagen sowie der Massenproduktion. Silberschmiede, Bronzegießer, Metalltreiber, Schreiner, Gerber, Weber, Filzwalker und vermutlich auch Schuster waren zu der Zeit fast ausschließlich chinesische Wanderhandwerker; außerdem hatten sich die Mongolen weitgehend von Importen aus dem Westen, aus Rußland und China abhängig gemacht.[63]

Die „Moderne" begann in der nördlichen Mongolei 1921 mit der Revolution. Man unterscheidet seither zwischen moderner angewandter und moderner bildender Kunst.

Das angewandte dekorative Kunsthandwerk hat seine Wurzeln in der Jahrhunderte alten, traditionellen mongolischen Volkskunst. Heute wie vormals werden Eisen, Edelmetalle, Holz, Leder und Wolle zur Herstellung von stark ornamentierten Gebrauchsgegenständen, Jurtenausstattungen, Pferdegeschirren und persönlichem Schmuck verwandt.[64] Es ist aber zu bezweifeln, ob diese immerhin kostbaren Erzeugnisse auch von Einheimischen erstanden werden können oder ob sie vor allem für den Verkauf an Touristen bzw. für den Export und für Ausstellungen gedacht sind (Abb. 15).

Die Wiederbelebung des Kunsthandwerkes, das in den revolutionären Wirren dem Untergang geweiht schien, verdankt die Mongolei einem ihrer tätigen Politiker, dem Architekten und Gelehrten Majdar. Er arbeitet seit Anfang der sechziger Jahre an der Rettung, Sicherstellung und Erhaltung von Kulturgütern und Kenntnissen, die gänzlich verlorenzugehen drohten.

Nicht zuletzt halfen die neuerlich in Künstlergenossenschaften unter Anleitung erfahrener Meister ausgebildeten Kunsthandwerker und ihre Werke den Mongolen bei ihrer Identitätswahrung.[65] Es fand eine Rückbesinnung (Revivalismus) auf die traditionellen nationalen Kunstformen und Ornamente statt. Hinzu kommen jedoch auch moderne Weiterentwicklungen und Innovationen in der Verwendung des Materials wie in der Gestaltung. Es sei hier auf die sehr naturalistischen Schnitzereien, meist Tierdarstellungen, oder auf die Trinkschalen verwiesen, die samt ihrem Dekor gänzlich aus Holz geschnitzt statt mit dem früher üblichen getriebenen Silberbeschlag (Abb. 16) versehen sind. Man appliziert auf Seidenbilder heute lieber den Freiheitskämpfer Suche Bator statt buddhistische Heilige. Man be- und verarbeitet nun zunehmend Materialien wie Elfenbein und Ton, und dies auf eine Art und Weise, wie sie früher in der Mongolei keine Verwendung fanden (Abb. 17). Im allgemeinen zeigt sich jedoch in der modernen dekorativen Kunst eine bevorzugte Behandlung überlieferter Materialien und Formen, auch wenn die künstlerische Qualität nachgelassen hat. Erfreulicherweise findet nur selten eine „Übernaturalisierung" statt, wie z. B. in der Ausgestaltung der gegenwärtig angefertigten sog. Pferdekopfgeigen, die als solche in einer langen Tradition stehen. Der nunmehr allzu realistische Pferdekopf scheint die alten stilisierenden, ja eher abstrakten Darstellungen des Pferdekopfes verdrängt zu haben (Abb. 18).[66]

Auf die moderne bildende Kunst der nördlichen Mongolei übte die Kunst des sozialistischen Realismus der Sowjetunion einen besonders nachhaltigen Eindruck aus; es werden dabei Malerei und Bildhauerei als Ausdrucksmittel bevorzugt. Themen dieser neuen „engagierten" Kunstauffassung bildeten zunächst die Helden der Revolution (Abb. 19). Bis 1930 wurden vor allem Zeichnungen, Karikaturen und Poster, also billig zu reproduzierende Propagandamaterialien, geschaffen; die Tendenz blieb bis in die vierziger Jahre erhalten. 1935 hatte man die erste Kunstschule eröffnet, in der die Ausbildung zum Künstler analog jeder anderen Handwerksausbildung erfolgte. 1955 fand der erste Kongreß mongolischer Künstler statt.[67]

Auch in der bildenden Kunst gab es den Themenwechsel vom anfänglich revolutionären Enthusiasmus und dem Drang nach Darstellung von Helden und Kämpfern, von den Mühen des Alltagslebens der armen Hirten, von der Verherrlichung des Arbeiterdaseins hin zu traditionellen Sujets (Abb. 20); großer Beliebtheit erfreuten sich auch hier die Wiedergabe von Wild- und Herdentieren, von Festen und Hochzeiten, von Szenen des Lagerlebens der Nomaden, ja sogar religiöse Themen wie die Abbildung der „Vier Einmütigen" (Abb. 21, 22). In der Architektur orientierte man sich an neoklassizistischen und zeitgenössischen europäischen Vorbildern.[68]

Das Werk eines Künstlers muß an dieser Stelle besonders gewürdigt werden: das Werk des Marzan Šarav (Abb. 23). Er wurde 1869 geboren und durchlief eine Ausbildung zum traditionellen Maler, den ikonographischen Vorschriften aufs genaueste folgend.[69] Ab 1921 arbeitete er an Plakaten mit revolutionärer Thematik. Er ließ diese Phase jedoch bald hinter sich, um sich der Darstellung des mongolischen Nomadenlebens anzunehmen. Der Reiz dieser Malerei liegt in der gelungenen Verbindung traditioneller Maltechnik mit neuen Motiven, die nicht mehr ausschließlich religiösen Inhaltes sind. Seine Bilder zeigen Handelskarawanen, die Begrüßung von Gästen, bäuerliche Aktivitäten (Feldbestellung, Ernte), Szenen aus dem Hirtenleben (Abbau und Verladen der Jurte, Filzwalken [Abb. 24], Melken und Scheren der Schafe, Schnapsbrennen), religiöse Zeremonien (Opfer am Obo, schamanistische Séance, betende, aber auch betrunkene Mönche), Musizierende, Kämpfer, Ansichten von Städten und Marktplätzen.[70]

Rückblickend zeigt sich, daß das mongolische Kunsthandwerk wie auch die bildende Kunst, die oft nicht voneinander zu trennen sind, es im Laufe der Geschichte immer wieder fertigbrachten, nach zunächst massiver Beeinflussung von außen her – seien es mittelalterlich-europäische, tibetische, chinesische und schließlich moderne russische Einflüsse – diese zunächst als solche zu rezipieren und die sicher auch als begehrte modische Novitäten zu verstehenden Kunststile zu absorbieren, um sie später dem eigenen, spezifisch mongolischen Kunstempfinden entsprechend abzuändern und anzugleichen.[71]

Anmerkung:
Dieser Text von Veronika Ronge erschien zuerst in dem Standardwerk zu mongolischer Geschichte *Die Mongolen. Beiträge zu ihrer Geschichte und Kultur*, herausgegeben von Michael Weiers unter Mitwirkung von Veronika Veit und Walther Heissig, das 1986 in der Wissenschaftlichen Buchgesellschaft Darmstadt erschienen ist. Wir danken Veronika Ronge für ihre freundliche Erlaubnis, diesen Text verwenden zu dürfen, der den Forschungsstand der 1980er Jahre darstellt, aber in seiner kompakten und konzisen Art bis heute der aufschlussreichste Text zum Thema bleibt.
Aus diesem Grund haben wir den Text in seiner originalen Form übernommen und nicht an die heutigen Rechtschreib- und Zitierregeln angepasst. Die Literaturhinweise zu diesem Text befinden sich direkt im Anschluss an die mongolische Übersetzung.

1 GRANÖ (1919); JISL (1960) Abb. 4–6; NOWGORODOWA (1980).
2 KÖNIG (1967), 55.
3 In der Literatur finden sich keine Hinweise auf mongolische Weber und Teppichknüpfer. Teppiche wurden wohl aus den Knüpfereien von Ning-Hsia z. B. eingeführt.
4 HEISSIG (1978), Abb. S. 13; WALN (1936), Abb. S. 104.
5 CAMMANN (1963), 21.
6 MAJDAR (1970), 105, Abb.
7 KOČEŠKOV (1973), Abb. S. 1, 3–5, 7. Vgl. auch VJATKINA (1969), Abb. S. 180–183; RINČEN.
8 ROCKHILL (1976), 54/55; RISCH (1934), 37.
9 OLSCHIKI (1946), 21, 23.
10 FEDDERSEN (1941), 9; OLSCHKI (1946), 6: man schonte unter den Handwerkern vor allem die Goldschmiede. BOYER (1952), 164: vermutet, daß es zu dieser Zeit Schmiedegilden in den mongolischen Städten gab.
11 HEISSIG (1978), 292–296.
12 ROCKHILL (1967), 137 und ibid. Anm. 2.
13 FEDDERSEN (1941), 29.
14 ROCKHILL (1967), 177/178.
15 OLSCHKI (1946), 63/64, 110 und Abb. 3.
16 A. a. O., Abb. 2.
17 A. a. O., 58.
18 ROCKHILL (1967), 165, 221.
19 A. a. O., 210, Anm. 1.
20 A. a. O., 14.
21 A. a. O., 221; FEDDERSEN (1941), 15, 21.
22 HAMBLY (1966), 254/55.
23 HUMMEL (1964 a), 131; WEIDNER (1982), 43–47.
24 OLSON (1950–1971) Vol. III, 14; HEISSIG (1980), 24.
25 BOYER (1952), 181–188; SAGASTER (1978).
26 LEE/HO (1968), 1–3; BIDDER (1980), 84–90.
27 BOYER (1952), 181–188.
28 ŠČEPETIL'NIKOV (1960); DARS (1972) referiert das Werk Ščepetil'nikovs; MAJDAR (1970).
29 DARS (1972), Abb. 10 zeigt den Cogcin-Tempel in Urga; LARSON (o. J.), 112 Abb. eines Jurtenklosters.
30 DARS (1972), 171; BOSSHARD (1938), 214 Abb. einer Klosterstadt.
31 ŠČEPETIL'NIKOV (1972), 173–176, Abb. 119 CONSTEN (1919/20) Bd. 2, Tafel 8: Der alte Maidari-Tempel (Urga). Zur Tempelinnenansicht ibid. Tafel 9. BOSSHARD (1938), 200, 209. KÖNIG (1967), Abb. 58. INNER MONGOLIA (1957), Abb. S. 127, 129. Zur Inventarliste eines Klosters: RINCHEN (1959).
32 LARSON 144: Abb. des Haupttempels des Fürsten der Sunit. BOSSHARD (1938), 49. CONSTEN (1919/20), Bd. 2, Tafel 12: Palast des Staatsorakels in Urga in chinesischem Stil, die Empfangsjurte (Tafel 13) jedoch ganz mongolisch. Ebenfalls Tempel in chinesischem Stil ibid. Tafel 29: Tempel in Uljasutai.
33 BOSSHARD (1938), Abb. 208; FIELD (1978), 43.
34 DARS (1972), Abb. 11–13; 180/81 Mischstil-Bauwerke. LESSING (1935), Abb. S. 42/43. LARSON 112: Kloster im sino-tibetischen Stil. Vgl. dazu CONSTEN (1919/20), Bd. 2, Tafel 14: Neuer Maidari-Tempel in Urga, ebenso KÖNIG (1967), Abb. 59: Haupttempel des Ganden-Klosters.
35 JISL (1960), Abb. 18.
36 DARS (1972), Abb. 55.
37 ALEXANDRE (1979).
38 A. a. O., 26.
39 DORZHUREN (1978), 42.
40 KÄMPFE (1979), 98; POZDNEYEV (1971), 323.
41 ALEXANDRE (1979), 15; BAWDEN (1961), 60.
42 KÄMPFE (1979), 100; BAWDEN (1961), 57; DORZHUREN (1978), 45, 47: er gründete die große Bibliothek des Bogdo Gegen. POZDNEYEV (1971), 328/29, 333, 337.
43 BAWDEN (1961), 45, Anm. 8; JISL (1960), Abb. 74.
44 JISL (1960), Abb. 71–74; LOMAKINA (1977), Abb. 45, 71, 93; ALEXANDRE (1979), Abb. 20. Die Statuen befinden sich z. T. im Cogcen-Tempel in Ulan Bator in Erdeni Dzuu.
45 BAWDEN (1961), 72/73.
46 ALEXANDRE (1979), Abb. 19–24; LESSING (1935), Abb. S. 49 u. S. 125. HASLUND-CHRISTENSEN (1939), Abb. 67, 70.

47 HUMMEL (1955), 79, 81: hier wird eine ungewöhnliche Ikonographie manchmal als einziges Merkmal, mongolische Kunst zu definieren, angeführt. SÁRKŐZI (1978), Abb. S. 394, 398. ALEXANDRE (1979) 28/29. PAL (1969), Abb. 81. Zu Innovationen in der Thankamalerei vgl. LESSING (1935), Abb. S. 187. Beispiele zu den beliebtesten Gottheiten der Mongolen auch in SKUL´PTURA (1971).

48 LOMAKINA (1977), Abb. S. 141; FORMAN/RINTSCHEN (1967), 45; Abb. von Schablonen in HARTWIG (1966) und in BOYER (1952), 114/15.

49 HUMMEL (1959); SÁRKŐZI (1976); HEISSIG (1978), Abb. S. 138/39, 255.

50 BETHLENFALVY/SÁRKŐZI (1976); ŠÜGĖR (1976).

51 BAWDEN (1970); vgl. Porträts in LOMAKINA (1974).

52 JISL (1960), Abb. 48, 75, 88; PAL (1969), Abb. 82; HASLUND-CHRISTENSEN (1939), Abb. S. 60/61; WALN (1936), Abb. S. 128.

53 Vgl. SKUL´PTURA (1971); POZDNEYEV (1971), 85, 180: im Gegensatz zur relativen „Unfähigkeit" der Mongolen als Handwerker waren sie offenbar um die Jahrhundertwende immerhin gute Schreiner und Kunstschnitzer.

54 FORMAN/RINTSCHEN (1967), 39/40; CONSTEN (1919/20), Bd. 1, Tafel 37; CHENEY (1966), 123.

55 HUMMEL (1959), (1962).

56 FORMAN/RINTSCHEN (1967), 55, 62, 67, 84 und Abb. S. 98–103; LUCAS (1962); LESSIG (1935), Abb. von Masken und Tänzern.

57 JISL (1960) Abb. 91, 93.

58 HUMMEL (1962).

59 MONTELL (1939); BOSSHARD (1938), Abb. S. 192; INNER MONGOLIA (1957), 32.

60 Vgl. BOYER (1952), 180: der Dekor soll möglichst symmetrisch angeordnet sein. JISL (1960), Abb. 96/97, 104; HALÉN (1982) 79, Abb. 155–158, 165/66.

61 LARSON 94: die Silberschmiede verarbeiteten ein Metall, das nur 40 % Silber enthielt. BOYER (1952), 169: während der Regierung des Khubilai Khan war es unter Androhung der Todesstrafe verboten, in der Erde zu graben. KÖNIG (1967), Abb. 38 zeigt eine chinesische Schmiede in Urga.

62 HUC (1966), 24; LESSING (1935), 58; MONTELL (1954); CONSTEN (1919/20), Bd. 2, 62: chinesische Handwerker aus Dolon-noor erstellten die Statue der Hauptgottheit im neuen Maidari-Tempel (Urga). Sie war vom 8. Bogdo Gegen in Auftrag gegeben worden und soll über 35 m hoch gewesen sein. Die vorgearbeiteten Einzelheiten wurden antransportiert und erst am Ort zusammengesetzt. HUMMEL (1964a), 47; KOČEŠKOV (1973) gibt per Karte auf den Vorsatzblättern der vorderen Einbanddecke eine Übersicht über die schwerpunktmäßige Verteilung der einzelnen Handwerkssparten im Land. KASSETTE (1971) weist in der Einleitung hin auf provinz- und stammesspezifische Handwerke und Kunstformen; unter den Dariganga-Mongolen soll es gute Silberschmiede gegeben haben, im westlichen Teil des Landes sei man auf Lederverarbeitung spezialisiert.

63 FEDDERSEN (1935), 94–97; LATTIMORE (1941), 189/190; CHENEY (1966), 122. POZDNEYEV (1971), 69; Liste der chinesischen Handwerker, die um die Jahrhundertwende in Urga arbeiteten.

64 Vgl. KASSETTE (1971), hier werden alle Künstler namentlich genannt. Vgl. auch KASSETTE VOLKSKUNST.

65 OBRABOTKA (1964); SOKTOEVA/HABAROVA (1976); KASSETTE VOLKSKUNST; SCHUBERT (1963), Abb. S. 80/I Werkstatt für Stiefelproduktion; DAVID (1962), Abb. Silberschmied, Kunstmaler.

66 Vgl. KASSETTE (1971), Abb. 2; JISL (1960), Abb. 108/109.

67 CHENEY (1966), 212–217; KÖNIG (1967), 63. Zur modernen Kunst: SCHULZE (1979).

68 KASSETTE MODERNE (1971); LOMAKINA (1970); SOKTOEVA/HABAROVA (1976). Eine Rückkehr zu traditionellen und sogar religiösen Themen wird übrigens auch auf Briefmarken erkennbar, vgl. Katalog der mongolischen Briefmarken, Budapest 1973. Im 1966 eröffneten Museum der schönen Künste (Ulan Bator) werden Werke namhafter zeitgenössischer Künstler ausgestellt.

69 KASSETTE MODERNE (1971), Abb. 11. Das Porträt zeigt M. Šarav als traditionellen Thankamaler. Es wurde auch als Briefmarke gedruckt. CHENEY (1966), 212: die frühe moderne Kunst der Mongolei basiert weitgehend auf der traditionellen Ausbildung und Vorbildung der Künstler! SCHUBERT (1971), 182/183; NOWGORODOWA (1980), Kapitel 8.

70 LOMAKINA (1974).

71 Das Manuskript war bereits lange fertiggestellt, bevor das Buch von E. und M. TAUBE, *Schamanen und Rhapsoden – die geistige Kultur der alten Mongolei*, Wien 1983, erschien; deshalb kann aus diesem Buch der Abschnitt über bildende Kunst und Kunsthandwerk (S. 241–255) nicht mehr berücksichtigt werden.

Abb. 1

Abb. 2

Abb. 3

Abb. 4

Abb. 5

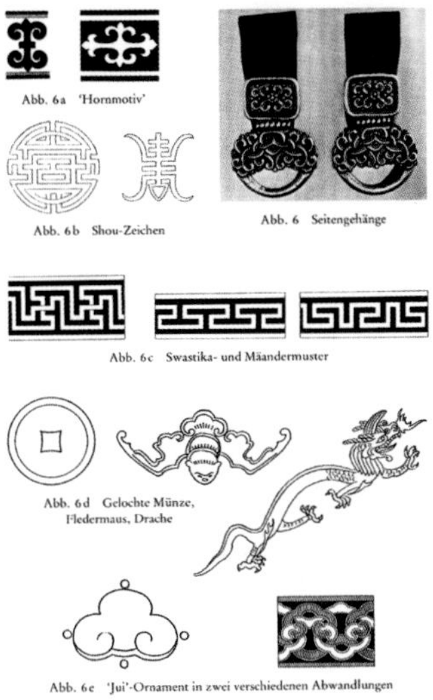

Abb. 6b

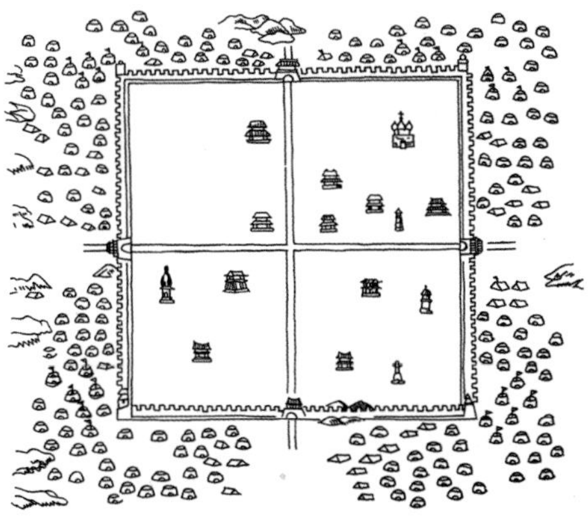

Abb. 7a

Abb. 7b

Abb. 8

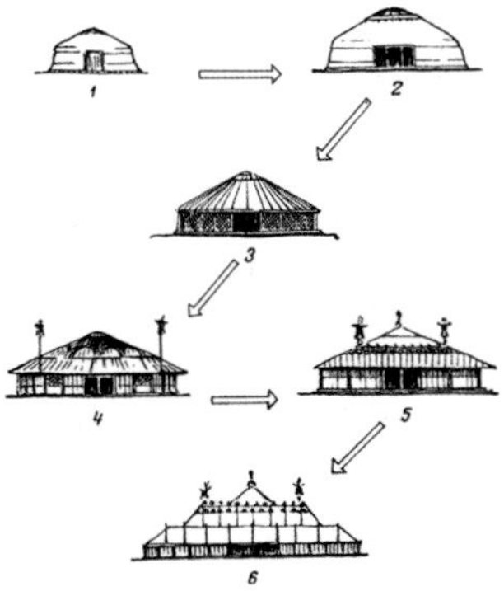

Abb. 9a

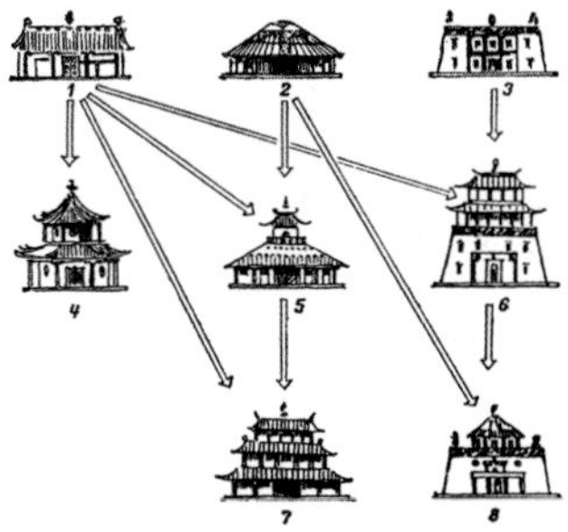

Abb. 9a u

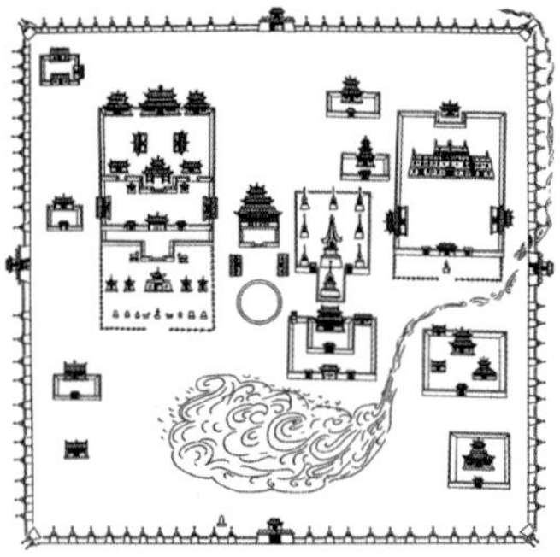

Abb. 9b

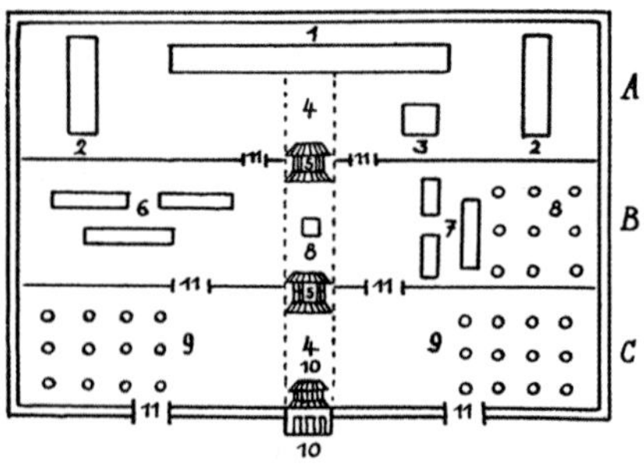

Abb. 9c

Abb. 9d

Abb. 10a

Abb. 10b

Abb. 11

Abb. 12

Abb. 14a

Abb. 14b

Abb. 14c

Abb. 14d

Abb. 14e

Abb. 15

Abb. 16

Abb. 17

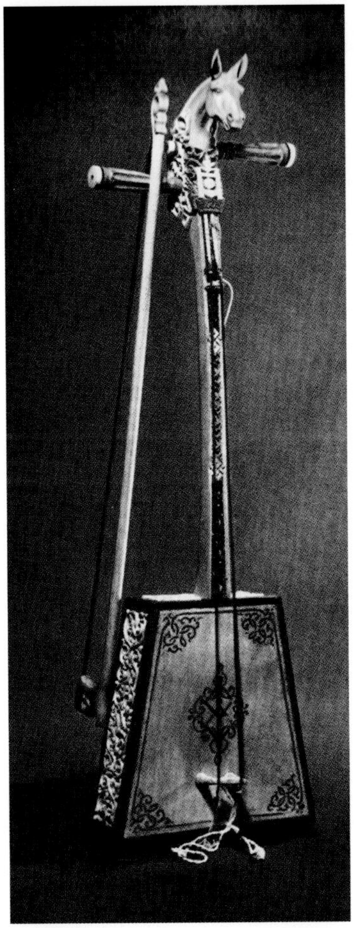

Abb. 18

Abb. 19

Abb. 20

Abb. 21

Abb. 22

Abb. 23

Abb. 24

МОНГОЛ УРЛАГ БА ГАР УРЛАЛ

Вероника Ронге

Өнөөдрийг хүртэл Монголын урлагийг тусгаар, бие даасан гэдгийг таниагүй ирсэн бөгөөд Хятад, Төвдөөс үүсэлтэй гэж үзэж тэр ч бүү хэл харийн эрхэнд байсан тул "колони"-ийн урлаг гэх нь бий. Гэсэн хэдий ч би энд Монголын урлагийн үндсэн агуулга, нийтлэг хэлбэрийн талаар хүүрнэхийг зорилоо.

Монголын дүрслэх урлагтай холбоотой үндсэн хэдэн ном, хэвлэмэл сурвалж байсан бөгөөд холбогдох агуулга нь ихэнхдээ тус орны хойд хэсэгтэй холбоотой байсаар ирсэн. Тухайн мэдээлэл хязгаарлагдмал байснаас гадна шинэчлэгдэхгүй, хуучин хувилбараар дахин дахин хэвлэгдэн гарч байсан. Орон нутагт биечлэн ирж шууд хүртэн, судлах боломж нөхцөл нь зөвхөн цөөн тооны хүнд боломжтой байсан ба одоо ч мөн хязгаарлагдмал байсаар байна. Иймээс Монголын урлагийн түүхийг судлах ажил балчир үедээ байна гэж болно.

Энэхүү товч бичвэр нь Монголын дүрслэх урлаг, дизайн, чимэглэх урлал, гар урлал, уламжлалт болон шашны урлаг, мөн XX зууны урлагийн тухай байх юм (Буриад урлагийн тухай хэвлэлийн талаар товч дурдсан).

Юуны өмнө Монголын эзэнт гүрний үед урлаг, гар урлал нь нүүдлийн урлаг, урлал байсан бөгөөд нүүдэлчдийн хувьд тууль хайлах, ерөөл магтаал, үлгэр домог зэрэг аман зохиолын хэлбэрүүд ноёрхож байснаас бусад чиглэлээр тийм ч бүтээлч байгаагүй гэдгийг дурдах ёстой. Нүүдэл суудалтай шууд холбоотой тул өдөр тутмын амьдрал ахуйдаа хэрэглэж буй эд зүйлс нь хөнгөн, хялбар ухаалаг, хэмнэлттэй шийдэлтэй. Хээ, чимэглэл зэрэг нь байгаль орчин, орон зай, нүүдлийн ахуйн нөлөөтэй. Тухайн үед гараараа ажил хийдэг хүнийг дорд үзэх хандлага байсан тул гар урлаачдад ч тэгж хандаж байжээ. Тиймээс ч гар урлаачид харийн, бага угсааны хүмүүс байсан.

Бусад урлал хөгжих нөхцөл хязгаарлагдмал байсан тул энэ үед нэр хүнд нь өссөн урлалын төрөл бол эмээл, хазаар, хэт хутга, эмэгтэйн гоёл гээд дархны урлал болжээ. Бурханы шашин дэлгэртэл Монголчуудын дунд өдөр тутмын ахуйн хэрэглээний зүйлсийг чимэглэх урлаг газар авсан байсан. Гэвч түүхий эд материалын хомсдол, олдоц нэн хязгаарлагдмал байв. Шашны нөлөөгөөр сүсэг бишрэлийн агуулга бүхий урлаг дэлгэрэх болсон. Монголд дэлгэрсэн Буддын шашин нь Төвдөөс гарал үүсэлтэй бөгөөд шашин түгээхээр ирэх лам нар нь урд Хятадаар дамжин ирдэг байсан тул Монголын дүрслэх, чимэглэх урлагт Төвд Хятадын нөлөө өөрөөр хэлбэл хээ хуар, өнгө, дүрс, бэлгэдэл, загвар зэрэг нь Монгол уламжлалт соёлын өвтэй хоршин хөгжиж Монголын шашны урлаг нь дэлгэрсэн. Монголд туурвин урлаж байсан Төвд, Хятад, Европ болон нутгийн урлаачид өөрийн уран сайхны илэрхийллэлд хөтлөгдөх хэдий ч дээрх хоршлын нөлөөнд орсон. Өрнөл, хөгжлийн энэ хэлбэр нь XX зууныг хүртэл үргэлжилсэн. Иймээс цаг хугацаа өнгөрөх тутам Монгол дүрслэлийн элемент, сэдвийн сонголт болон гүйцэтгэл мэргэжлийн өндөр түвшинд хүрсэн хэдий ч Монголын "орон нутгийн" урлагийн тухай хэлэх хэрэгтэй.

Орон нутаг, орон зайтай холбоотой дүрслэх урлагийн эртний хэлбэр бол хүн чулуун хөшөө дурсгал, тахилын онгод юм. Эдгээр хөшөө бол антропоморф буюу хүн, амьтдын үйл хөдлөлийг бэлгэдэн харуулсан зэл чулуу, энгийн цэгэн хээтэй, цагариг хээтэй, зураасан хээтэй, зэрлэг амьтад болон буган хээтэй чулуун хөшөө дурсгал юм. Гагцхүү эдгээр хөшөө дурсгалыг урласан уран барималчид нь Монгол уу, Түрэг үү гэсэн асуулт нээлттэй хэвээр.

Монголчуудыг бид Чингис Хаан Эзэнт Гүрнийг байгуулсан цагаас хойш мэдэх болсон. Урлаг, урлалын хувьд бол 2 түвшинд үзэж болох юм. Нэгд уугуул, уламжлалт урлал өөрөөр хэлбэл өдөр тутмын нүүдлийн ахуйн хэрэглээнд тулгуурласан түхий эд, чимэглэл юм. Энэхүү уугуул уламжлалт гар урлалыг орчин үед ч өвлөн үлдсэн ба ахуйд түгээмэл олдоцтой түүхий эдэд тулгуурлан хөгжүүлсээр байна.

Малчин айл бүрт гарын уртай хүн, хүмүүс байсан бөгөөд цаг хугацааны эрхээр ур чадвар улам гаршиж урлал нь улам бүр сайжирсан. Гэхдээ эдгээр хүмүүс нь нүүдэлчид учраас урлалдаа бүх цагаа зориулахгүйгээр, "цагаар" урладаг, ялангуяа өвлийн саруудыг урлалдаа зориулдаг байжээ.

Монголчууд өдөр тутмын ахуйн хэрэглээгээ ноос, арьс, эвэр, эсгий, холтос гэх мэт түүхий эдээр хийж байсан. Эмээл, нум сум, энгийн тавилга, авдар, гэр зэргийг модоор хийдэг. Гэрийн модыг эсгийгээр хучдаг бөгөөд амьтан, ургамал модны дүрсээр, зээгт наамлаар хээлсэн ширмэл ширдэг, олбог, гэрийн хаалга зэргийг мөн эсгийгээр хийнэ.

Монголчууд арьс боловсруулах, хээлэх нарийн аргачлалтай байсан бөгөөд арьсаар эмээлийн бүрээс, ногт, хазаар, чөдөр зэргийг мөн гутал хийдэг байсан.

Дээл өмсгөл, даалин, аяганы уут зэргийг хатгамлаар хээлж, чимэглэж ирсэн.

Ихэнх өдөр тутмын гар хийцийн ахуйн хэрэглэлийг энгийн муруй, шулуун шугам буюу геометрийн дүрсээр хээлж ирсэн хэдий ч уламжлалт чимэглэх техник, аргачлал хадгалагдан үлдсэн. Тухайлбал өнөөдөр баригдаж буй Чингис Хааны гэх гэрийн (мэдээж эх хувь нь биш!) тооно, унины чимэглэл хээ нь Хан гүрний үеэс өвлөгдөн ирсэн хэвээрээ юм. Монгол гэрийн тооно бол сансар огторгуй, амьдралын хүрдийг бэлгэддэг байна. Үүлэн хээний угалз бүхий додиг нь Бурханы шашны цамын өмсгөлийн нэг хэсэг болсон бөгөөд өдөр тутмын ахуйн хэрэгсэл, гэрийн мод, барилга байгууламж дээр энэхүү хээ нь олон төрлөөр чимэглэл болсон байдаг. Хээ угалзыг геометрийн, амьтны, ургамлын болон байгалийн хүчийг бэлгэдсэн гэсэн төрлүүдэд хуваадаг. Гэвч чимэглэх урлалын дийлэнх хээ угалз нь Буддын болон Даосизмын бэлэг тэмдгүүдээс улбаалсан байдаг. Зөвхөн ан амьтны дүрслэлтэй хээ угалзууд бол цэвэр Монгол юм (зураг. 6а).

Францискан ёсны номлогч Виллиам де Рубрук нь Өрнөөс ирсэн анхны элч нарын нэг. Мөнх Хааны үед Хархорум хотод ирсэн тэрээр өөрийн тэмдэглэлдээ гэрийн тооно, унины хээ, гэрийн эсгий хаалганы ургамал, мод, жигүүртэн шувууд, ан амьтныг дүрсэлсэн чимэглэлийн талаар бичжээ.

Монгол урлагт эрт дээр үеэс нөлөөлж, ул мөрөө үлдээсэн хэдэн зүйлс бий. Нэг талаас аян дайны олз болон ирсэн гар урлаачид болон гоёмсог эд зүйлс. Нөгөө талаас хааны хишигт багтан орд өргөөнд буудаллаж, ордны зан үйлд оролцож байсан шашны номлогчид, худалдаачдын эд хэрэгсэл.

XIII зуунд Монголоор аялсан тэмдэглэлүүдэд (Плано Карпини, Виллиам де Рубрук, Марко Поло) Монголчуудын өдөр тутмын ахуйн урлал, урлагийн талаар тодорхой бичигдсэн байдаг. Зөвхөн том хэмжээний архитектур, хөшөө дурсгалын талаар товч мэдээлэл үлдээсэн байна. Тэдгээр байгууламжуудыг гадны урлаачид (Хятад, Франц, Унгар, Орос, Перс) зөвхөн хаад, ноёдын орд өргөөнд зориулан урлаж байжээ. Тухайлбал Өгөөдэй, Мөнх хаан нар Чингис хааны суурийг нь тавьсан Хархорум хотыг өргөжүүлэх бүтээн байгуулалтыг хийсэн. (Зураг. 7а). Олзны хүмүүс дундаас гарын уртай, урлаач хүмүүс бусдаас давуу эрх, хангамжтай байсан талаар Рубрукийн тэмдэглэлд үлджээ. Тэр ч бүү хэл Гот стилийн сүмийн туурийг Японы археологичид одоогийн ӨМӨЗО-ы Дархан Муумянганы холбоот хошууны нутагт XIV зууны Олон сумаас олсон байна.

Герман хэлтэй улсаас олзлогдон ирсэн хоригдлууд алтны уурхайд ажиллан, Монголчуудад зориулан зэвсэг бэлтгэдэг байжээ, Монголчууд олзонд ирсэн эд зүйлс, төмрийн хүдэр болон метал эдлэл, хүн хүчнээс хамааралтай байсан. Карпинигийн тэмдэглэлд Гүег хааны ордонд ажиллаж байсан Орос дарханы тухай бичигдсэн байна; Мөнх хаан Парисын урлаач Гийом де Бушег ажиллуулж байжээ. Энэхүү олон төрлөөр туурвидаг бүтээлчийг хааны ордонд усан оргилуур хийлгэхээр авчирсан байна. Дөрвөн арслангийн дүрэн суурьтай ууш урсах мөнгөн модон усан оргилуур юм. Мөнгөн модыг могой, луугаар хүрээлсэн бөгөөд тэдгээрээс мөн ууш гоожих цорготой. Усан оргилуурын орой дээр бүрээ үлээх тэнгэр элчийг байрлуулсан бөгөөд бүрээгээ үлээх тутам цоргонуудаас дарс, ууш гоождог байжээ. 1735 онд хэвлэгдсэн сурвалжид усан оргилуурыг зурж үлдээсэн тэмдэглэл нь (Зураг. 7b) Рубрукийн: усан оргилуурыг ордны өмнө хэсэгт байрлаж байсан гээд оргилуурыг тойрч байсан арслангуудыг дурдаагүй нь зөрж байна. Сонирхолтой нь энэхүү зөрүүтэй дүрслэлийг одоо хүртэл дахин дахин хэвлэж ашиглаж байна! Энэхүү гайхалтай механикийн шийдэл нь Хархорум хотод Хятад загвараар баригдсан ордны хаанд бараалхах танхимд байрлаж байсан. Хааны орд өргөөнд зохион байгуулагддаг байсан зан үйл, хүлээн авалт зэрэгт ууш, сархад чухал ач холбогдолтой тул энэхүү усан оргилуур чухал үүрэгтэй байжээ.

Мөнх хаан захиалгаа хийлгэхийн тулд урлаач Бушед тавин хүнийг туслахаар өгсний олонх нь Монгол байсан ч бас Төвд, Хятад, Туркестан урлаачид байсан. Өрнөөс ирсэн аялагчид мэдээж Европ урлаачид, номлогчид болон худалдаачдын тухай тэмдэглэн үлдээсэн байдаг. Гэвч Хархорум хотод Хятад урлаачдын гудам байсан. Харамсалтай нь тэдгээр урлаачдын талаар Рубрук тэмдэглэлдээ тодорхой бичиж үлдээгээгүй ажээ.

Тэр үеийн архитектурын дурсгалын талаар тэмдэглэж үлдээснийг хэлэх хэрэгтэй. Тухайлбал Мөнх хааны ордон Хятад загварынх байсан бол хотын зэргэлдээх баригдсан ордон нь Перс загварынх байжээ. Мусульман болон Хятад хүмүүс чулуун байшинд амьдардаг байсан бол Монголчууд уламжлалт нүүдлийн гэрт амьдарсаар. Мөн тус хотод хоёр мечет, Несторын сүм нэг, арваад Буддын сүм дуган байсныг тэмдэглэжээ. Дугануудад дахь Шагжамуни бурхан болон Майдар бурхны баримлуудыг шавраар урлан байрлуулсан байжээ. Энэ үетэй холбоотой бусад төрлийн урлаг, урлал, тухайлбал зураг, баримлын талаар мэдээлэл байхгүй. Зөвхөн Марко Пологийн тэмдэглэлд Хаалганаас урд зүгт орших нэгэн газар адууны хазаар, ногт хийдэг тухай товч дурдсан байна. Гэвч бусад төрлийн дарханы урлалын тухай мэдээлэл байхгүй байна. Дүгнээд хэлэхэд бидний зүгээс эртний Монголчуудын урлаг, урлалын талаар ямар нэгэн дүгнэлт гаргах мэдэл нь байхгүй, мөн Өрнийн зочид, аялагчдын тэмдэглэлд болон археологийн олдвороос ч холбогдох мэдээлэл хомс байна.

Төвдийн Буддизмтай холбогдсон цагаас дээрх нөхцөл байдал өөрчлөгдсөн. Чингис Хааны анх уулзсан энэ шашны төлөөлөл бол Төвдийн өмнө зүгийн Зан мужийн эрдэмтэн, Сахьяа ургсгалын хийдийн хамба лам Сажа Бандид байсан. Түүний үеэл Пагба лам (1239–1280) авга ахын үйлийг үргэлжлүүлж энэхүү харилцаа нь Хубилай хааны үед их эрчимжсэн. Гэвч тэр үед Төвдийн шашны урлаг, урлалыг бүтээгчид нь нь Энэтхэг, Балбын бага ястны урлаачид байсан тул Бээжинд сайн дархчуулыг илгээх Хубилай Хааны хүсэлтийн дагуу Пагва лам Балба урлаач Аникоg наян шавь нарын хамт ирүүлжээ. Түүний эзэмшилд хүрэл хайлуулах томоохон цутгуурын урлан байсан. Хааныг таалал төгсөхөд Бээжингийн ойролцоо нутаглуулжээ. Балбын (тодруулах юм бол Невар) гар урлал XVIII зуунд дахин сэргэсэн. Балба (бал-бу = Төвөд, бал-бо = Непал) дархчуулын илд сэлэм, зүрхэн бэлзэг хийх уламжлал нь өнөө цагийн Монгол дархны үйлд өвлөгдөн үлдсэн.

Монголчуудын чимэглэх урлалд Төвдөөс зээлдмэл Буддын шашны тэмдэгтүүд бий: тухайлбал дорж (очир), арслан, манийн ум үсэг, азын найман тахил (шүхэр, загас, бумба, цэцэг, дун, өлзий, дуаз, хүрд) мөн нар сарны дүрс (Зураг 8). Харин Хятадын урлаг, урлалд харийн Юан гүрний хаант засаглалын үед Монгол гэсэн ул мөр бараг үлдээгээгүй. "Зэрлэгүүд"-ийн ноёрхол дор байсан хэдий ч Хятад урлаачид өөрийн гэсэн Хятад хувилбарыг хадгалж үлдсэн. Юан гүрний үед Хубилай хааны нөлөөгөөр Монгол урлалын дам нөлөө Төвдийн Буддист урлагт болон засгийн хөрөнгөөр санхүүжүүлж байсан эсгий хийхэд л үлдсэн байна. Энэ үеэс өмнө, энэ үеэс хойш Хятадын эдийн засгийн байдалд эсгий харьцангуй чухал байр суурь эзэлж байсангүй. Бүр 1262 онд Хубилай хаан эсгий боловсруулах үйлдвэрийг байгуулж 29 000 хүнийг ажиллуулж байв. Энэ үйлдвэр нь хааны орд өргөөний бүх эсгий ширдэгийг хангадаг байсан.

Тус үйлдвэрийн урлаачид хээлэгчид, зээгт наамалчид, будагчид гэсэн дэд хэсгүүдэд хуваагдаж байсан. Жижиг олбогоос, 200м хэмжээ бүхий ордонд зориулсан эсгий хивсийг энд үйлдвэрлэж байсан. Энэ үед эсгий хивсний чанар, загвар, хийц эрс сайжирсан бөгөөд зориулалтаасаа болж өөр хоорондоо хэмжээ, өнгө, бүрэлт, гадаргуу, оёдол, эмжээрийн ялгаатай болсон.

Хятадын урлаг, бэлэг тэмдгүүд Монгол урлаачдын үйл, урлалд хүчтэй нөлөөлсөн. Юан гүрэн мөхсөний дараа Монгол язгууртнууд Хятад хийцийн тансаг хэрэглэлээс татгалзаж чадахгүй, тийм хүсэл ч үгүй байсан тул язгуур урлаачдын бүтээл урлалд хуучны элбэг дэлбэгийг санагалзуулах хээ угалз, чимэглэл зэрэг нь өргөн нэвтэрсэн.

Даоист бэлэг тэмдгүүд тухайлбал үхэшгүй найман хувилгаад – эдгээр хувилгаадын 2 нь эмэгтэйн дүр байдаг. Тэдгээр хувилгаадтай холбоотой дэвүүр, илд, аяны дашмаг, товшуур, цэцгийн сагс, хулс, лимбэ, лянхуа цэцгийн зураг дүрслэл өнөө цагт ч Монгол эмэгтэйн үнэт эдлэл дээр (толгойн гоёл, үсний даруулга, зүүлт) болон өдөр тутмын ахуйн хэрэгсэл болох тавилга, хивс, эсгий эдлэл, хатгамал дээр ч дүрслэгдсэн нь олддог.

Хятад үндэсний эртний хээний нэг бол урт насыг бэлгэдсэн "Шоу" ханз юм. Энэхүү ханзыг зуу, зуун хувилбараар дүрсэлсэн байдаг. Тухайлбал зоос, сарьсан багваахай, луу (Naga) (Зураг. 6b-d), болон эрвээхэй, галт шувуу дүрээр гэх мэт. Ургамалын аймгаас мөн урт насыг бэлгэдсэн бадам лянхуа цэцэг, Жуи (Jui) буюу "мөөгөн" хээ бол бас Таоисизмын бэлэг тэмдгээс улбаатай (Зураг. 6e). Монгол зураг урлалд эдгээр дүрслэл болон хээг хүрээ хийхэд, ар талын дэвсгэр болгон хэрэглэх нь түгээмэл байсан. Хоосон зайнаас айсан мэт нийт гадаргуу, орон зайг угалзарсан, спираль дүрслэлээр хээлэн дүүргэсэн ч байдаг. Юан гүрэн мөхөж Монголд дэлгэрч байсан Буддын шашин хэсэг хугацаанд уналтад орсон. Харин XVI-р зуунд Төвдийн Гэлүгба урсгалын төлөөлөл ирж Буддын шашны удаах дэлгэрэлт (3-р Далай Лам, Алтан Ханыг бурхны шашинд оруулсан) болоход урлаг, урлалын идэвхтэй өрнөл эхэлсэн. Тухайлбал сүм дуган олноор баригдаж, улмаар тэдгээрт зориулсан жижиг хэмжээний зураг, метал болон шавар баримал, цаасан шуумал маск, танка зураг, ханын зураг, чулуу модон сийлбэр эрчимтэй хийгдэх болсон.

Энэ цагаас хойш Монгол урлаг, урлалыг дэмжигчид, бүтээгчид нэр устайгаа тодорхой тэмдэглэгдэн үлджээ. Гэвч тэр үед бүтээгдсэн гар урлал, урлагийн бүтээлүүдийг ялангуяа монументаль болон архитектурын бүтээлүүдийг харах юм бол урлаачид нь гадны бага үндэстний, эрлийз хүмүүс байсан гэлтэй.

Монголын урлагийн түүхийн судалгаанд архитектур болон пост-хувьсгалын урлагийн тухай судалгаа түлхүү хийгдсэн тул Буддын сүм хийд, дуганы барилгын хөгжлийн талаар доор товч дэлгэнэ. Анхлаад Монголчууд нүүдлийн аж амьдралд нь илүү тохиромжтой мэт байсан асар дуган, гэр хийдийг барьж, хэрэглэж ирсэн. Улмаар шавилан суух лам нарын тоо нэмэгдээд гэр шийдэл нь багтаамж хязгаартай болоход модон банзаар байшин барих болсон. (Зураг. 9 a). Гэр дуганаас үлдсэн Монгол гэж тодорхойлох зүйл нь дугуй орой байлаа.

XVII-XVIII зууны үед газар зүйн байрлал ойр учир энэ салбарт Хятад Төвдийн нөлөө ар Монголд хүрсэн. Ялангуяа Төвд хийцийн сүм хийдийн барилга, хааны ордны Хятад загвар гэх мэт. Тиймээс хаанахын нөлөө түлхүү байснаас хамааран Төвд болон Хятад хийц загварын сүм хийдүүд баригдсан. XVIII-р зуунд лам нарын тоо тогтмол нэмэгдсээр байсан тул сүм хийдийн барилга байгууламжийн эзлэх орон зай ч өргөжиж ирсэн – энэ үе бол архитектурын түүхийн хөгжлийн үндсэн нэг шат мөн (Зураг. 9c).

Тухайн үед Манжийн нөлөөгөөр Монгол язгууртнуудын архитектурт Хятад элемент улам ихээр нэмэгдсэнийг; ялангуяа сүм дуган, ордны дээврээс тод харж болно.

Монгол загварын сүм, дуган нь үндсэн 2 барилгаас бүрдэнэ. Нэг нь монгол гэр шиг дугуй хана, дугуй конусан оройтой, нөгөө нь тэгш өнцөгт хэлбэртэй. Эдгээр нь хоорондоо хонгилоор холбогдоно. Дээврийн хэсэгт алтадмал чимэглэлүүдийг (ялалтын дуаз, алтан хорол түүний хоёр талд бодь гөрөөс гэх мэт) байрлуулдаг. Дуган дотор байрлах модон багануудыг сийлбэр, ханын зураг, тод өнгийн хээгээр чимэглэн лакаар давхарлан буддаг. XVII-р зуунд баригдсан сүм хийдээс өнөөдрийг хүртэл хадгалагдан үлдсэн нь бий.

Ордон, хүндэтгэлийн өргөө, дээдсийн өргөө харш, өндөр зэрэг дэв бүхий лам нарын амьдрах өргөө, Хятад урлаачид болон худалдаачдын амьдрах байшин зэрэг нь Хятад загварынх буюу тод, тоосгон ханатай, паалан өнгөлгөөтэй, вааран дээвэртэй байсан.

Хятад хийцийн дуган нь голдуу 2 давхар, харин дээврийн хэсэг олон давхартай, дээврийн өнцгүүд шовх хэлбэртэй байдаг. Хятадын эзэн хааны зарлигаар баригдсан сүм хийдүүд нь Хятад архитектурын чимэглэлээр арвин байсан (Эрдэнэ зуу хийдийн цогцолборт Улаанбаатар хот дахь 8-р Богд Жавзандамба Хутагтын ордны адил XVI-р зуунд баригдсан дуганууд бий).

Үндсэн байгууламж нь хоёроос, гурван давхар дөрвөлжин хэлбэртэй. Хийдийг хүрээлэх хана болон цонхнууд нь орой лугаа нарийссан хэлбэртэй бөгөөд дээвэр хавтгай, эрмэгээрээ хүрэн улаан чимэглэл бүхий эмжээртэй (жишээ нь Эрдэнэ зуу хийдийн Лаврин дуган). Эдгээрээс гадна Хятад-Монгол, Хятад-Төвд, Төвд-Монгол гээд хоршсон хийцүүд байна (Зураг. 9a).

Ялгарах онцлог нь бол суварга юм. Сүм хийдийг сувргаар хүрээлэх нь Төвдөөс гаралтай, XVI-р зуунаас Монголын сүм хийдийн цогцолборын үндсэн хэсэг болсон. Хамгийн алдартай нь Эрдэнэ зуу хийдийн 108 суварга (Зураг. 9b).

Монгол сүм хийдийн цогцолборт багтдаг бас нэгэн зүйл бол сүм, дуганы үүдэнд байрлах, өндөр шаттай, тавцан, дээвэр бүхий модон байгууламж. (Зураг. 9b). Энэхүү тавцан дээр лам гарч лавай үлээн лам нарыг хуралдаа ирэхийг дуудан өндөрөөс дохио өгнө.

Дээр дурдсан шалтгааны улмаас XVII-р зуунд нүүдлийн сүм хийд суурин болсноор тэдгээр нь засаг захиргааны төвүүд болж хөгжсөн. Тухайлбал Өргөө хотыг жишээ татаж болно. XIX-р зуунд тэдгээр төвүүд нь Хятад, Оросын хооронд худалдаа хийх төвүүд болсон (Хиагт, Өргөө, Улиастай, Ховд).

Сүм хийдийг барьж байгуулалцсан, санаачлан удирдсан хүмүүс, урлаачид, уран бүтээлчид, их мастеруудын тухай хувийн мэдээлэл бий болсон. Эрдэнэ зуу хийдийн талаар дэлгэрэнгүй, цогц судалгаа саяхан олны хүртээл болов (Зураг. 9b).

Энэхүү цогцолборын гурван дуган Монголын хамгийн эртний хийдэд тооцогддог. Эрдэнэ зуу нь Орхон голын хөндийд, Хархорум хотын туриас зургаан км орчмын зайд оршдог. Эрдэнэ зуу хийдийн гол зуу сүмийг шарын шашныг хүлээн авсан Автай Сайн Хан 1586 байгуулжээ.

Тэрээр Бодьсадвагийн зам мөрийг дагагч нарт зориулсан Махаяна буюу Их хөлгөний урсгалыг баримтлан дагадаг байсан. Их хөлгөн буддын шашны гэгээрэлд хүрэх зам мөрийг заадаг бөгөөд, энэ урсгалыг дагагчид нь бүх амьтадын тусын тулд Ваджрадхара, Бурхан багш Шагжамуни, Бадмасамбава гэгээний адил Бодьсадва болох буюу гэгээрэлд хүрэхийг хичээдэг. Үүнийг дурдсаны учир нь эртний сүм хийдүүдэд эдгээр бурхад нь гол шүтээн бөгөөд тэдний баримлыг хоймортоо байрлуулсан байдаг. Анхны сүмийн барилгад Хархорум хотын туурийн чулууг ашиглажээ. Дараа дараагийн сүм дуган, сувргуудыг Автай Сайн Ханы хөвгүүд, хатадын хандиваар босгожээ.

Тодорхой мэдээлэл үлдсэн удаах хүн бол 1635 онд төрсөн Монголын анхны Хутагт юм. Найман хутагтын анхдагч тэрээр Өндөр Гэгээнд өргөмжлөгдсөн. Өндөр гэгээн нь шашин-төр, нийгэм-сёлын зүтгэлтэн байсан: тэрээр урлагийн олон төрлөөр мэдлэг чадварыг эзэмшсэн, тэр дотроос алтаар урлах уран дархан, хүрэл цутгах арга барил болон бусад ухааныг онцгой эзэмшсэн. Түүнийг өргөсөн буюу цоллосон нэр нь Занабазар юм. Тэрээр 1723 онд нас барсан. Түүний урласан зарим эх бүтээлүүд Эрдэнэ зуу хийдэд байсан бөгөөд улсын музейн сан хөмрөгт шилжсэн.

Цогцолборын хамгийн эртний сүмийн дотор ханын зураг бий. Төвд-Хятад хоршсон зохиомж мэдэгдэх боловч сэдэв, агуулга, хийц нь цэвэр Монгол юм. Гол дуганы дотоод чимэглэлд номын буюу икон зургийн элемент бий: тухайлбал таазны дагуу уулс, ой байгалийн зураг, агуйд бясалгах бурхдын зураг бий. Нэг метрийн өндөртэй Оточ Манал бурхны шавар баримал, Цаглашгүй гэрэлт бурхан буюу Амитабаг, Өндөр Гэгээний өөрийн бүтээл гэх алтан шармал Дарь эхийн дөрвөн баримaлтай зэрэгцүүлэн байрлуулсан байна. Эрдэнэ зуу хийдийн цогцолборыг байгуулахад оролцсон анхны урлаачдын тухай мэдээлэл хомс. Ажлыг ахалж явуулсан архитектор Монгол Манзушир ламтан байсан бөгөөд түүний удирдлага дор ажилласан урлаачид голдуу Монголчууд байжээ.

Монголд сүм хийд байгуулах гэсэн хүслийг сонсоод Далай Лам түүнд нэгэн зураачийг өгсөн тухай Өндөр Гэгээний намтарт дурджээ. Энэ бол Төвдийн шууд нөлөөллийн тухай цөөн жишээний нэг юм.

Богд Гэгээн ч гэсэн архитектурын сайн мэдрэмжтэй байсан; тэрээр Өргөө хотод Цогчин дуганыг барих план зургийн гаргажээ. Үүнээс гадна сайн дархан, хүрэл цутгагч, зураач, уран бичээч, сийлбэрч, хот мандал бүтээгч байсан. Хот мандал нь орчлон ертөнцийг илэрхийлэх бөгөөд гүнзгий бясалгалын дүрст загвар, бясалгалын хөтөч юм.

Өндөр Гэгээн Анхдугаар Жавзандамба нь гэр бүлтэй байсан гэх ба түүний эхнэр мөн л баримaлч байжээ. Түүний эхнэр нас барахад Жавзандамба хутагт дурсгалд нь зориулж 21 Дарь Эх бурхныг бүтээсэн гэдэг. (Зураг. 10a).

Өндөр Гэгээн нь авьяаслаг уран бүтээлчээс гадна урлагийн түүх судалж байсан. Тэрээр Энэтхэгийн урлаг ялангуяа X/XI-р зууны Пала хийцийг сонирхож байсныг түүний бүтээлийн мутрын тавилтаас харж болно. Мөн Төвд, Хятадын урлагаас сэдэл авч байсан. (Зураг. 10a and 10b). Тиймээс эдгээр шилдэг бүтээлүүдийг түгээмэл Монгол хийцийн урлагийн бүтээл гэхэд бэрхшээлтэй. Гэвч тэр үетэй холбоотой дүрс, дүрслэл бүхий сурвалж хомс учраас түгээмэл Монгол хийц мэт ойлгогдож ирсэн. Төвдийн төв болон зүүн нутгийн нөлөө түүний бүтээлд илэрдэг баталгаа байдаг. Тиймээс энэ хүн өнөөдөр бидний ойлгож байгаа шиг үнэхээр авьяаслаг уран бүтээлч байсан уу, эсвэл Хятад, Төвдийн мастер урлаач, бүтээлчдийн нөлөөгөөр, бүр тэдний хамтран хийлцсэн бүтээлээс ийнхүү ойлгогдож байна уу гэсэн асуулт гарч байна. Учир нь түүний намтарт уран бүтээлээ хэрхэн туурвиж байсан талаар мэдээллийн эзлэх зай тун бага. Энэ талаар 2-р Богд Гэгээний намтарт товч дурдсан байна. Эзэн хаан Чиен-лунг Монголд айлчлан 2-р Жавзандамба Хутагтай уулзахдаа дараах зүйлсийг бэлэглэсэн байна. Үүнд: 25 гэрийн тавилга, шилтгээний хаалга 2ш, багана 120ш, хүрээтэй хаалга 2ш, асар тогтоох төмөр гадас 400ш, алх 30ш гэх мэт. Энэхүү бэлгийн жагсаалтаас дүгнэх юм бол XVIII зуунд ч гэсэн Монголчууд импортын бараа буюу гадаад урлаачдын хийсэн эсвэл Монголд байсан гадны бага ястан урлаачдын хийсэн зүйлээс хамааралтай байсныг харуулж байна.

Баримлууд болон танка буюу шашны агуулга бүхий хуйлмал зураг дээр голдуу Төвдийн Буддизмын Гелугба урсгалын сахиус, шүтээний дүрүүд байдаг. Тухайлбал Гомбо сахиус (Махгал), Ямандаг бурхан, Оточ Манал, Шагжамуни бурхан, Майдар бурхан (ирээдүй цагийн Будда), Намсрай эд баялгийг өгөгч бурхан, Бурхан багшийн ойрын найман Бодьсадва, Жанрайсиг бурхан, Ногоон Дарь эх, догшин дүрт Лхам бурхан (Зураг. 14e, 13a, 10b, 11, 10a). Мөн Гелүгбагийн ёсыг үндэслэгч Богд Зонхов Монголын бурханы зураг, бүтээлд багтдаг гол дүрүүдийн нэг (Зураг. 13b).

Дайн тулааны дүрслэл, уулын савдгууд болон Төвдийн Буддизмд байдаггүй дүрүүд, тухайлбал өвөр дээр нь хүүхэд, дорго хоёр суусан Авалокитешварагийн эмэгтэй дүр. Эмэгтэй дүрд Жанрайсиг бодьсадвагийн ерөнхий төрх тусгагдсан бөгөөд зүүн-өмнөд хөршүүдийн ижил бурхдын дүрээс адил төсийг анзаарч болно. (cf. зураг. 11).

Монгол зурагт олон хэмжээст дүрслэл үгүй хавтгай байх нь түгээмэл. (cf. Зураг. 11, 12). Учир нь гэвэл Монгол мөргөлчид болон лам нар Төвдийг зорьж очоод нэлээд хугацааг зарцуулан буцаж нутагтаа ирэхдээ цаас болон зотон дээрх модон барын хямд принтүүдийг, танка зургийн цоолтуурыг авч ирдэг байсантай холбоотой. Мөн тэр цоолтуураа дахин, дахин шинэ бүтээлийн суурь болгон ашигладаг байсантай холбоотой.

Өнгө будгийн хувьд ч гэсэн нэгэн хэвийн, энгийн шийдэлтэй байсан: ногоон, хөх, цагаан өнгийг үндсэн харших өнгө болгосон. Зургийн деталь, өнгө сүүдрийн шилдэг гүйцэтгэлийг, "импрессионист" гэмээр жижиг мартан шүтээн зургаас (Төвд. cak li) болон барласан ажлуудаас харж болно (Зураг. 12).

Монголчууд өөрийн гэсэн бие даасан модон барын хийцийг хөгжүүлсэн; хөрөг барлах нь бүр эртнээс хийгдэж байсан. Монголчууд өөрийн гэсэн өвөрмөц сийлбэрийн урлалын замаар замнасан. Өдөр тутмын гэр ахуйн хэрэгслийн сийлбэр ч тэр, шашны эд зүйлсийн сийлбэр ч тэр. Модон сийлбэрийн толгой том байх нь түгээмэл. Сийлбэрийн бие нь заагаасаа хэтэрч цухуйсан, гар хөл нь хэтэрхий том (Зураг. 13a, b). Үүнээс гадна үзүүр нь шовх өнцөг бүхий голоороо өргөн навчтай лянхуа цэцэг бол түгээмэл Монгол хийц. Хад болон чулуун дээр Буддын бурхан шүтээнийг хоорондоо ижил төстэй, рельефтэйгээр сийлдэг.

XIX-р зууны эцэс хүртэл урлаачдын нэр тодорхойгүй байсан хэдий ч тэдгээрийн тоонд харц ард, язгууртан ноёдоос ч байсан. Мөн хамгийн уран нарийн хийц бүхий урлаг, урлалын бүтээлийг лам нар гүйцэтгэж байжээ. Нарийн, уран хийцийг гаргахын тулд цаг зав болон удаан хугацаагаар суух шаардлагатай. Зөвхөн сүм хийдэд шавилан суух нь энэ нөхцөлийг хангасан. Тийм ч учраас чадварлаг, гарын уртай зураач, шуумалч, шавар хэв цутгагч, хуулбарлагч, барлагч, сийлбэрч, хувилагч, зээгт наамалч, хатгамалч, оёдолчин, будагчин, цутгуурчин, алт мөнгөний дархан, мужаан нар нь лам хүмүүс байсан. Сүм хийд дотор ажил үүргийн тодорхой хуваарилалттай байсан учраас хамгийн чадварлаг, гарын уртай нь бурхан шүтээний царайг зурж, оёдол хийдгүүдээс илүү уртай нь нарийн хийцийн зээгт наамлыг дагнаж хийдэг байсан жишээтэй юм.

Сүм хийд болон, музейд гэрэл зураг авах боломж хязгаарлагдмал учраас бүтээлүүд бүртгэлээ хүлээсээр, мөн зарим музейн сан хөмрөг дахь бүтээлүүдийн талаар системчилсэн мэдээлэл хараахан хэвлэгдээгүй тул зөвхөн өмнө хэвлэгдэн гарсан хэвлэл болон холбогдох бүтээлүүдийн талаар Барууны музейн сан хөмрөгт хийсэн судалгаан дээр тулгуурладаг. Удаах сурвалж бол нэг талаас угсаатны судлалын бичвэрүүд, нөгөө талаас шашны болон хар хүмүүсийн хийсэн урлал: үүнд тээвэрлэхэд хялбар хэмжээ, хямд үнээс болж Европруу олон тоогоороо тээвэрлэгдэн музейд хуримтлагдсан жижиг хэмжээний зураг, шатаалтад орсон болон ороогүй олон төрлийн шавар цацаанууд орно. Эдгээр бүтээлүүд ч гэсэн дээр дурдсанчлан Монголд түгээмэл бүтээгдэж байсан сахиус шүтээний дүртэй байв.

Монгол урлаачид Буддын шашны зан үйл болох Цамын бүжигт зориулсан маскийг хийхэд чухал анхаарал тавьж байсан. Тэд цэвэр өөрийн гэсэн Төвдөд байгаагүй хийцийг бий болгосон нь галын дөл мэт догшин хөмсөг, хурц өнцөг бүхий амтай загвар юм. Мөн өөрийн хийцийг шүрээр бүрсэн багийг хийх болсон (Зураг. 14a). Гэвч 15 кг жин татсан маскийг өмсөөд бүжиглэж байсан гэдэг нь асуулт, учир нь батлах тэмдэглэл үлдээгүй байна. Магадгүй ийм маскийг сүм дуганы хамгаалагч сахиус хэмээн залан, өлгөөтэй чимэглэл мэт байсан байх. Зан үйлийн бүжигт хэрэглэж байсан маск бол угтаа бөс даавуугаар хийгдэж байсан. Жижиглэсэн даавууг цавуунд дэвтээж шавар хэвэнд нааж хатаана, бүрэн хатсаны дараа шаврыг хагална: дараа нь будаж чимэглэнэ, ийм маск хөнгөхөн бөгөөд олон цагийн турш өмсөж бүжиглэхэд хамгийн тохиромжтой болно.

Жижиг, шүтээн лам хуврагуудын баримлыг цаасан шуумлаар хийх нь Монголын шашны урлагийн бас нэг онцлог (Зураг. 14b). Ингэж хийх нь хямд төсөр бөгөөд тээвэрлэхэд хялбар. Эдгээр жижиг цацаа баримлуудыг метал гүнгэрваанд хийж хадгалдаг нь хагарч эвдрэхээс хамгаалдаг тул нүүдлийн амьдралын хэв маягт төгс зохицсон байна. Цамын бүжигчдийн модон сийлбэрийг (ойролцоогоор 20–30см өндөртэй) мөн зөвхөн Монголд хийдэг байжээ. Эдгээр сийлбэр нь ямар нэг зан үйлд зориулагдсан, эсвэл гадны аялагч, цуглуулагч нарт зориулагдсан дурсгалын зүйл, музейд зориулсан загварын аль болох нь тодорхойгүй байна. (Зураг. 14e).

Шашны бус урлагийн хувьд модон сийлбэр шатар Монгол хийцийн төлөөлөл болно. (Зураг. 14c). Шатрын дүрсүүдийг чимэглэсэн загвар, элементүүд нь мөн л нүүдлийн ахуйн сэдэлтэй.

Хэдийгээр дийлэнх дархчуул Хятад байсан ч гэсэн мөнгөн эдлэлийн Монгол ур хийц маш өндөр төвшинд хүрсэн! Шүр, номин чимэглэлтэй эмэгтэй толгойн мөнгөн гоёл, овог аймгийн онцлогоос үүдэн хийц зохиомжоороо ялгарна. Мөн эмэгтэйн "таван саваагүй", бөгж, эрэгтэйн хэт хутга, гаанс, сийлбэртэй мөнгөн аяга, эмээл, гуу, гүнгэрваа зэрэг нь Хятад, Төвдөөс санаа авсан дүрс, чимэглэлтэй байсан хэдий ч цэвэр Монгол хийцтэй байжээ. Монгол хийцийн өвөрмөц онцлог бол арын дэвсгэрийг "барокко" маягийн угалзарсан, спираль хээгээр бүрэх явдал (Зураг. 6). Эмэгтэй хүний толгойн гоёлоос (Зураг. 14d) бусад мөнгөний дархны ажлын нутгийн гарал үүслийг тодорхойлоход бэрх. Учир нь Монгол дархны ажил эрэлт хэрэгцээтэй байсан тул дархчуул нэлээд шилжилт хөдөлгөөнтэй амьдарч байжээ. Иймээс дархчуул, ер нь урлаачдын амьдралынхаа турш хэрэн хэссэн шилжилтээс, хийц, ур чадварын түвшин тодорхой хэмжээгээр ялгарна. Хийлгэх зүйлийнхээ түүхий эдийг захиалагч өөрөө гаргах тул гол захиалагчид нь сүм хийд болон бэл хөрөнгөтэй язгууртан ноёд байсан. Монголд, Төвдийн адилаар дархан болох, дархны ажил хийх нь хомс байсан нь метал олборлолт нь газар, дэлхийн онгод, лус савдгийг хилэгнүүлэх тул "нүгэл" гэж үздэг байсантай холбоотой байж болох юм. Захиалагч өөрөө металаа нийлүүлж байсан тул дархчуул муу нэрнээс цааргалдаггүй байсан байх. Өмнө хэлсэнчлэн дээр үед үйл ажиллагаа явуулж байсан урлаачдын төвүүдийн байршлыг тогтооход бэрх байсан. Гэвч Долоон-нуурт Монголын хязгаар нутгийн хүрэл, зэсийн хэрэгцээг хангаж байсан метал боловсруулах урлангийн талаар мэдээлэл бий. Энэ урланд ажиллаж байсан урлаачид мөн л голдуу Хятад хүмүүс байжээ. Тус байгууллага нь Бээжингийн томоохон хэмжээний Хятад үйлдвэртэй дүйцэхүйц үйлдвэрлэлийг явуулж байсан. Долоон-нуурт цутгасан баримал нь төгс тэгтэй, бөгөөд сайн чанарын, удаан эдэлгээтэй шармал байжээ. Гэвч энэ зууны эхэн үе гэхэд тухайн суурин газрын явдал түүх болон үлдсэн.

Дүгнээд хэлэхэд зуун солигдох хүртэл Монгол урлаг, урлалыг Буддын шашин тодорхойлж байсан ба Монгол Буддын урлагийн томоохон бүтээлүүд нь хийц, чанараараа түүчээлж, холбогдох урлаачдын нэрс тодорхой байсан билээ. Нөгөө талаас олон тоогоороо хувилагдан хийгдэж байсан жижиг хэмжээний цацаа баримал, танка зураг зэрэг нь холбогдох эзэн урлаачгүй, энгийн, төсөр шийдэлтэй, орон нутгийн чанартай байсан гэлтэй. Алт мөнгөний дархан, хүрэл цутгагч, метал олборлогч, мужаан, арьс боловсруулагч, сүлжээч, эсгий урлаач нар мөн магадгүй гуталчингууд ч гэсэн бараг бүгд хэрэн хэсүүчлэх Хятад урлаачид байсан байх бөгөөд; Монголчууд Баруун, Орос Хятадын импортоос нэн хамааралтай болсон байжээ.

Монголд "Модернизм" нь 1921 оны хувьсгалтай хамт эхэлсэн буюу чимэглэх урлаг ба дүрслэх урлагийн ялгаа гарч ирсэн.

Чимэглэх урлалын үндэс нь зуун зууны настай Монголын уламжлалт, язгуур урлагт бий. Өнөө цагт ч гэсэн өнгөрсөн үеийн адилаар төмөр, үнэт метал, арьс, ноосоор өдөр тутмын ахуйн хэрэгцээнд зориулан, чимэглэх урлалыг хийсээр байна. Тухайлбал гэрийн мод, тавилга, адууны эмээл хазаар болон гоёлын алт мөнгөн эдлэл. Гэхдээ эдгээр зүйлсийг бусдын хэрэглээ, жуулчдын сонирхол, экспорт, гадны үзэсгэлэнд зориулж хийж байгааг ялгаж салгах аргагүй байна. (Зураг. 15).

Монголын урлал, урлаг нь Ардын хувьсгалын шуурганы үеэр гарцгүй мэт байдалд орсон байсныг сэргээхэд чухал хувь нэмэр оруулсан хүн бол улс төрийн идэвхтэй зүтгэлтэн, архитекторч, эрдэмтэн Д.Майдар юм. Тэрээр 1960-аад оны эхэн үеэс устах аюулд тулсан соёлын биет болон биет бус өвийг хадгалан хамгаалж үлдээхийн төлөө ажилласан.

Эцэст нь хэлж байгаа боловч ач холбогдлоороо эн тэнцүү зүйл бол уран бүтээлчдийн нэгдэлд орж мэдлэг туршлагатай их мастеруудаас суралцсан урлаачд юм. Тэдний бүтээл нь Монголын ондоошлыг хадгалж үлдэхэд тодорхой хувь нэмэр оруулсан. Ингэснээр уламжлалт, үндэсний хээ угалз, хэлбэр эргэн сэргэжээ. Гэвч хажуугаар нь материал болон загварын инновац, хөгжил гарсан. Үүнд голдуу амьтны дүрстэй модон сийлбэр, өмнө нь мөнгөн бүрээстэй байсан аягыг дан модоор сийлсэн тагш (Зураг.16) гэх мэт. Өнөөдөр Буддын шүтээний оронд эрх чөлөөний төлөө тэмцэгч Сүхбаатарын дүрийг торгон дээр урлах болсон. Зааны яс, шавар зэрэг материалыг түлхүү хэрэглэж, урьд өмнө Монголд хэрэглэж байгаагүй шинэ аргаар боловсруулах болсон (Зураг. 17). Ерөнхийдөө орчин үеийн чимэглэх урлал уран сайхны чанарт сөргөөр нөлөөлж байгаа хэдий ч уламжлалт материал, хэлбэрийг илүүд үзэх хандлагатай байна. Гэхдээ "супер уугуул" хэлбэрийг бүрэн баримтлахгүй байгаа нь аз, үүнийг тухайлбал уламжлалт морин хуур хөгжмийн хийцээс харж болно. Хуурын нэг хэсэг болох морины толгой абстракт дүрслэл мэт байсан бол өнөө цагт маш их бодитой морины толгой бүхий сийлбэр болсон (Зураг. 18).

ЗХУ-ын социалист реализм нь ар Монголын орчин цагийн дүрслэх урлагт тод олон жилийн турш үлдээсэн. Энэ үед уран зураг, баримлаар дамжуулж өөрийгөө илэрхийлэх нь түгээмэл байсан ба бүтээлийн гол сэдэв бол ардын хувьсгалын баатрууд байлаа (Зураг. 19). 1930 оныг хүртэл суртал ухуулгын агуулгатай хямд төсрөөр хуулбарлах боломжтой зураг, узүүлэнгүүд олноор хийгдэж байсан ба энэ хандлага 1940-өөд оныг хүртэл үргэлжилсэн. 1935 онд урлагийн анхны дунд сургууль байгуулагдаж уран бүтээлчдийг бусдын адил албан ёсоор бэлтгэж эхлэв. Монголын уран бүтээлчдийн анхны конгрессыг 1955 онд зохион байгуулжээ.

Дүрслэх урлагийн агуулга нь хувьсгалын баатрууд, идэвхтэн зүтгэлтнүүд, ажилчин анги, малчдын амаргүй амьдрал тэмцэл байснаа уламжлалт сэдвүүд рүү шилжсэн (Зураг. 20); тухайлбал араатан амьтан болон таван хошуу мал, баяр наадам, хурим найр, нүүдлийн амьдрал, шашны агуулга, "Эвтэй дөрвөн амьтан" зэрэг сэдвүүд (Зураг. 21, 22) олны таашаалыг хүртэх болсон. Архитектурын хувьд Европын неоклассик, контемпорари загвар суурьтай байсан.

Энд заавал дурдах ёстой нэгэн уран бүтээлч бол Марзан Шарав юм (Зураг. 23). Тэрээр 1869 онд төрсөн бөгөөд Монгол зураг, бурхны зурагт суралцсан уран бүтээлч юм. 1921 оноос Шарав нь хувьсгалын сэдэвт зураг үзүүлэн зурж байсан бол удалгүй энэ сэдвийг орхин Монголын нүүдлийн амьдралын сэдэвт өөрийгөө зориулсан. Түүний бүтээлүүд нь зургийн уламжлалт техникийг шашны бус шинэлэг дүрс, сэдэвтэй амжилттайгаар хоршуулсан байдаг. Түүний бүтээлд жингийн цуваа, угталтын сэдэв, газар тариалан (газар хагалах, ургац хураах), нүүдлийн мал аж ахуй (гэр барих, буулгах, эсгий хийх [Зураг. 24], сүү сааль, малын ноос хяргах, нэрмэл хийх), шашны зан үйл (овоонд өргөл өргөх, бөөгийн зан үйл, залбирч буй лам нар, мөн согтуу лам нар), хөгжимчид, тэмцэгчид, хот суурин газар, зах гэх зэрэг сэдвүүд багтжээ.

Ийнхүү түүхийг сөхөх юм бол урлал болон урлаг нь салшгүй холбоотой байсан бөгөөд эхлээд гадны буюу дундад зууны Европ, Төвд, Хятадын нөлөө, хожим Оросын нөлөө хүчтэй түрэн орж ирсэн нь шинэлэг шийдлийг бий болгосон ч Монголчууд өөрийн өвөрмөц загвар хийцийн хүрсэнд буулгаж нутагшуулсан байна.

Жич:
Вероника Ронге энэхүү зохиол Монголын түүхийн жишиг бүтээл болох "Монголчууд. Тэдний түүх, соёлд оруулсан хувь нэмэр" номыг Майкл Вайерс, Вероника Вейт, Вальтер Хайсиг нарын тусламжтайгаар 1986 онд Wissenschaftliche Buchgesellschaft Darmstadt-аас хэвлүүлсэн. Хатагтай Вероника Ронжид энэхүү текстийг ашиглах зөвшөөрөл өгсөнд бид талархаж байна Энэ нь 1980-аад оны судалгааны байдлыг илэрхийлсэн болович авсаархан бөгөөд товч хэв маягаараа өнөөг хүртэл энэ сэдвээр хамгийн ухааралтай текст хэвээр байна.

ALEXANDRE (1979):
E. Alexandre, *Erdeni-zuu, un monastère du XVIe siecle en Mongolie*, in: *Etudes mongoles* 10, Paris, S. 7–34.
BAWDEN (1961):
C. R. Bawden, *The Jebtsundamba Khutukhtus of Urga* = Asiatische Forschungen, Bd. 9, Wiesbaden.
BETHLENFALVY/SÁRKÖZI (1976):
G. Bethlenfalvy and A. Sárközi, *Representation of Buddhist Hells in a Tibeto-Mongol Illustrated Blockprint*, in: *Altaica Collecta*, Berichte und Vorträge der XVII. Permament International Altaistic Conference 3.–8. Juni 1974 in Bonn/Bad Honnef; Wiesbaden, S. 93–130.
BIDDER (1980):
I. und H. Bidder, *Filzteppiche, ihre Geschichte und Eigenart* = Bibliothek für Kunst- und Antiquitätenfreunde, Bd. 56, Braunschweig.
BOSSHARD (1938):
W. Bosshard, *Kühles Grasland Mongolei*, Berlin.
BOYER (1952):
M. Boyer, *Mongol Jewellery* = National Museets Skrifter, Ethnografisk Roekke 5, Kopenhagen.
CAMMANN (1963):
S. Cammann, *Mongol Dwellings with Special Reference to Inner Mongolia*, in: *Aspects of Altaic Civilization* = Uralic & Altaic Series, Vol. 23, The Hague, S. 17–22.
CHENEY (1966):
G. Cheney, *Culture Change and Revolution in Outer Mongolia*, University of Washington Dissertation.
CONSTEN (1919/20):
H. Consten, *Weideplätze der Mongolen. Im Reiche der Chalcha*, Berlin.
DARS (1972):
S. Dars, *L'architecture mongole ancienne*, in: *Etudes mongoles* 3, Paris, S. 159–223, referiert ŠČEPETIL'NIKOV (1960).
DORZHUREN (1978):
Y. Dorzhuren, *Museums of Mongolia*, in: FIELD (1978), S. 35–50.
FEDDERSEN (1941):
M. Feddersen, *Kunst und Kunstgewerbe Ostasiens in den europäischen Reiseberichten der Mongolenzeit*, in: *Ostasiatische Zeitschrift*, N. F. 17, Berlin, S. 4–31.
FIELD (1978):
H. Field (Hrsg.), *Mongolia Today, a Travellers Guide*, Coconut Grove.
FORMAN/RINTSCHEN (1967):
W. Forman und B. Rintschen, *Lamaistische Tanzmasken der Erlik-Tsam in der Mongolei*, Leipzig.
GRANÖ (1910):
J. G. Grano, *Archäologische Beobachtungen von meiner Reise in Südsibirien und der Nordwestmongolei im Jahre 1909*, in: *JSFOu* 28: 4, 1–67.

HALÉN (1982):
Memoria *Saecularis Sakari Pälsi*. Aufzeichnungen von einer Forschungsreise nach der nördlichen Mongolei im Jahre 1909 nebst Bibliographien, bearbeitet und hrsg. von Harry Halén, Helsinki.
HAMBLY (1966):
Zentralasien = Fischer Weltgeschichte, Bd. 16, hrsg. von Gavin Hambly, Frankfurt a. M.
HARTWIG (1966): W. Hartwig, *Ethnographica der Chalcha und Burjaten*, in: *Jahrbuch des Museums für Völkerkunde zu Leipzig*, Bd. 22, Berlin, S. 112–188.
HASLUND-CHRISTENSEN (1939):
H. Haslund-Christensen, *Jabonah*, Leipzig.
HEISSIG (1978):
W. Heissig, *Die Mongolen. Ein Volk sucht seine Geschichte*, München.
HUC (1966):
R. E. Huc, *Wanderungen durch die Mongolei nach Tibet (1844–1846)*, Stuttgart.
HUMMEL (1964):
A. W. Hummel (Ed.), *Eminent Chinese of the Ch'ing Period (1644–1912)*, Nachdruck: Taipei.
HUMMEL (1955):
S. Hummel, *Die lamaistische Kunst in der Umwelt von Tibet*, Leipzig.
HUMMEL (1959):
S. Hummel, *Die lamaistischen Miniaturen im Linden-Museum*, in: *Tribus* 8, Stuttgart, S. 15–37.
HUMMEL (1962):
S. Hummel, *Die lamaistischen Kultplastiken im Linden-Museum*, in: *Tribus* 11, Stuttgart, S. 15–68.
INNER MONGOLIA (1957):
Inner Mongolia Today, Nationalities Publishing House, Peking
JISL (1960):
L. Jisl, Mongolei, *Kunst und Tradition*, Prag.
KÄMPFE (1979):
H.-R. Kampfe, Sayin qubitan-u süsüg-ün terge. Biographie des 1. Jebtsundamba Khutuktu Ondür Gegen (1635–1723), verfaßt von Nag gi dban po 1839. 1. Folge, in: *Zentralasiatische Studien* 13, S. 93–136.
KASSETTE (1971):
Bildmaterial in einer Kassette betitelt: *Moderne dekorative angewandte Kunst der Mongolei*, Ulan Bator.
KASSETTE MODERNE (1971):
Bildmaterial in einer Kassette betitelt: *Moderne bildende Kunst der Mongolei*, Ulan Bator.
KASSETTE VOLKSKUNST: Bildmaterial in einer Kassette betitelt: *Mongolisches Volkskunsthandwerk*, o. O., o. J.
KOČEŠKOV (1973):
N. V. Kočeškov, Narodnoe iskusstvo Mongolov, Moskau.
KÖNIG (1967):
Mongolei. Erläuterungen zu einer Ausstellung im Museum fur Völkerkunde Leipzig, zusammengestellt von Dr. Wolfgang König, Leipzig.
LARSON:
F. A. Larson, *Die Mongolei*, Berlin o. J.
LATTIMORE (1941):
O. Lattimore, *Mongol Journeys*, London.
LEE/HO (1968):
Sh. E. Lee and W.-K. Ho, *Chinese Art Under the Mongols: The Yüan-Dynasty (1279–1368)*, Cleveland.
LESSING (1935):
F. D. Lessing, *Mongolen, Hirten, Priester und Dämonen*, Berlin.
LOMAKINA (1977):
I. I. Lomakina, *Ulan Bator*, Leningrad.
MAJDAR (1970): D. Majdar, *Arhitektura i gradostroitel'stvo Mongolii, ocerki po istorü*, Moskau.
MONTELL (1954):
G. Montell, *Idol Factory of Peking*, in: *Ethnos* 19, Stockholm, S. 143–156.
NOWGORODOWA (1980):
E. Nowgorodowa, *Alte Kunst der Mongolei*, Leipzig
OBRABOTKA (1964):
Hudozestvennaja obrabotka metalla v Burjatii, Ulan Ude.
OLSCHKI (1946):
L. Olschki, *Guillaume Boucher: A French Artist at the Court of the Khans*, Baltimore.
OLSON (1950–71):
E. Olson, *Catalogue of the Tibetan Collection and Other Lamaist Articles in The Newark Museum*, Vols. 1–111, New Jersey.
PAL (1969):
P. Pal, *The Art of Tibet*, New York.
POZDNEYEV (1971):
A. M. Pozdneyev, *Mongolia and the Mongols* = *Uralic & Altaic Series*, Vol. 61, Bloomington.
RINCHEN (1959):
Y. Rinchen, *Four Mongolian Historical Records*, in: *Inda-Asian Literatures*, Vol. 11, S. 11–59.
ROCKHILL (1967):
W. W. Rockhill, *The Journey of William of Rubruck to the Eastern Parts of the World (1253–55)*, Nedeln.
SÁRKÖZI (1976):
A. Sárközi, *A Mongolian Picture Book of Molon Toyin's Descent to Hell*, in: *Acta Orientalia Academiae Scientiarum Hungaricae* 30:3, S. 273–308.
SÁRKÖZI (1978):
A. Sárközi, *A Thanka from Mongolia, in: Proceedings of the Csoma de Körös Memorial Symposium*, Budapest, S. 393–402.
ŠČEPETIL'NIKOV (1960)
N.M. Ščepetil'nikov, *Arhitektura Mongolii*, Moskau
SCHUBERT (1971):
J. Schubert, *Paralipomena Mongolica*. Wissenschaftliche Notizen über Land, Leute und Lebensweise in der Mongolischen Volksrepublik von Johannes Schubert, Berlin.
SKUL'PTURA (1971):
Burjatskaja derevjannaja skul'ptura, Ulan-Udê.
SOKTOEVA/HABAROVA (1976):
I. I. Soktoeva und M. V. Habarova, *Hudozniki Burjatii*, Leningrad.
WALN (1936):
N. Waln, *Sommer in der Mongolei*, Berlin.
WEIDNER (1982):
M. S. Weidner, *Painting and Patronage at the Mongol Court of China, 1260–1368*, Dissertation, Berkeley.

BIBLIOGRAFIE

Aitmatow; Rytchëu; Tschinag 2013
Aitmatow, Tschingis; Rytchëu, Juri; Tschinag, Galsan: *Die Kraft der Schamanen*, Zürich 2013.

Altangerel-Wodnar 2021
Altangerel-Wodnar, Ojuna: *Tan-Dom-Medizin – Wie die Seele durch den Körper spricht*, Lilienthal 2021.

Atwood 2005
Atwood, Christopher P.: The Art and Architecture of Mongolia, in: Adle, Chahryar; Palat, Madhavan K.; Tabyshalieva, Anara (Hrsg.): *History of civilizations of Central Asia Volume 6 – Towards the contemporary period: from the mid-nineteenth to the end of the twentieth century*, Paris 2005, S. 731–755.

Ausst.-Kat. Berlin 1988
A. R. Penck (Ausst.-Kat. München, Nationalgalerie Berlin) hrsg. von A. R. Penck; Lucius Grisebach, München 1988.

Ausst.-Kat. Berlin 2012
Colors of the Heart (Ausst.-Kat. Berlin, Galerie im Tempelhof Museum) hrsg. von Ser-Od Dolgor, Berlin 2012.

Ausst.-Kat. Berlin 2015
Balagan!!!: Contemporary Art from the Former Soviet Union and Other Mythical Places (Ausst.-Kat. Berlin, Kunstquartier Bethanien) hrsg. von MOMENTUM Berlin, Berlin 2015.

Ausst.-Kat. Berlin 2018
FOCUS Kazakhstan. Bread & Roses – Four generations of Kazakh Women Artists (Ausst.-Kat. Berlin, Kunstquartier Bethanien) hrsg. von MOMENTUM, Berlin 2018.

Ausst.-Kat. Heilbronn 1999
A. R. Penck. Erinnerung – Modell – Denkmal (Ausst.-Kat. Heilbronn, Städtische Museen Heilbronn) hrsg. von Dieter Brunner; Christine Lutz, Heilbronn 1999.

Ausst.-Kat. Kassel 2022
Chilltan: Shapeshifting Eternal Spritis from Central Asia (Ausst.-Kat. Kassel, *Documenta 15*) hrsg. von DAVRA research group, Kassel 2022.

Ausst.-Kat. Köln 2011
A. R. Penck – Filzarbeiten und Zeichnungen 1972–1995 (Ausst.-Kat. Köln, Museum Ludwig) hrsg. von Kasper König; Paola Malavassi, Köln 2011.

Ausst.-Kat. Ulaanbaatar 2019
Who are we now? (Ausst.-Kat. *Mongolia, Land Art Mongolia 5th Biennial*) hrsg. LAM 360°, Mongolia 2019.

Ausst.-Kat. Mürsbach 2023
Tengri, Zoroaster, *Feminism and other Nomadic Tales* (Ausst.-Kat., THEgallery) hrsg. von Thomas Eller, Mürsbach – Berlin 2023.

Ausst.-Kat. New York 1970
A. R. Penck; Was ist Standart (Ausst.-Kat., Kaspar König Gallery) Köln – New York, 1970.

Ausst.-Kat. Tashkent 2009
Saodat Ismailova *QO´RG´ON CHIROQ* 2013–2019 (Ausst.-Kat. Tashkent, Centre for Contemporary Arts Tashkent) hrsg. von Saodat Ismailova, Tashkent 2019.

Ausst.-Kat. Ulaanbaatar 2013
Speaking to being lost (Ausst.-Kat. Ulaanbaatar, Zanabazar Museum of Fine Arts) hrsg. von Gerelkhuu Ganbold; Ian Findlay-Brown, Mongolia 2013.

Ausst.-Kat. Ulaanbaatar 2021
Spirit of Gobi – Consilience (Ausst.-Kat. Mongolia, Mongolian National Art Gallery) hrsg. von Anudari Erdenebulgan, Mongolia 2021.

Ausst.-Kat. Ulaanbaatar 2021
Child of God (Ausst.-Kat. Ulaanbaatar, The National Modern Art Gallery) hrsg. von Anunaran Jargalsaikhan, Mongolia 2021.

Ausst.-Kat. Venedig 2019
A Temporality (Ausst.-Kat. Venedig, Mongolia Pavilion at the International Art Exhibition *La Biennale di Venezia*) hrsg. von Gantuya Badamgarav; Jantsankhorol Erdenebayar, Mongolia 2019.

Ausst.-Kat. Venedig 2022
Chillahona – The milk of dreams (Ausst.-Kat. *La Biennale di Venezia*) hrsg. von Saodat Ismailova, Uzbekistan 2022.

Ausst.-Kat. Waldkraiburg 2020
Katja Brinkmann. Saruul tal (Ausst.-Kat. Waldkraiburg, Städtische Galerie Waldkraiburg) hrsg. von Katja Brinkmann, Waldkraiburg 2020.

Baatar; Yam-Ochir 2017
Baatar, Sch.; Yam-Ochir, G.: *Chinggis Khaan's Iconography*, Mongolian Tibetology Researching Center, Ulaanbaatar 2017.

Barkmann 1998
Barkmann, Udo B.: *Religiöser Pluralismus und nationale Identität in der Mongolei*, Konrad Adenauer Stiftung, Berlin 1998.

Barkmann 1999
Barkmann, Udo B.: *Geschichte der Mongolei*, Bonn 1999.

Barkmann 2019
Barkmann, Udo B.: *Familie und gesellschaftlicher Transformationsprozess in der Mongolei*, Berlin 2019.

Berzin 2024
Alexander Berzin: *Buddhistische Kosmologie im Abhidharma und im Kalachakra*, https://studybuddhism.com/de/fortgeschrittene-studien/abhidharma-und-lehrsysteme/zeit-und-universum/buddhistische-kosmologie-im-abhidharma-und-im-kalachakra, abgerufen am 15.10.2024.

Blue Sun 2021
Blue Sun – Mongolian Contemporary Art Center: *Beliefs – BULAG art camp 2021*, Mongolia 2021.

Blue Sun 2022
Blue Sun – Mongolian Contemporary Art Center: *Beliefs – ZUNA art camp 2022*, Mongolia 2022.

Bumochir 2020
Bumochir, Dulam: *The State, Popular Mobilisation and Gold Mining in Mongolia – Shaping ‚Neoliberal' Policies*, London 2020.

Chaan; Fischer 1989
Chaan, Solombo; Fischer, Waltraut: *Mongolische Märchen*, Berlin 1989.

Dalkesen 2007
Dalkesen, Nilgün: *Gender Roles and Women's Status in Central Asia and Anatolia between the Thirteenth and Sixteenth Centuries*, Dissertation, Ankara 2007.

Debreczeny 2019
Debreczeny, Karl: *Faith and Empire. Art and Politics in Tibetan Buddhism*, Rubin Art Museum, New York 2019.

Dickhoff 1990
A. R. Penck im Gespräch mit Wilfried Dickhoff, in: *Kunst heute*, Nr. 6, Köln 1990.

Empson 2020
Rebecca M. Empson: *Subjective Lives and Economic Transformations in Mongolia. Life in the Gap*, London 2020.

Forman; Rintschen 1967
Forman, Werner; Rintschen, Bjamba: *Lamaistische Tanzmasken – Der Erlik-Tsam in der Mongolei*, Leipzig 1967.
Günther 2017
Günther, Arno: *Reise Know-How Sprachführer Mongolisch – Wort für Wort*, Bielefeld 2017.
Heissig 1963
Heissig, Walter: *Mongolische Volksmärchen*, Düsseldorf 1963.
Heissig 1989
Heissig, Walter; Müller, Claudius C.: *Die Mongolen*, Frankfurt am Main 1989.
Ishgen 2009
Ishgen, Budbayar: *Die mongolisch-deutschen Beziehungen in der ersten Hälfte des zwanzigsten Jahrhunderts*, Berlin 2009.
Jülg 2013
Jülg, Bernhard: *Mongolische Märchen*, Barsinghausen 2013.
Jülg 2014
Jülg, Bernhard: *Mongolische Märchen – Eine Fortsetzung zu den „Kalmükischen Märchen"*, Innsbruck 2014.
Kirchner 1988
Kirchner, Thomas: *A. R. Penck – Kann Kunst noch Wissenschaft sein?*, in: A. R. Penck, hrsg. von der Nationalgalerie Staatliche Museen Preußischer Kulturbesitz, S. 89–93, Berlin 1988.
Kollmar-Paulenz 2024
Kollmar-Paulenz, Karenina: *Die Mongolen*, München 2024.
Metzler 2012
Metzler, Paul; Eldevdorj, Enkhzaya: *Kleiner Mongolisch-Kurs*, Leipzig 2012.
Mühlenweg 1992
Mühlenweg, Fritz: *Kleine mongolische Heimlichkeiten*, Lengwil 1992.
Nowgorodowa 1979
Nowgorodowa, Eleonora: *Alte Kunst der Mongolei*, Leipzig 1979.
Otgonsuren 2019
Otgonsuren, Dugarsuren: *Choijin Lama Temple Museum, Cham, Dance Maks*, Ulaanbaatar 2019.
Otgonsuren 2023
Otgonsuren, Dugarsuren: *Mandala*, Ulaanbaatar 2023.
Otgonsuren 2023
Otgonsuren, Dugarsuren: *Masterpieces of Undur Gegeen Zanabazar*, Ulaanbaatar 2023.
Pedersen 2011
Pedersen, Morten Axel: *Not Quite Shamans: Spirit Worlds and Political Lives in Northern Mongolia*, Ithaca, NY 2011.
Pohl
Pohl, Ernst et al.: *Production Sites in Karakorum and Its Environment: A New Archaeological Project in the Orkhon Valley, Mongolia*, in: The Silk Road, Oxford 2012.
Porstmann; Schmidt 2008
Porstmann, Gisbert; Schmidt, Johannes: *Sein und Wesen – Der Unbekannte A. R. Penck; Werke aus der Sammlung Jürgen Schweinebraden*, München 2008.
Purevdorj 2013
Purevdorj, Gangaamaa: *Die Vermittlung deutscher Kultur in der Mongolei*, Dissertationsband, Ulaanbaatar 2013.
Purevdorj 2014
Purevdorj, Gangaamaa: *Die vier Zeiten meiner Mongolei – Das Hirtenleben im Spiegel der Jahreszeiten*, Neumarkt 2014.
Purevdorj 2014
Purevdorj, Gangaamaa: *Dem Leben zurückgeben. Gedichte*, Neumarkt 2014.
Purevdorj 2014
Purevdorj, Gangaamaa: *Himmelslichung, Gedichte Aphorismen. Eine Ballade von Lkhagvasuren Bavuu*, Neumarkt 2014.
Purevdorj 2018
Purevdorj, Gangaamaa: *Ursprung – Mongolische Erzählungen*, Neumarkt 2018.
Purevdorj 2019
Purevdorj, Gangaamaa: *Im Herbst an der Tränke meines Wallachs. Mongolische Gedichte*, Neumarkt 2018.
Purevdorj 2017
Purevdorj, Janjin: *Арван хоёр хүүхдийн аав ижий хоёр минь – Die Eltern von zwölf Kindern*, Ulaanbaatar 2017.
Reckel; Schatz 2022
Reckel, Johannes; Schatz, Merle: *Fliegende Hirsche und Sonnengötter – Prähistorische Gesellschaft in Felsenbildern Zentralasiens*, Oppenheim 2022.
Rennert 2008
Rennert, Nadine: *Dem Staub ein Gegengewicht*, Berlin 2008.
Rennert 2013
Rennert, Nadine: *Refuge in Ambiguity*, Berlin 2013.
Rennert 2014
Rennert, Nadine; Hübl, Michael: *Künstler. Kritisches Lexikon der Gegenwartskunst*, Neu-Ilsenburg 2014.
Ressel 2018
Ressel, Christian et al.: Auf den Spuren verlassener Städte: Urbane Strukturen aus der Zeit mandschurischer Herrschaft und deren Weiterwirken in der heutigen Mongolei. Ein Vorbericht, in: *Mongolische Geschichten*, Nr. 27/2020, Bonn 2018.
Sampil; Angermann; Flieht 2011
Sampil, Dashdemed; Angermann, Peter; Flieht, Alexandra: *Dashdemed Sampil*, Nürnberg 2011.
Sarangerel 1997
Sarangerel, Odigan: *A Course in Mongolian Shamanism – Introduction 101*, Golomt Center for Shamanist Studies, Ulaaanbaatar 1997.
Saruul 2022
Saruul, Nasanbuyan: *Chinggis Khaan Heritage & Culture* (Tomus 1, Number 1, December 2022), Ulaanbaatar 2022.
Saruul 2023
Saruul, Nasanbuyan: *Chinggis Khaan Heritage & Culture* (Tomus 2, Fascc 1–6, December 2023), Ulaanbaatar 2023.
Schaller 2022
Schaller, Peter: *Mongolei: Mehr als Rohstoffe – Analysen und Eindrücke*, Norderstedt 2022.
Schenk 2011
Schenk, Amélie: *Königshuhn & Stutenmilch – Eine Reise durch die Kochtöpfe der Mongolei*, Berlin 2011.
Schmithausen 2004/05
Schmithausen, Lambert: *Gewalt und Gewaltlosigkeit im Buddhismus: Zur Einführung*, Hamburg 2004/05.
Schulze 1979
Schulze, Ingrid: *Mongolische Malerei, Tradition und Gegenwart*, Berlin 1979.
Sendoo 2020
Sendoo, Hadaa: *Hirtenlieder und Mondschein – Frühe Gedichte von Hadaa Sendoo*. Aus dem Chinesischen übersetzt und mit einer Einführung von Dorothee Schaab-Hanke, mit Fotografien von Peter S. Harris, Großheirath 2020.
Sukhbaatar 2019
Sukhbaatar, Dagvadorzhiĭn: *Petroglyphs of the „Del" Mountain*, Ulaanbaatar 2019.
Tshinag 2003
Tschinag, Galsan: *Die Karawane*, Zürich 2003.
Tshinag 2009
Tschinag, Galsan: *Die Rückkehr – Roman meines Lebens*, Berlin 2009.
Tshinag 2019
Tschinag, Galsan: *Mein Altai – Erzählungen*, Zürich 2019.
Tsultem 1982
Tsultem, Nyam-Osoryn: *The Eminent Mongolian Sculptor G. Zanabazar*, Ulaanbaatar 1982.
Tsultem; Sandagdorzh 1986
Tsultem, Nyam-Osoryn; Sandagdorzh D.: *Development of the Mongolian National Style painting „Mongol Zurag"*, Ulaanbaatar 1986.
Uranchimeg 2021
Uranchimeg, Tsultem: *Contemporary Art of Mongolia in the Era of Globalisation*, Queensland 2021.
Von Rubruk 1984
von Rubruk, Wilhelm: *Reisen zu den Mongolen – Von Konstantinopel nach Karakorum*, Stuttgart 1984.
Weiers 1986
Weiers, Michael, *Die Mongolen, Beiträge zu ihrer Geschichte und Kultur*, Darmstadt 1986.
Weiers 2004
Weiers, Michael: *Geschichte der Mongolen – Friedens- und Konfliktlösungen von Religionsgemeinschaften*, Stuttgart 2004.
Wittke 2022
Wittke, Karsten: *Städtepartnerschaft Murun und Baruth/Mark, 10 Jahre nachhaltige kommunale Partnerschaft zwischen Baruth/Mark und Murun/Mongolei*, Baruth 2022.
Wolfrum 2006
Wolfrum, Rüdiger: Das Recht der Mongolei unter Dschingis Khan und seinen Nachfolgern: Die Bedeutung des Rechts in nichtstaatlich verfassten Gesellschaften, in: *Verfassung und Recht in Übersee* (VRÜ), 39. Jg., 2006, S. 5–17.

EXPONATE

DIE POST-NOMADISCHE ERFAHRUNG
Ausstellung in THEgallery, Mürsbach,
6. Juli – 15. Oktober 2024

Franz Ackermann
World Shop, 2012, Acryl, Foto, Papier auf Dibond, 95 × 75 cm

Franz Ackermann
Busy River Bend, 2012, Acryl, Foto, Papier auf Dibond, 95 × 75 cm

Franz Ackermann
Secret Flower, 2012, Acryl, Foto, Papier auf Dibond, 95 × 75 cm

Franz Ackermann
Locked Cosmopolitans, 2013, Acryl, Foto, Papier auf Dibond, 95 × 75 cm

Franz Ackermann
First floor shopping, 2012, Acryl, Foto, Papier auf Dibond, 95 × 75 cm

Franz Ackermann
Yellow Clouds, 2013, Acryl, Foto, Papier auf Dibond, 95 × 75 cm
Der kreative Prozess von Franz Ackermann beruht auf Reisen und den damit verbundenen Erfahrungen. Vor Ort hält er seine Wahrnehmungen in „Mental Maps" fest, die er später im Atelier in großformatige Bilder umsetzt. Diese Bilder werden oft zu ortsspezifischen Installationen. Ackermann verwendet in seiner Malerei verschiedene Techniken, einschließlich Fotografie. Diese setzt er auf verschiedenen Bildebenen ein. Die „Erinnerungs-Fotos" befinden sich hinter der Bildebene und erscheinen durch gestanzte Löcher hindurch. Zwischen diesen „Dokumenten" und der emotionsgeladenen Malereiebene entsteht eine Spannung, die zeigt, wie menschliches Erinnerungsvermögen, wie unsere „Mental Map" funktioniert.

Heike Baranowsky
Perimeter, 2020, dreiteilige Fotogramm-Cyanotypie, 85 × 85 cm (40 × 60, 40 × 30, 20 × 30 cm)
‚peri' – ‚metron' [griechisch] bedeutet die Entfernung um eine bestimmte zweidimensionale Form. Mein Interesse an Fotogrammen liegt in ihrer Unmittelbarkeit und ihrer wesentlichen dokumentarischen Qualität.
Wir spüren eine unmittelbare Gleichzeitigkeit durch die direkte Belichtung eines Objekts und seinen Kontakt mit der UV-lichtempfindlichen beschichteten Oberfläche.
Der Gegenstand von Perimeter ist ein Metallstreifen, der auf ein Stück Papier gelegt wurde. Nach der Belichtung wurde derselbe Streifen fester gehalten und auf ein Stück Papier gelegt, das nur halb so groß war. Dieser Prozess wurde fortgesetzt, indem der Durchmesser des Metallstreifens verkleinert wurde.
Durch das Verbinden der Blätter werden die Dreiviertelkreise zu einer sich endlos drehenden Spirale, die sich der Goldenen Spirale annähert.

Baatarzorig Batjargal
Grey Space, 2024, Acryl, Holzpaneele einer nomadischen Truhe, 74 × 57,5 cm
Die Darstellung des Regierungsgebäudes aus der Zeit des sozialistischen Regimes in der Mongolei zeigt, dass die Mongolen das Gefühl haben, dass wir jetzt allmählich zum sozialistischen Regime zurückkehren. Wie lange wollen Sie noch in Ihrer neutralen Grauzone leben, die weder schwarz noch weiß ist?

Baatarzorig Batjargal
Grey Mouse, 2024, Acryl, Holzpaneele einer nomadischen Truhe, 79 × 56 cm
Die Graue Maus vertrat die Führer in der mongolischen Regierung, unter der wir jetzt leben. Es ist nicht richtig, dass sie direkt die fremde Kultur kopieren und nicht ihre eigenen Lebensziele haben.

Baatarzorig Batjargal
OM MANI PADME HUM, 2024, Wachs-Objekt, WW-II-Munitionskiste, Paraffin, 140 × 70 × 40 cm

Baatarzorig Batjargal
OM MANI PADME HUM, 2024, Wachs-Objekt, Holzkiste, Paraffin, 43 × 17 × 15 cm

Baatarzorig Batjargal
OM MANI PADME HUM, 2024, Wachs-Objekt, Holzkiste, Paraffin, 47 × 22 × 18 cm

Baatarzorig Batjargal
OM MANI PADME HUM, 2024, Wachs-Objekt, Holzkiste, Paraffin, 39 × 18 × 17 cm
Om Mani Padme Hum bedeutet, dass sich Seele, Geist und Methodik verbinden. Was wir sehen und was wir nicht sehen können, was wir fühlen und was wir nicht fühlen können, all das kommt zusammen und bildet das Leben der Welt. Es setzt sich grenzenlos fort und hört grenzenlos auf.

Baatarzorig Batjargal
WaKum, 2024, Wachs-Objekt, Holzkiste, Paraffin, 24 × 25 × 25 cm

Munkhtsetseg Batmunkh
I feeling; I want see; I want talking; I want to feel, 2017–2023, Öl auf Leinwand, vierteilig, je 30 × 30 cm
Menschen, die in einem Lebensrhythmus leben, finden ihr Licht in der Kommunikation mit jemandem. Es ist, als ob die Sinne des Hörens, Riechens, Sehens und Schmeckens all diese Dinge beweisen, nämlich dass eine Person lebendig ist.

Munkhtsetseg Batmunkh
Khun sureg / Crowds of People, 2024, Installation Landart, Wollknoten und Metall, Installation, Größe variabel, 6 × 6 m, je 150 × 5 cm (150 Stück)

Munkhtsetseg Batmunkh
Senses, 2022, Öl auf Leinwand, 60 × 30 cm

Munkhtsetseg Batmunkh
Existence, 2024, Fensterrahmen, Wolle, Filz, Draht, Kennzeichen, 96 × 158 cm

Nomin Bold
Event Horizon series 4, 2022, Stoff, Knöpfe, 230 × 200 cm
Die Schleier, die vor unsere Augen gezogen werden, blockieren immer die Dinge, die wir sehen wollen. Die meisten Menschen sehen hinter den Schleier, nachdem dieser fleischliche Körper fertig ist. Wenn du es wirklich versuchen willst, etwas richtig machst, kannst du jetzt noch hinter den Schleier sehen.

Nomin Bold
ORON series 6, 2023, Gasmaske, Heugabel, Mixed Media, ca. 190 × 60 × 20 cm

Nomin Bold
ORON series 7, 2023, Gasmaske, Mistgabel, Mixed Media, ca. 190 × 60 × 20 cm

Nomin Bold
ORON series 8, 2023, Gasmaske, Heugabel, Mixed Media, ca. 190 × 60 × 20 cm
Eines der Unterscheidungsmerkmale der auf der Erde lebenden Menschen von anderen Tieren ist, dass sie ihre Einzigartigkeit auf irgendeine Weise zum Ausdruck bringen. In jeder Situation manifestiert sie sich auf irgendeine Weise. Ein weiteres Merkmal des Menschen ist, dass er Dinge schaffen kann, die ihm selbst schaden, und dass er dann viel opfert, um sich vor diesen Problemen zu schützen.

Nomin Bold
Mandala, 2024, Papier, Acryl, antikes Metall, Durchmesser 55 cm
Die Mehrheit der Menschheit schwimmt mit dem Strom, und nur wenige widersetzen sich mir, aber alles zusammen ergibt ein ganzes Leben.

Nomin Bold
Love, 2024, Papier, Acryl, antikes Metall, Durchmesser 61 cm
Egal, wie oft man in dieser Welt lebt, man trifft nur Menschen, die man treffen muss.

Nomin Bold
Soul, 2024, Papier, Acryl, antikes Metall, Durchmesser 61 cm
Weil diese Welt der Himmel ist, werde ich mich nie langweilen, egal wie oft ich wiedergeboren werde.

Bronzezeitliche Petroglyphe
Schamanin, ein Fruchtbarkeitsritual durchführend, 2024, Wandtapete, Ort: Altai-Gebirge.

Enkhzaya Erdenebileg
Body Map No. 1, 2022, Tuscheabdruck auf Papyrus, 66 × 117 cm

Enkhzaya Erdenebileg
Body Map No. 2, 2022, Tuscheabdruck auf Papyrus, 66 × 117 cm

Enkhzaya Erdenebileg
Body Map No. 3, 2022, Tuscheabdruck auf Papyrus, 127 × 66 cm

Enkhzaya Erdenebileg
Body Map No. 4, 2022, Tuscheabdruck auf Papyrus, 117 × 66 cm
So wie sich die Zeit nicht wiederholt, tut dies auch der Mensch nicht. Jede seiner Strähnen und jedes Muster seiner Haut sind einzigartig und auf seine Weise perfekt.

Enkhzaya Erdenebileg
Body Map, Video Performance, 2022, Ein-Kanal-Video, 5'3"

Enkhzaya Erdenebileg
Nomad Spirit – Bridge, 2022, Ein-Kanal-Video, 3'31"

Enkhzaya Erdenebileg
Nomad Spirit – Grass, 2022, Ein-Kanal-Video, 1'11"

Enkhzaya Erdenebileg
Nomad Spirit – Meat, 2022, Ein-Kanal-Video, 2'18"

Enkhzaya Erdenebileg
Nomad Spirit – River, 2022, Ein-Kanal-Video, 1'44"

Enkhzaya Erdenebileg
Nomad Spirit – Rock, 2022, Ein-Kanal-Video, 1'44"

Enkhzaya Erdenebileg
Nomad Spirit – Sheep, 2022, Ein-Kanal-Video, 1'26"

Gerelkhuu Ganbold
Crows series. 19A.J.KHA.GAN, 2023, Tusche, Nepalpapier auf Leinwand, 27 × 18 cm, 41 × 32 cm

Gerelkhuu Ganbold
Crows series. 20_OH.VA.ARI, 2023, Tusche, Nepalpapier auf Leinwand, 27 × 18 cm, 41 × 32 cm

Gerelkhuu Ganbold
Crows series. 21_4.16.BN.BAD, 2023, Tusche, Nepalpapier auf Leinwand, 27 × 18 cm, 41 × 32 cm

Gerelkhuu Ganbold
Crows series. 23_4.18.KHA.GAN, 2023, Tusche, Nepalpapier auf Leinwand, 27 × 18 cm, 41 × 32 cm

Gerelkhuu Ganbold
Crows series. 35_10.3.OTG, 2023, Tusche, Nepalpapier auf Leinwand, 27 × 18 cm, 41 × 32 cm

Gerelkhuu Ganbold
Crows series. 36_2.IKHXX, 2023, Tusche, Nepalpapier auf Leinwand, 27 × 18 cm, 41 × 32 cm

Gerelkhuu Ganbold
Crows series. 37_GAN.NAI.XX, 2023, Tusche, Nepalpapier auf Leinwand, 27 × 18 cm, 41 × 32 cm

Gerelkhuu Ganbold
Crows series. 38_TJ.BATL, 2023, Tusche, Nepalpapier auf Leinwand, 27 × 18 cm, 41 × 32 cm

Gerelkhuu Ganbold
Crows series. 40_4.18.NONO, 2023, Tusche, Nepalpapier auf Leinwand, 27 × 18 cm, 41 × 32 cm

Gerelkhuu Ganbold
Crows series. 41_4.18.POL.TALI, 2023, Tusche, Nepalpapier auf Leinwand, 27 × 18 cm, 41 × 32 cm

Gerelkhuu Ganbold
Crows series. 42_TJ.HAM.ARIU, 2023, Tusche, Nepalpapier auf Leinwand, 27 × 18 cm, 41 × 32 cm

Gerelkhuu Ganbold
Crows series. 43_SA.HAL.AL.XX, 2023, Tusche, Nepalpapier auf Leinwand, 27 × 18 cm, 41 × 32 cm

Gerelkhuu Ganbold
Crows series. 83_GAN.GAN.SUMY, 2023, Tusche, Nepalpapier auf Leinwand, 27 × 18 cm, 41 × 32 cm

Gerelkhuu Ganbold
Crows series. 84_DEED.EG, 2023, Tusche, Nepalpapier auf Leinwand, 27 × 18 cm, 41 × 32 cm

Gerelkhuu Ganbold
Crows series. 85_A.J.GALS, 2023, Tusche, Nepalpapier auf Leinwand, 27 × 18 cm, 41 × 32 cm

Gerelkhuu Ganbold
Crows series. 86_1.SAGS.XX, 2023, Tusche, Nepalpapier auf Leinwand, 27 × 18 cm, 41 × 32 cm

Gerelkhuu Ganbold
Crows series. 87_10.3.DOL, 2023, Tusche, Nepalpapier auf Leinwand, 27 × 18 cm, 41 × 32 cm

Gerelkhuu Ganbold
Crows series. 88_S-HNA, 2023, Tusche, Nepalpapier auf Leinwand, 27 × 18 cm, 41 × 32 cm

Gerelkhuu Ganbold
Crows series. 89_10.3.AMA, 2023, Tusche, Nepalpapier auf Leinwand, 27 × 18 cm, 41 × 32 cm

Gerelkhuu Ganbold
Crows series. 90_A.J.4.OBA, 2023, Tusche, Nepalpapier auf Leinwand, 27 × 18 cm, 41 × 32 cm

Gerelkhuu Ganbold
Crows series. 91_MUI, 2023, Tusche, Nepalpapier auf Leinwand, 27 × 18 cm, 41 × 32 cm

Gerelkhuu Ganbold
Crows series. 92_TALI.XX, 2023, Tusche, Nepalpapier auf Leinwand, 27 × 18 cm, 41 × 32 cm

Gerelkhuu Ganbold
Crows series. 93_4.A.G.BAT-Z, 2023, Tusche, Nepalpapier auf Leinwand, 27 × 18 cm, 41 × 32 cm

Gerelkhuu Ganbold
Crows series. 94_A.J.IDE, 2023, Tusche, Nepalpapier auf Leinwand, 27 × 18 cm, 41 × 32 cm
Ich weiß nicht immer, wo sie jetzt sind und was sie tun, die Kinder, die ich in meiner Kindheit kennengelernt und mit denen ich mich angefreundet habe. Aber es macht mir immer wieder

Spaß, an sie zu denken und sie mir von allen Seiten vorzustellen, mit den Erinnerungen, die sie mir hinterlassen haben, und mich sogar über ihre Träume zu wundern. Diese süßen Fantasien in Verbindung mit meinem Traum, eine mythische Gemäldeserie zu schaffen, führten zur Entstehung dieses Werks. So habe ich meine Kindheitsfreunde in meiner Vorstellung mit archäologischen Funden und Volksmärchen aus der Zeit des Mongolischen Reiches mythologisiert und die Zeit, die ich zwischen Realität und Fantasie empfunden habe, festgehalten.

Gerelkhuu Ganbold
Exoplanet, 2020, Acryl auf Leinwand, 670 × 199,5 cm (achtteilig)
Exoplanet ist so etwas wie die Quintessenz, um einen alchemistischen Begriff zu verwenden, mongolischer Kultur und Organisationsstruktur in Hinblick auf den Westen: Von rechts nach links (Osten nach Westen) reitet eine straff organisierte Horde und nimmt alles auf, was ihr an kulturellen und wissenschaftlichen Inhalten begegnet. Dadurch wird das Bild zu einer Synopse von den kulturellen Anfängen des Khaan-Systems, das organisatorisch und gesellschaftlich sehr rational aufgebaut war und diverse Wissenssysteme aus schamanischen, lamaistischen und verschiedenen monotheistischen Systemen integrierte, bis hin zu heutigen Erkenntnismethoden. Exoplanet ist eine Bild gewordene Enzyklopädie.

Gerelkhuu Ganbold
Bishop's robe, 2024, Acryl auf Holzwerkzeugkiste, 30 × 15 × 13 cm
Diese Arbeit entstand nach einem Besuch im Diözesanmuseum Bamberg und beeindruckt durch die feine Detailtreue und präzise Darstellung jeder Figur. Sie verbindet kunsthistorische Kontexte des Christentums mit traditionellen mongolischen Zurag-Techniken sowie Elementen zeitgenössischer Comics und des Science-Fiction-Kinos. Auf moderne und innovative Weise wird so die Unsicherheit des Lebens in einem sich rasant verändernden Land dargestellt, das eine Phase beispielloser Urbanisierung und weitverbreiteter wirtschaftlicher Unsicherheit durchlebt.

Karl Heinz Jeron
Aural Landmarks – Waterfall, 2024, Tonaufnahmen, Analyse- und Konvertierungssoftware, Partituren, Musiker*innen, Ein-Kanal-Video, 3'11"

Karl Heinz Jeron
Aural Landmarks – Ger, 2024, Tonaufnahmen, Analyse- und Konvertierungssoftware, Partituren, Musiker*innen, Ein-Kanal-Video, 2'9"
Die Identität von Orten, die uns besonders nahe liegen, droht oft im Strudel einer rasanten Urbanisierung und Modernisierung zu verblassen. Um die einzigartige Essenz dieser Orte zu bewahren und ein tiefes Gefühl der Verbundenheit mit unserer Umgebung zu fördern, verbindet das Projekt Aural Landmarks Technologie und Kunst auf partizipative Weise.
Ablauf:
Aufruf zur Einreichung von Tonaufnahmen
1. Mittels eines offenen Aufrufs werden Interessierte dazu aufgefordert, Tonaufnahmen von Orten, die für sie persönlich von Bedeutung sind, einzureichen.
Analyse und Konvertierung der Tonaufnahmen
2. Die Tonaufnahmen werden mittels selbst entwickelter Software analysiert, musikalische Strukturen identifiziert und automatisch in Partituren umgewandelt.
Kollaboration mit Musikern
3. Musiker spielen die Stücke live an den ursprünglichen Orten.
Dokumentation
Die Aufführungen werden in Bild und Ton dokumentiert, um das künstlerische Schaffen festzuhalten und eine bleibende Erinnerung zu schaffen.

Simone Körner
Let me come, swallowed, 2023, Mischtechnik, Umgekehrte Smartphone-Fotografie, Lavendel von Sasso eingeflochten in gefärbte und gewachste Baumwollbänder, Porzellankopf mit Nagelstickern, 8 × 68 cm mit Rahmung, 140 × 8 cm, Blumenbänder/Installation
Der Körper des Hermaphroditen wird oft in Teilen imaginiert. Seine Verkörperung ist rissig, aufgebrochen, offen. In meiner Arbeit let me come, swallowed habe ich versucht, Hermaphroditismus durch die Figur der Umkehrung darzustellen. Spiegelungen werden zu ornamentalen Schatten, Schatten zu strahlenden Öffnungen. Ein kopfloser Torso, verschluckt in Rot, begleitet und verzaubert von schwarzen Verzierungen. Auf der Höhe des Nabels fällt ein Bündel geflochtener Lavendelblüten heraus, dessen Enden mit Gipsbändern verschlossen sind. Während der Lavendel für seinen beruhigenden und reinigenden Duft bekannt ist, dient das Gipsband zum Schutz der Wunde. Hier bedecken die Gipsbänder das Ende der Nerven, die aus dem Körper des Zwitters herausfallen. In der Mitte des Bündels ist ein Porzellankopf mit demselben Klebeband befestigt. Er ist mit Nagelaufklebern mit Schmetterlingen und Kornblumen bedeckt. Bei dieser Arbeit habe ich Toyens Sans titre (Hermaphrodite au coquillage) von 1932 und Jeanne Mammens Hermaphrodite von 1945 als Vorbild genommen. Beide schufen ihre Werke in Europa, mitten im Exzess der Moderne und des sich ankündigenden Holocausts. Während Toyen den Surrealismus nicht nur als eine Form der Materialisierung des Unbewussten, sondern auch als eine Form des Getriebenseins neben der Realität einsetzt, überarbeitet Mammen moderne Formen von ihrer Oberfläche her, macht sie porös, billig. Beide versuchen zu figurieren, zu materialisieren, was in den Kraftlinien des modernen Nationalstaates fantastisch geworden ist: hermaphroditischer Sex. Bei dem Versuch, diese Fantasie aus einem zeitgenössischen Blickwinkel, aus der Kontinuität des Faschismus und einer Lebenszerstörung heraus neu zu figurieren, wird der Kopf des Hermaphroditen als ein Überbleibsel durch den Körper hindurch wiedergegeben, die Verschönerung wird als seine schützende Kraft dargestellt.

Kultobjekte
Schädelschale; Mandala; Buddha-Model, Schädeltrommel, kleine Schale, 18./19. Jhdt. aus Tibet und der Mongolei

Mongol Kino
TSAM, Dokumentarfilm, 49'5"

A. R. Penck
Skizzen von 1968 (Motiv 13/20), Mappe (20 Blatt), 1979, Blatt 10, Siebdruck, 30 × 21 cm, signiert: R, ohne Angabe zur Auflage
Das kleine Blatt enthält eine große Theorie. Zunächst geht es um die apotropäische Funktion von Kunst. Bilder bieten Schutz vor realen Gefahren – so wie der Angegriffene in Pencks Zeichnung ein Bild des Aggressors hochhält, um ihn zu bannen. Darunter findet sich eine Waage, die trotz der Tatsache, dass eine Schale nichts und die andere etwas enthält, ausbalanciert bleibt. Was für uns schwer vorstellbar ist, ist in Asien Kulturtechnik.

A. R. Penck
Northern Darkness, 1987, Farbserigrafie, 60 × 80 cm, e.a.
Auf der Suche nach einer universellen Bildsprache beschäftigte sich A. R. Penck in den 1960er Jahren mit Informationstheorien, kybernetischen Studien sowie mit Signalen und Symbolen. Aus den gewonnenen Erkenntnissen entwickelte er sein Standart-System von piktogrammartigen Zeichen und Figuren, die sein Markenzeichen wurden. Mit dieser an primitive Felszeichnungen oder Hieroglyphen erinnernden, unmittelbar erlebbaren Zeichensprache veranschaulicht er uns ironisch, aber stets ernsthaft seine visuell gefassten Analysen bestehender Zustände des zwischenmenschlichen Mit- und Nebeneinanders.

A. R. Penck
Her (red-yellow II), 1990/91, Aquatinta, 107 × 77 cm, e.a.

Nadine Rennert
Wir jagen das Wild, das uns opfert, 2010, Papiermaché, Holz, Papier, Farbe, präparierter Hase, 176 × 64 × 46 cm
Ein Mensch, in einem Augenblick, herausgehoben, schwebend, an die Wand gedrückt. Zu einem Zeitpunkt im Leben vorwärts und rückwärts blickend. Als Jägerin hält sie einen Hasen, als Gejagte trägt sie ein Geweih.

Nadine Rennert
Erinnerung an Vollendung, 2011, Papiermaché, Holz, Metall, Farbe, Hanftau, Hocker, Maße variabel
Nach einer tiefen Erfahrung mit dem Tod habe ich mich lange mit dem Thema Tod und Trauer beschäftigt. Erinnerung an Vollendung ist das letzte Werk aus dieser intensiven Auseinandersetzung. Die Figur einer voluminösen Frau sitzt auf einem Hocker. Sie hält ein dickes Tau, das aufgerollt durch ihre Hände unter ihrem Körper hindurchläuft und am Hintern herauskommt. Der Kopf der Figur ist nach hinten gedreht, der

Blick rückwärts gerichtet. Das Frauengesicht trägt einen Bart. Über den Körper erstrecken sich vertiefte Augen-, Nasen- und Mundhöhlen, die sich durch weiße Bemalungen zu Totenköpfen oder Fratzen zusammenschließen.

Nadine Rennert
Sack Sterne, 2020, Papiermaché, Sackleinen, Stoff, Metall, 117 × 84 × 72 cm

Dashdemed Sampil
Ohne Titel, 2011/12, Öl auf Leinwand, 95 × 60 cm
Die großformatige, figurative Malerei von Dashdemed Sampil beeindruckt durch ihre komplexe Farbigkeit und markante Formensprache. Seine Werke zeigen expressive Gestalten mit maskenhaften Gesichtern und beunruhigenden Beziehungsgeflechten, die an Tentakeln und Sprechblasen erinnern. Mit intensiven Darstellungen offenbaren sie menschliche Geisteszustände und Emotionen. Sampil nutzt dynamische Maltechniken, von impulsiven Pinselstrichen bis zu bedächtigen, graffitiartigen Bewegungen. Die aufwühlende Farbigkeit seiner Werke erinnert an eine glühende, höhlenartige Innenwelt und zeigt überraschende farbliche Wechselwirkungen, die über gängige Farbsysteme hinausgehen.

Thangkha
Tibet, 19./20. Jhdt., Polychrome Malerei und Gold, 69 × 89 cm

Thangkha
19./20. Jhdt., Polychrome Malerei, 60 × 73 cm

Narbaysgalan Ulambayr
Fleischwolf, 2024, Karton, Zeitungspapier, 70 × 57 × 40 cm

Narbaysgalan Ulambayar
Restart +10 – THE POST-NOMADIC EXPERIENCE, Art Camp Bavaria 2024 | Germany Mürsbach province, 2024, Ein-Kanal-Video, 5'28"
Warum Fleisch? … Es gibt über 7 Milliarden Menschen unterschiedlicher Herkunft, Kultur und Religion – und doch sind sie hauptsächlich Fleischesser … Wir schneiden Fleisch in kleine Stücke, kauen, verdauen und stoßen es aus. Der Fleischwolf reproduziert diesen Prozess. Die Themen von „Baysaas" Arbeit mögen einfach und leicht verständlich erscheinen, aber sie enthalten auch versteckte, doppelt starke, hybride Botschaften, die eine Metapher des Lebens darstellen. Restart, eine Performance mit einer sich weiterdrehenden Schnecke, ist eine Reflexion über ein Universum, in dem sich Grausamkeit und Mitgefühl vermischen und einen neuen Start auslösen, RESTART.

2DAY IN MONGOLIA
Ausstellung im Zanabazar Museum, Ulaanbaatar, 14.–28. August 2024

Franz Ackermann
Mental Map (1000 Töpfe), 2024, Aquarell, 13 × 19,5 cm

Franz Ackermann
Mental Map (Dalkh sleeping), 2024, Aquarell, 13 × 19 cm

Franz Ackermann
Mental Map (The Valley), 2024, Aquarell, 13 × 19 cm

Franz Ackermann
Mental Map (Lichtung), 2024, Aquarell, 13 × 19 cm

Franz Ackermann
Mental Map (Building Boat/Varanasi), 2024, Aquarell, 13 × 19 cm

Franz Ackermann
Mental Map (Die Ladestation), 2024, Aquarell, 13 × 19 cm

Franz Ackermann
Mental Map (Gobi/Casino), 2024, Aquarell, 13 × 19 cm

Franz Ackermann
Mental Map (Bayannuur), 2024, Aquarell, 13 × 19 cm

Franz Ackermann
Mental Map (Mongolian Ischgl), 2024, Aquarell, 13 × 19 cm

Franz Ackermann
Mental Map (Mongolian Tent), 2024, Aquarell, 13 × 19 cm

Franz Ackermann
Mental Map (The SITE), 2024, Aquarell, 13 × 19 cm

Franz Ackermann
Mental Map (City planning), 2024, Aquarell, 13 × 19 cm

Franz Ackermann
Mental Map (promotion), 2024, Aquarell, 19 × 13 cm

Franz Ackermann
Mental Map (Spooky Train), 2024, Aquarell, 19 × 13 cm

Franz Ackermann
Mental Map (strange lamp), 2024, Aquarell, 19 × 13 cm

Franz Ackermann
Mental Map (Heat), 2024, Aquarell, 19 × 13 cm

Franz Ackermann
Mental Map (From Colorado Springs to Ulan Bator), 2024, Aquarell, 19 × 13 cm

Heike Baranowsky
Toono (24-8-7; 12:30), 2024, 11 Cyanotypien auf Baumwollpapier, jeweils 20 × 30 cm
Mein Interesse an Fotogrammen liegt in ihrer Unmittelbarkeit und ihrer wesentlichen dokumentarischen Qualität, aber auch in ihrem Aspekt der Zeit und Dauer. Obwohl wir durch die direkte Belichtung eines Objekts und seinen Kontakt mit der UV-lichtempfindlichen beschichteten Oberfläche eine unmittelbare Gleichzeitigkeit empfinden, löscht die lange Belichtung einige Details aus.
Das Thema von Toono ist der Moment zur astronomischen Mittagszeit, wenn die Sonne durch das Himmelsauge einer Ger scheint.

Heike Baranowsky
Soliloquio, 2023, Zwei-Kanal-Video, It/D, Lecture Performance, 25'
Text und Film von Soliloquio sind das Ergebnis von Heike Baranowskys intensiver Beschäftigung mit dem Meridian in der römischen Kirche Santa Maria degli Angeli e dei Martiri. Die Meridianlinie wurde vor dem heiligsten Raum, dem Altar, als astronomisches Hilfsmittel angebracht, um astronomische Messungen – wie die Veränderung des Neigungswinkels der Erde – vorzunehmen und die Ostertermine im Voraus zu berechnen. Sie wurde zu einer Zeit errichtet, als das geozentrische Weltbild noch Kirchendoktrin war, d. h. dass die Erde der Mittelpunkt des Universums sei und die Sonne sich um die Erde drehe. Als astronomisches Instrument konnte der Meridian jedoch das Gegenteil beweisen. Der Film zeigt den Sonnenfleck, genauer gesagt das Bild der Sonne, das sich über den Marmorboden und das Mobiliar der Kirche bewegt, über ein ganzes Jahr hinweg an wichtigen astronomischen Daten. Wir sehen gleichzeitig die Winter- und Sommersonnenwende, die Herbst- und Frühjahrs-Tagundnachtgleiche und andere astronomische Jahresereignisse. Der Text verbindet architektonische, astronomische und (religions-)historische Aspekte des Soliloquio mit Beobachtungen des Ich-Erzählers aus dem Jahr 2020/21; sie fanden unter den Bedingungen der Corona-Pandemie statt und sind in der Erzählung mit Beschreibungen der Spanischen Grippe von 1918 verwoben.
Kamera: Volker Glaser, Heike Baranowsky
Text: Ursula Rogg
Sprecherinnen: Heike Baranowsky, Sophie Hoster
Postproduktion: Volker Glaser
Tonmischung: Titus Maderlechner, wissenschaftliche Beratung: Costantino Sigismondi

Baatarzorig Batjargal
Eternal Essence, 2023, Acryl auf Leinwand, 70 × 50 cm
Liebe und Mitgefühl bestehen aus drei wesentlichen Komponenten. Erstens bedeutet es, sich um andere zu kümmern, indem man ihren Schmerz versteht. Zweitens bedeutet es, sich

über das Glück der anderen zu freuen. Die Krönung des Mitgefühls schließlich ist die Barmherzigkeit.

Munkhtsetseg Batmunkh
@felt.com, 2024, Land Art, Performance, Filz, Eisen, Licht, 40 × 50 cm
Nomaden tauschten Informationen mit der Geschwindigkeit von Pferden aus. Damals war dies die schnellste Art des Informationsaustauschs auf der Welt. Heutzutage, mit dem Fortschritt der Technologie im 21. Jahrhundert, können wir frei in jeder Ecke der Welt in der Geschwindigkeit des Lichts kommunizieren.

Nomin Bold
Pupa, 2024, Papier, Acryl, Leinwand, 90 × 130 cm
Der Mensch behandelt die Natur schlecht. Das wirkt sich negativ auf die Menschheit aus und die Menschen versuchen alles, um sich vor ihr zu schützen. Erst danach erkennen wir Menschen, wie wir anders leben sollten, als wären wir in eine andere Geburt verwandelt worden.

Badam Dashdondog
Notes From Nuur Art Camp, 2024, Papier, Acryl, Stift, 27 × 470 cm
Diese Notizen wurden während des Nuur Art Camps in der Provinz Bulgan gemacht. Dieses Bild zeigt die Eindrücke der besuchten Orte.

Enkhzaya Erdenebileg
Everything in the Sky is in the Soul, 2024, Video Performance
Die Seele ist in mir, aber es ist schönes Gefühl zu spüren, wie weit ich gehen kann, um sie zu erreichen, oder wie weit ich gehen kann und sie nie erreiche.

Gerelkhuu Ganbold
Experiment 1, 2024, Acryl auf Leinwand, 140 × 140 cm
Das Bild ist eine Beschreibung der bildenden Künstler aus der Mongolei, die mir am nächsten stehen. Ich habe sie als Figuren meiner Fantasie dargestellt.

Karl Heinz Jeron
Shaping Clouds, 2024, (the visitors https://thevisitors.jeron.org/shaping-clouds)
Site-Specific Sound Art, Papier, Holz
Zak Qlikman, ein Besucher von Kepler-1649c, wandert durch die weiten Steppen der Mongolei. Er/Sie kam, um die Geheimnisse des Himmels durch ihre neueste Erfindung zu enthüllen – ein Gerät zur Wolkenformung. Jetzt versteht er/sie die ganze Absurdität und Tiefe des Lebens. Die Existenz (sic) ist ein Tanz aus Schöpfung und Zerstörung, ein ewiger Kreislauf aus Chaos und Ordnung, in dem das Groteske und das Surreale zur Wahrheit werden. Er/sie gibt sich dem Fluss hin, ihr Bewusstsein löst sich in der unendlichen Weite des Himmels auf.

Karl Heinz Jeron
Aural Landmarks – Waterfall, 2024, Tonaufnahmen, Analyse- und Konvertierungssoftware, Partituren, Musiker*innen, Ein-Kanal-Video, 3'11"

Karl Heinz Jeron
Aural Landmarks – Ger, 2024, Tonaufnahmen, Analyse- und Konvertierungssoftware, Partituren, Musiker*innen, Ein-Kanal-Video, 2'9"
Das Projekt Aural Landscape *zielt darauf ab, die einzigartigen Merkmale bestimmter Orte durch das Zusammenspiel von Technologie und Kunst akustisch einzufangen und zu bewahren. Dieses Vorhaben befasst sich mit dem Risiko des Identitätsverlusts von Orten aufgrund von Urbanisierung und Modernisierung und strebt danach, eine tiefere Verbindung zu unserer Umwelt zu fördern. Interessierte Personen sind eingeladen, Aufnahmen von Orten einzureichen, die für sie von Bedeutung sind. Die Aufnahmen werden mit einer speziell entwickelten Software analysiert und in Partituren umgewandelt.*

Simone Körner
Horse (power)s in my dreams, 2024, Fotografie, Skulptur
In meiner künstlerischen Praxis beschäftige ich mich mit Kleidung, Objekten und Bildern als Bezugspunkt für IHRE erbliche Körpererfahrung. Wie fühlt S/HE (nicht) und warum? Für horse-(power)s in my dreams *arbeitete ich mit zwei Kleidungsstücken, die ich selbst angefertigt und in die Mongolei mitgebracht hatte und die ich während unseres Aufenthalts im Kunstcamp trug. Ich sammelte Verzierungen wie Aufnäher, Schmuckstücke und geflochtene Kräuter aus der mongolischen Steppe und kombinierte sie mit den Kleidungsstücken in der Szenerie eines gedeckten Tisches, den ich im Zanabazar-Museum fand. Ich interessiere mich sehr für folkloristische Techniken und die Verbreitung von Stilen nach der Postmoderne. Entscheidende Fragen, die sich während unseres Aufenthalts stellten, waren für mich: Wie gestalten wir unsere Selbst-Narration aus dieser zeitgenössischen Perspektive, in Zeiten sogenannter neuer Kulturkriege, in einer Gegenwart des Völkermords? Welche Lebensform verkörpert der Künstler im Gegensatz zum Nomaden und was können sie voneinander lernen? Wie kann der Blick des Künstlers keine romantisierende Kraft sein, sondern ein Spiegelbild der Not?*

Munguntsetseg Lkhagvasuren
Jaran, 2024, Performance und Installation
Humans and nature at a unique moment in the cycle of time …

A. R. Penck
Standart, o. J., Lithografie, 63 × 50 cm

A. R. Penck
Begraben immer wieder von der Scheiße (aus: Wolokolamsker Chaussee), 1988, Lithografie, 48 × 37 cm

A. R. Penck
Bei Rot über die Kreuzung Ich (aus: Wolokolamsker Chaussee), 1988, Lithografie, 48 × 37 cm

A. R. Penck
Die Dialektik wieder herstellen (aus: Wolokolamsker Chaussee), 1988, Lithografie, 48 × 37 cm

Nadine Rennert
The Special Envoy for Inter-Being Relations, Mission 7 – Going into the Grass, 2024, Mixed Media Installation, variable Größe
Diplomatisch zu arbeiten, wird für mich immer wichtiger. Die „Sondergesandte für die Beziehungen zwischen den Lebewesen“ steht für meine diplomatische Arbeit. In einer Reihe von Videoerzählungen schicke ich mein Alter Ego, die Sondergesandte, auf Missionen.
Bei jeder Mission trifft sie auf ein nichtmenschliches Wesen oder eine nichtmenschliche Entität: einen Stein, Lebewesen, die im Boden leben, die Wolken … Ihre Hauptbeschäftigung ist das Zuhören. Die 7. Mission begann ich im Art Camp Mongolia zu entwickeln. Die Begegnung ist Gras und Graslandschaft (Steppe). In der Ausstellung zeige ich eine Installation mit bereits existierenden Videos und Materialien aus der nächsten Mission: „Going into the Grass“.

Tuguldur Yondonjamts
A Mountain Rider, 2024, Installation, Ein-Kanal-Video, 22'44"
Mensch in den Augen eines Tieres?
Ein Wesen, das auf seinen Hinterbeinen steht und sich an seinen Vorderbeinen schwingt, Augen auf der Oberseite des Körpers hat, sein eigenes Fell gestreift hat, eine haarige Ansicht auf der Oberseite hinterlässt …
Sie sollten auf Distanz gehalten werden, sonst machen sie sehr dumme Dinge …
Dalkh Ochir-Yondonjunai
Jeder Berg hat seinen eigenen Motor. Es ist schön, diese Energien auf der Erde zu finden und zu spielen, wie sie ihre Informationen nach oben oder in den Himmel auf sarkastische Weise anzeigen. Wir wissen nicht, von welchen Daten oder Motoren der Weltraum angetrieben wird.

Dalkh-Ochir Yondongjunai
Blue Message, 2024, Land Art in Bulgan, Bayannuur Soum: Steine, Farbe; Medieninstallation: Satellitenschüssel, Videoloop
Wir sind spirituell mit dem Himmel verbunden und verbinden uns auf viele Arten …

Sammlung des Zanabazar Fine Arts Museum
Heroes, 19. Jhdt., Papier, 33 × 192 cm

Sammlung des Zanabazar Fine Arts Museum
Khot Mandala of the Jigjid, 19. Jhdt., Holzschnitt, Seide, Tusche, 54 × 39,5 cm

Sammlung des Zanabazar Fine Arts Museum
Petroglyph of Shiveet Khairkhan in Tsengel Soum, Bayan-Ulgii Province, Bronzezeitliche Steinritzung, Papierfrottage

BIOGRAFIEN

Künstler und Künstlerinnen

Franz Ackermann
* 1963 Neumarkt-Sankt Veit; 1988 Akademie der bildenden Künste in München, 1991 Hochschule für Bildende Kunst in Hamburg, 2001 Professor Kunstakademie Karlsruhe
Ausstellungen: neugerriemschneider; Gavin Brown Enterprise; White Cube London; Meyer Riegger; Galerie Templon; Mai 36; 25. Biennale von São Paulo (2002); Faena Arts Center, Buenos Aires (2012); Kunstmuseum Bonn (2009); Kunstmuseum St. Gallen (2008); Irish Museum of Modern Art, Dublin (2005); Museo Nacional Centro de Arte Reina Sofia, Madrid (2003); Kunsthalle Basel (2002), Stedelijk Museum, Amsterdam (2002); Kunsthalle Bremen (2020) uvm.
Sammlungen: Stedelijk Museum Amsterdam; MoMA New York; Berlinische Galerie; Städtische Galerie Karlsruhe; Museum Abteiberg; Kunstmuseum Wolfsburg; Kunstmuseum St. Gallen uvm.

Baatarzorig Batjargal
* 1983 Ulaanbaatar; 2005 Mongol Zurag, University of Arts and Culture, Ulaanbaatar
Ausstellungen: Jack Bell Gallery, London (2022); Lkham Gallery, Ulaanbaatar (2023); The Pool, New York; Larkin Durey, London; Art Space 976+, Ulaanbaatar (2015); Nord Art, Rendsburg (2015); Asia Pacific Triennial, Queensland, Australia (2016); China Art Museum, Shanghai (2017); Boxes Art Museum, Foshan (2018); Asia Pacific Trienniale (2018); Aretos Space – G14, Hong Kong (2019); Bangkok Art Biennale (2020)
Sammlungen: Queensland Art Gallery; GOMA, Brisbane; Minneapolis Institute of Art; Bangkok Art Biennale Foundation, Thailand; Sigg Collection, Schweiz uvm.

Heike Baranowsky
* 1966 Augsburg; bis 1995 AdBK München, HfBK Hamburg und UdK Berlin; 1999 MA Fine Art, Royal College of Art London; 2003 Art Center College of Design, Pasadena, USA; 2008 Professorin für Fotografie, National Academy of the Arts Bergen, Norwegen, 2008 Professorin für Freie Kunst an der AdBK Nürnberg
Auszeichnungen: DZ BANK Fotografie Preis (1995); DAAD in London (1997); BDI Preis Medienkunst (1997); Eberhard-Roters-Stipendium (2000); Pasadena Stipendium des Berliner Senats (2001); Kunstfonds Bonn (2002); Beijing Case, Bundeskulturstiftung (2005); Villa Aurora, Los Angeles (2009); Studio Voltaire Residency (2012); Villa Massimo Rom (2020)
Ausstellungen: Galerie Konrad Fischer; Japanisches Palais Dresden; Julia Stoschek Collection; Haus der Kunst München; LA Art Museum; CFHILL Stockholm; Galerie Barbara Weiss; Kunsthalle Nürnberg; Lentos Kunstmuseum Linz; Gana Art, Seoul; Deichtorhallen Hamburg; Berlinische Galerie; ZKM Karlsruhe; Museo Paco des Artes, Sao Paulo; SFMOMA; Singapore Art Museum; Berlin Biennale 1998 uvm.
Sammlungen: Berlinische Galerie; Museum für bildende Kunst Leipzig; MoMA New York; Sammlung Olbricht; Julia Stoschek Collection; NBK Berlin; Kino Arsenal – Institute for Film- und Videoart uvm.

Munkhtsetseg Batmunkh
* 1982 Ulaanbaatar; 2006 Fine Art Institute, Mongolian University of Arts and Culture, Ulaanbaatar; 2012 Young leadership program, Arts Council of Mongolia
Ausstellungen: UMA art gallery of Ulaanbaatar; European Union, Brussels; Xanadu Art Gallery; National Art Gallery of Mongolia; Hyundai Gallery; Zanabazar Museum; Altan Khan Gallery; Mongol Art Gallery; China Art Museum, Shanghai; Shanghai Tang, Hong Kong uvm.
Auszeichnungen: Blue Moon art gallery (2013); 3rd Prize Spirit of the Gobi, United Colors of Benetton (2013); Special Prize Cashmere Art Goyo, Ulaanbaatar (2015); Mongolian Best Cultural Worker (2017)

Nomin Bold
* 1982 Ulaanbaatar; 2005 School of Fine Arts at the Mongolian University of Arts and Culture
Ausstellungen: International Bodrum Biennial, Bodrum, Turkey; 8th Asia Pacific Triennial of Contemporary Art; China Art Museum, Shanghai; Aichi Triennale, Nagoya; *documenta 14*; 2nd Yinchuan Biennale; Guang'an Field Art Biennale; 14th Curitiba International Biennial of Contemporary Art, Brasil; 7th Mediations Biennale, Lodz; Bangkok Art Biennale; Zanabazar Museum uvm. Satoshi Koyama Gallery; Lkham Gallery; Altan Gallery; Liliana Bloch Gallery uvm.
Auszeichnungen: Krasner-Pollock Foundation (2015); Grand Prize Golden Brush, Union of Mongolian Artists (2016); Honour Certificate of Ministry of Education, Culture and Science, Sports (2016); OCT Boxes Art Museum, Foshan (2018)
Sammlungen: Imago Mundi Collection; GOMA Brisbane; Museum Am Rothenbaum MARKK, Hamburg; Völkerkundemuseum, Heidelberg; Dallas Art Museum, Texas; UCCA Lab, Beijing; Sigg Collection, Schweiz uvm.

Badam Dashdondog
* 1960 in Ulaanbaatar; Studium an der School of Fine Arts, Mongolian State University of Arts and Culture, Ulaanbaatar.
Ausstellungen in der Mongolei, in Frankreich, den Niederlanden, Deutschland, Indien, Japan, China und Korea uvm.
Sammlungen: Eremitage St. Petersburg uvm.
Auszeichnungen: 2010 erster Preis, Frühling, Ulaanbaatar; Leading Worker, Ulaanbaatar; Staatsmedaille für verdienstvolle Arbeit, Ulaanbaatar; Medaille für führende Kulturschaffende, Ulaanbaatar

Enkhzaya Erdenebileg
* 1988 Ulaanbaatar; Studium an der School of Fine Arts, Mongolian State University of Arts and Culture, Ulaanbaatar; Art Director at Blue Sun Contemporary Art Center of Mongolia
Ausstellungen: Khan Bank Gallery; RedGer Gallery; Fine Art Zanabazar Museum; Kunsthalle Düsseldorf; NordArt, Rendsburg; MADDI, Tromsø, Norwegen; KIAF, Kathmandu; Xanadu Art Gallery uvm.

Gerelkhuu Ganbold
* 1988 Bulgan Provinz; 2010 School of Fine Arts, Mongolian State University of Arts and Culture, Ulaanbaatar
Ausstellungen: Fine Art Zanabazar Museum; 976 Art Gallery; Khan Bank Gallery; UMA Art Gallery Ulaanbaatar; Schoeni Gallery, Hong Kong; Folk Art Festival New Mexico; Fukuoka Art Triennial, Australien; DIAE, Korea; Nord Art, Rendsburg; 8th Asia Pacific Triennial; Bum Art Gallery; China Art Museum, Shanghai; Infini Vol. 9, Tokyo
Sammlungen: Sigg Collection, Schweiz uvm.

Karl Heinz Jeron
* 1962 Memmingen; 1994–1996 Gründungsmitglied von Internationale Stadt; 1996–2005 Zusammenarbeit mit J. Blank; 2000–2006 Lehrtätigkeit an der Universität der Künste Berlin; 2004 Mitglied im Deutschen Künstlerbund; 2024 Mitglied bei Blue Sun Center for Contemporary Art
Ausstellungen: ZKM Karlsruhe; Ars Electronica, Linz; *documenta X*; ICA London; Walker Art Museum Minneapolis; Berlinische Galerie; SF MoMA; Lux Gallery, London; Museum Schloss Morsbroich; Fotomuseum Winterthur; National Museum of Contemporary Art, Oslo; Istanbul Contemporary Art Museum; All Girls Gallery, Berlin; Biennale Poznan; Transmediale Berlin; Tank London; Bronx ArtSpace, NY; Athens Digital Arts Festival; Buk-Seoul Museum of Art uvm.
Auszeichnungen: Prix Ars Electronica, Linz (1998); Comtec Art, Dresden (1998); EMARE Helsinki (1998); net_sight Graz (2006); Meantime Cheltenham, UK (2008); Serde Residenz, Lettland (2013); Brunakra, Schweden (2019); Kunstfond Bonn (2020) uvm.

Simone Körner
* 1992 Schlüsselfeld; 2024 AdBK, Nürnberg
Ausstellungen: Kunstpalais Erlangen; Kunstbunker Nürnberg; Kunstverein Nürnberg; Basis, Frankfurt am Main
Auszeichnungen: Studienstiftung des Deutschen Volkes

Munguntsetseg Lkhagvasuren
* 1986 Ulaanbaatar; 2009 School of Fine Arts, Mongolian State University of Arts and Culture, Ulaanbaatar
Ausstellungen: Art Space 976, Ulaanbaatar; Land Art Mongolia 360° Biennale; China Art Museum, Shanghai; OCT Boxes Art Museum, Foshan; Li Space, Peking; B Contemporary Art Gallery, Ulaanbaatar uvm.
Sammlungen: Imago Mundi Collection

A. R. Penck
* 1939 Dresden, † 2017 Zürich; 1955 Zeichnerlehre bei der DEWAG; 1988 Professor Kunstakademie Düsseldorf
Ausstellungen: *documenta 5*; *documenta 7*; *documenta IX*; Kunsthalle Bern; Michel Werner, Lucio Amelio; LACMA; Mitchell-Innes&Nash; Staatliches Museum für Kunst und Design, Nürnberg; Kunsthalle zu Kiel; Schirn Kunsthalle, Frankfurt am Main; Shanghai Zendai Museum of Modern Art, Shanghai; Arario, Peking; Galerie Forsblom, Helsinki; Museum voor Moderne Kunst, Ostende; Hiroshima City Museum of Contemporary Art; Martin-Gropius-Bau Berlin; Museo Rufino Tamayo, Mexiko-Stadt; Kestner-Gesellschaft Hannover; The Tate Gallery London; Biennale di Venezia 1984; Kunstmuseum Bonn; Museum Ludwig Köln; Kunstmuseum Basel uvm.
Auszeichnungen: Will Grohmann Preis (1975); Rembrandt-Preis, Basel (1981); Kunstpreis Aachen (1985); Nord/LB Preis (1987) uvm.
Sammlungen: Art Institute of Chicago; Kunstsammlung Deutsche Bundesbank, Frankfurt am Main; Migros Museum für Gegenwartskunst, Zürich; Kunstmuseum Walter, Augsburg; Museum of Modern Art, New York; Hamburger Kunsthalle; Städelsches Kunstinstitut, Frankfurt am Main; Stedelijk Museum, Amsterdam; Städtische Galerie Dresden (Sammlung Jürgen Schweinebraden); Musée d'Art Moderne et Contemporain de Strasbourg; Galerie Neue Meister, Dresden; Neue Nationalgalerie Berlin; Metropolitan Museum of Art; Pinakothek der Moderne, München; Neues Museum Nürnberg; National Gallery of Art, Washington uvm.

Nadine Rennert
* 1965 Neustadt a. d. Weinstraße; 1990 Meisterschülerin der Hochschule der Künste, Berlin;
Ausstellungen: Galerie Ursula Walter, Dresden; Castello Cantelmo, Pettorano sul Gizio; Total Museum, Seoul; Gemäldegalerie der Akademie der bildenden Künste, Wien; Miboo Art Center, Busan; Georg-Kolbe-Museum, Berlin; Haus am Waldsee, Berlin uvm.
Auszeichnungen: Cité des Arts International, Paris (1994); Kunstfond, Bonn (1997); Hannah Höch Förderpreis (2007); Schloss Balmoral Stipendium für Südkorea (2011); Moha Foundation für Südkorea (2013); p_District, Busan (2015); (KUR)ona, Künstlerhaus Schloss Balmoral (2020)

Narbaysgalan Ulambayar
* 1981; 1998 und 2004 National Academy of Sciences; 2012 Mitglied des Blue Sun Center of Contemporary Art
Ausstellungen: Gwangju Media Festival; Schweizerisches Nationalmuseum, Zürich; Q Art Gallery; Ulaan Ger Gallery; Fine Art Zanabazar Museum, Ulaanbaatar; To Be Gallery, Bern uvm.

Tuguldur Yondonjamts
* 1977 Ulaanbaatar; Fulbright Scholarship for Visual Art at Columbia University, New York, 2014; Universität der Künste Berlin (Lothar Baumgarten), 2004; Mongolian Traditional painting (Thankga) in Ulaanbaatar, 1997
Ausstellungen: Fisher Landau Center for Art, Long Island City, New York; LeRoy Neiman Gallery, Columbia University, New York; Miriam and Ira D. Wallach Art Gallery, Columbia University, New York; The Institute of Contemporary Arts Singapore (ICAS); Mongolian National Modern Art Gallery Ulaanbaatar, Mongolia; Haus der Kunst München, Deutschland; Werkraum Godula Buchholz, München; Kunstverein Graz, Regensburg; Kunsthalle Düsseldorf.
Auszeichnungen: Art Omi, Ghent, New York; Residency Unlimited, Brooklyn, New York; Djerassi Resident Artist program, CA; Cité International des Arts in Paris und Tropical Lab 8, Singapur; Arts Council of Mongolia/Open Society Foundations (2012); Helen L. Bing Fellowship (2012) sowie Karin Abt-Straubinger Foundation (2009, 2011)

Dalkh-Ochir Yondonjunai
* 1958; 1979 Sculpture department of the Institute of Fine Arts, Ulaanbaatar; 1989 Gründer der Green Horse Art Society; 2002 Gründer des Blue Sun Contemporary Art Center of Mongolia; 2015 und 2017 Kurator des Pavillions der Mongolei, Biennale di Venezia
Ausstellungen: Italien, Frankreich, USA, Deutschland, Schweiz, Niederlande, Shanghai, China, Japan, Korea, Schweden und Belgien
3rd Guangzhou Triennial; Art Space 976, Ulaanbaatar; Land Art Mongolia 360° Biennale; Q Art Gallery; Xanadu Art Gallery; MCASA; The Scorching Sun Lab, Lhasa; Fine Art Zanabazar Museum; Haus der Kunst München uvm.

Autoren und Autorinnen

Dr. Baigalmaa Purevsukh
Künstlerin und Direktorin, The Fine Art Zanabazar Museum

Bolor Sharavsambuu
Projektkoordinatorin NGO Eco Mommy, Murun, Khuvgul-Aimag

Dr. Chuluun Sampildondov
Direktor, Chinggis Khaan National Museum, Ulaanbaatar und ehemaliger Minister für Kultur der Mongolei

Thomas Eller
Künstler, Kurator, Autor und Vorsitzender von ZEIGENeV und SAVVY friends

Gan-Orchir Saranbolor
Art Researcher und Ausstellungskuratorin, Chinggis Khaan National Museum

Dr. Veronika Ronge
ehemals Dozentin an der Universität Bonn, Abteilung für Mongolistik und Tibetstudien

Dr. Saruul Nasanbuyan
Direktorin, The Institute of Chinggis Khaan Heritage and Culture

Dr. Umirbek Bikhumar
Administration of Protection of the Petroglyphic Complex of Mongolian Altai, Bayan-Ulgii, Mongolei

Karsten Wittke
Künstler und Koordinator kommunale Entwicklungspolitik für die Stadt Baruth/Mark

Katalog

Herausgeber
Thomas Eller

Redaktion
Thomas Eller

Texte
Baigalmaa Purevsukh, Bolor Sharavsambuu, Chuluun Sampildondov, Thomas Eller, Gan-Ochir Saranbolor, Veronika Ronge, Saruul Nasanbuyan, Umirbek Bikhumar, Karsten Wittke

Übersetzungen
Enkhchimeg Tsevegjav

Lektorat
Mariette Franz

Gestaltung
Timo Reger

Herstellung
Jens Bartneck / Kerber Verlag

Projektmanagement
Lily von Wild / Kerber Verlag

Druck und Bindung
Druckverlag Kettler GmbH

Papier
Magno Volume

Schriften
Walsheim

Fotocredits
Bat-Orgil Battaluga, S. 166
Johannes Batz, S. 12
Magdalena Dittrich, S. 54
Petra Eller, S. 78
Chinbold Lkhagvasuren, S. 14, 106, 109, 132, 137, 138, 145
Karsten Wittke, S. 188
alle weiteren: Thomas Eller
(ausgenommen Bildzitate)

Kerber Verlag
Rudi-Dutschke-Str. 26
10969 Berlin
Germany
+49 30 259 28 280
info@kerberverlag.com
kerberverlag.com

Kerber Publikationen werden weltweit vertrieben:

ACC Art Books
Sandy Lane
Old Martlesham
Woodbridge, IP12 4SD
UK
+44 1394 38 99 50
+44 1394 38 99 99 (F)
uksales@accartbooks.com
accartbooks.com

Artbook | D.A.P.
75 Broad Street, Suite 630
New York, NY 10004
USA
+1 (212) 627-1999
+1 (212) 627-9484 (F)
orders@dapinc.com
artbook.com

AVA Verlagsauslieferung AG
Industrie Nord 9
5634 Merenschwand
Switzerland
+41 44 762 42 00
+41 44 762 42 10 (F)
avainfo@ava.ch

Zeitfracht Medien GmbH
Distribution
Germany
+49 711 7860 2254
service.zeitfracht.de

Die Deutsche Nationalbibliothek verzeichnet diese Publikation in der Deutschen Nationalbibliografie: dnb.de.

ISBN 978-3-7356-1008-9

www.kerberverlag.com

Printed in Germany

Veranstaltung

Das Projekt und der Katalog entstanden im Kontext des 50. Jubiläums der Aufnahme diplomatischer Beziehungen zwischen der Mongolei und Deutschland 2024. Das Projekt wurde durch Mittel des Deutschen Außenministeriums, der Staatskanzlei München und der Oberfrankenstiftung und durch die finanzielle Unterstützung von Thomas Eller ermöglicht. Der ZEIGENeV bedankt sich herzlich bei den Zuwendungsgebern.

Veranstalter
ZEIGENeV ist eine gemeinnützige Organisation, die sich der Förderung interkultureller Zusammenarbeit und künstlerischer Projekte verschrieben hat. Seit 2023 setzen wir uns für den Austausch und die Zusammenarbeit zwischen Künstler*innen aus verschiedenen Ländern ein und organisieren Veranstaltungen, Ausstellungen und Workshops, um die Vielfalt der Kunst und Kultur zu feiern.
www.zeigen.online

Projektleitung
Thomas Eller

Projektteam
Magdalena Dittrich
Sylvia Michel

Projektpartner in der Mongolei
Blue Sun Contemporary Art Center of Mongolia
Batsaikhan Soyolsaikhan (Direktor)
Enhkzaya Erdenebileg
Anunaran Jargalsaikhan

Kommunikation
ARTPRESS, Ute Weingarten
Alexandra Saheb
Marketainment Mongolia LLC
Purevsuren Bekhbat

Ausstellungen

THEgallery
7. Juli bis 15. Oktober 2024
Thomas Eller (Kurator)
Ein intensives Vermittlungsprogramm fand statt unter anderem mit Unterstützung durch Akteure wie Birgit Kantzenbach von den Staatlichen Museen Berlin, die Künstler und Künstlerinnen Katja Brinkmann, Dashdemed Sampil und Karsten Wittke, die Autorin Gangaamaa Purevdorj sowie die Tänzerin Tsatsral Turemdenberel, die Musiker Baasandorj Amartuvshin (Eshiglen) und Chinbat Orkhonbaatar (Mongolia National Grand Orchestra – mit Konzerten in der Meistersingerhalle Nürnberg und der Berliner Philharmonie), Joaquín Sánchez Gil und viele weitere. Es fand ein umfangreiches Begleitprogramm in Partnerschaft mit der VHS Bamberg Land, dem Lichtspiel Kino Bamberg, der Collibri Buchhandlung und der Internationalen Woche des Landkreises Bamberg statt.

Fine Art Zanabazar Museum
14. bis 28. August 2024
Thomas Eller (Kurator)
Narbaysgalan Ulambayar (Co-Kurator)
mit Unterstützung durch die Deutsche Botschaft, Ulaanbaatar

Art Camp Bavaria
Mürsbach, 17. Juni bis 7. Juli 2024
Teilnehmerinnen und Teilnehmer:
Franz Ackermann, Heike Baranowsky, Baatarzorig Batjargal, Munkhtsetseg Batmunkh, Nomin Bold, Enkhzaya Erdenebileg, Gerelkhuu Ganbold, Karl Heinz Jeron, Simone Körner, Chinbat Orkhonbaatar (Musik), A. R. Penck (nur Ausstellung), Nadine Rennert, Dashdemed Sampil (nur Ausstellung), Tsatral Tumendemberel (Tanz)

Art Camp Mongolia
Bayannuur, Bulgan Provinz, 25. Juli bis 14. August 2024
Teilnehmerinnen und Teilnehmer: Franz Ackermann, Heike Baranowsky, Tuguldur Bazarragchaa, Badam Dashdondog, Enkhzaya Erdenebileg, Shijirbaatar Jambalsuren, Anunaran Jargalsaikhan, Karl Heinz Jeron, Simone Körner, Chinbold Lkhagvasuren, Munguntsetseg Lkhagvasuren, Soninbayar Nyamkhishig, Tsenguun Odgerel, A. R. Penck (nur Ausstellung), Nadine Rennert, Batsaikhan Soyolsaikhan, Tuvshinjargal Tsend-Ayush, Narbaysgalan Ulambayar, Tuguldur Yondonjamts, Dalkh-Ochir Yondonjunai

Naadam Fest
ZEIGENeV richtete für die Botschaft der Mongolei in Deutschland das Nationalfest der Mongolei, Naadam, am 6. Juli 2024 in Mürsbach aus.
Mit Unterstützung durch die Stiftung der Sparkasse Bamberg.